阅读的快乐，不在于读什么书，不在于读书的环境，
而在于阅读之后有什么可与他人分享

狄振鹏 著

制度
才是真正的老板2
（最新操作版）

一流的执行必有一流的制度

创业靠老板胆大	成长因制度伟大

靠人不如靠制度

5大类39小类运营制度模板

超值

制度范本工具箱CD

赠送

一调打尽·简单修改·拿来即用

人民邮电出版社
北京

图书在版编目（ＣＩＰ）数据

制度才是真正的老板：一流的执行必有一流的制度
：最新操作版. 2 / 狄振鹏著. -- 北京：人民邮电出版
社，2013.12（2017.9重印）
ISBN 978-7-115-33338-4

Ⅰ. ①制… Ⅱ. ①狄… Ⅲ. ①企业管理制度—研究
Ⅳ. ①F272.9

中国版本图书馆CIP数据核字（2013）第236224号

内 容 提 要

　　本书在《制度才是真正的老板（白金版）》的基础上，增加了全新的企业运营制度
范本工具箱，具有极强的操作性。本书分上下两篇，上篇阐明了制度对于企业发展的
重要性、制定制度的办法、执行制度的措施保障等；下篇从行政、人力资源、财务、
生产、营销等企业各个相关部门的管理制度入手，介绍了各类实用的最新管理制度范
本、表格，同时随书附赠超值的制度模板电子文件光盘，光盘中的模板可以简单修改、
拿来即用。本书介绍的制度管理解决之道适用于不同企业的不同部门，帮助管理者逐
一击破各类制度难题，成就一流的企业执行力。

◆ 著　　　　狄振鹏
　　责任编辑　寇佳音
　　责任印制　周昇亮

◆ 人民邮电出版社出版发行　　北京市丰台区成寿寺路 11 号
　　邮编　100164　　电子邮件　315@ptpress.com.cn
　　网址　http://www.ptpress.com.cn
　　大厂聚鑫印刷有限责任公司印刷

◆ 开本：700×1000　1/16
　　印张：19.75　　　　　　　　　2013 年 12 月第 1 版
　　字数：280 千字　　　　　　　 2017 年 9 月河北第 17 次印刷

定价：58.00 元（附光盘）
读者服务热线：(010)81055296 印装质量热线：(010)81055316
反盗版热线：(010)81055315
广告经营许可证：京东工商广登字 20170147 号

>>>>>> 推荐序

中国正在崛起，正在逐步实现中华民族的伟大复兴，中国梦也在一天天变成现实，中国不但在国际政治舞台上以和平之姿巍然屹立，在经济上更由低成本生产基地的世界工厂朝着消费大国的世界市场的方向发展。中国的企业借着整个国家的快速发展，成就了一次又一次的发展巅峰，业绩不断攀升，全球性的人才陆续养成就位，企业与个人的财富不断累积；企业家的声望水涨船高。

很多企业看重人治，希望大家仍能记得"85/15 理论"的教训。这是管理大师戴明 (Deming) 所提出的，意指在企业的经营管理上，任何的失误，有85% 的可能是制度、体制本身的问题造成的，只有 15% 是因为人的错误所致；一般人不了解这种状况，遇到问题总喜欢强调"换人做看看"，或追求"下一个老板可能会更好"，结果是缘木求鱼、南辕北辙，无法真正地解决管理问题，也无法做到企业管理的标本兼治、长治久安。

在许多人追求人治的潮流中，《制度才是真正的老板 2（最新操作版）：一流的执行必有一流的制度》这本书，给了我们一些思考启示和方法指南，让企业主和管理者一起来面对事实的真相，思考绩效管理的真谛；同时也为企业经营管理者提供了工具和具体范例，按图索骥、灵活运用，依此逐步建立企业的制度体系。当然，也唯有企业的经营者及其追随者都愿意用管理体制和制度来规范企业的内部管理，我们借以安身立命的企业体才会可持续发展。人治也许能得天下，但唯有体制和规范方能持久治天下。追求可持续发展的企业主们，如果希望建立起一整套科学的企业制度，用体制和制度来推动企业的健康快速发展，则一定要认真地阅读《制度才是真正的老板 2（最新操作版）：一流的执行必有一流的制度》，并以此作为企业经营管理的指南针。从短期来看，用制度进行管理也许会收缩老板的权力，降低老板个人对员工的管控力度，可能会增加中基层管理者的工作难度，一时也可能会被干部、员工抵触，但从长期来看，制度化管理正是中国企业从此走规范化稳健发展之路的不二法门！

　　狄振鹏老师是国内培训咨询界的金牌名师，邀请他讲学的企业遍及中国各地，上过他的课并因而受益成长的企业家和各阶层的领导者不可胜数，他为中国企业的发展进步和管理普及教育做了极大的贡献。在他风尘仆仆于各地讲学之余，狄老师仍不断策励自己，以五年时间扎实地获得工商管理博士学位，并且孜孜不倦地写了八本经营管理的实务书籍，每一本都畅销，使更多无缘亲炙于课堂的读者和粉丝也能得到启发和指导。本书是狄老师的第九本管理著作，内容直指中国企业转型期发展的最核心问题——规范化、制度化、精细化，见人所未见，言人所不敢言，非常精彩。同时书中提供了很多实用有效的工具、表单，值得借鉴。敝人忝为狄老师的博士导师，在拜读之后，自认为早已瞠乎其后！感佩之余，愿竭诚地向广大的读者和企业经营管理者推荐，相信也能得到大家的共鸣。

台北海洋技术学院校长，北京大学中国国情研究中心研究员，

博士、教授、博士生导师

刘廷扬

>>>>>> 前言

《制度才是真正的老板》和其白金版相继上市后，我接到大量读者的来电和来信，有表达喜爱之情的，有商量探讨的，很多的读者表示希望在原来两本书的基础上，增加更多实用性的内容。

我考虑了很久，也征询了许多老师和同仁的意见，最终决定出版这本《制度才是真正的老板2（最新操作版）：一流的执行必有一流的制度》。本书不仅对制度制定原则、流程的内容进行了丰富，更重要的是增加了大量的制度工具箱模板，从行政、人力资源、财务、营销、生产等企业各个部门的管理制度入手，提供了各类最新的实用管理制度范本、表格，任何企业的任何部门都能从本书里找到值得借鉴的制度模板与考核模板，让读者拿之能用，用之有效。

本书的创作是一个艰辛的过程，但感受艰辛的同时，我很欣慰读者朋友们能这样重视制度管理。的确，制度是一个企业得以生存和发展的内在要求，也是企业能够发扬光大，基业长青的重要保障。对企业而言，规章制度就如同绘图工具里的"规"和"矩"，有了这两样法宝，企业经营才能圆满和成功。

纵观国际一流的大企业，它们都有着良好的管理制度。正是这些制度，引导企业走向稳健和成熟。因此，身为企业创办者的你，一定不能忽视制度的神秘力量。

管理学大师彼得·德鲁克曾经说过："一个不能将制度看作是企业灵魂的企业，根本称不上是企业。"制度是一个企业的灵魂，是企业得以正常运转的坚固基石。在当前竞争激烈的市场环境中，制度的作用尤为突出。从众多实际的案例中，我们可以得出，制度才是一个企业真正的大老板，只有依靠制度，才能合理有效地指导和规范企业的各项管理工作，从而让企业在最大限度上获得可观的效益，在市场竞争中立于不败之地。

在《制度才是真正的老板（白金版）》的基础上，本书在理论方面的深度有所递进，内容方面增加了大量的工具模板。全书层次清晰，主题鲜明，分为上下两篇：上篇从理论上详细地阐明了制度的重要性、制定制度的办法、执行制度的措施保障等；用大量的案例让创业者或者困惑的企业领导者能够对制度有一个清晰的认识，让他们能够从制度管理的角度出发，以一种独特的视角来管理企业。读者读完这一部分之后，会发现制度才是企业真正的老板。下篇从企业的各个环节出发，更加详细地阐明了制度在各个环节中的重要作用和意义。同时，读者还能从这一部分中找到行政、人力资源、财务、营销、生产等环节的制度规定范本和最新的实用表格。我从各个方面了解和考察了各种制度范本后，对本书的各种模板进行了梳理，以保证任何企业的任何部门都能从书中找到详细的制度范本和模板。本书不仅是企业创办者在理论上的重要指南，更是一本非常实用的企业管理秘籍。

从相反角度看，企业如果没有制度管理，那么就会产生众多难以解决的问题，甚至让企业遭遇破产。但是，有了制度就一定能够让企业长远发展吗？通过那些曾经是大牌甚至红极一时，却最终遭遇破产的企业的案例来看，有了制度如果得不到执行或执行不到位，或者制度的制定不够合理和人性化，那么依然会酿成悲剧。所以，企业管理者在意识到制度的重要性之后，还要进一步地规划制度，让制度更加合理完善。彼得·德鲁克也曾说过："好的制度必须是科学合理、实事求是，并符合客观规律和人性化的。"所以，企业管理者在制定制度的时候要多进行考察和研究，还要让企业员工参与到其中。只有这样，才能制定出完善科学的制度，也才能让员工更好地执行制度。

本书重在强调制度在企业管理中的重要作用，将制度提升到管理者的高度，深刻地诠释了制度的公平、公正之处。读了本书之后，相信企业管理者能从中有所感悟，对制度有一个与众不同的认识，将制度看作是企业发展的真正老板。

狄振鹏

CONTENTS 目录

CONTENTS 目录

贵在制度，赢在执行

第一章
一流的企业必有一流的制度

所有企业的管理者都希望自己的企业能够稳步发展，逐渐壮大，但却经常事与愿违。很多企业管理者辛辛苦苦建立起了自己的"商业帝国"之后，却在短暂的繁荣之后便销声匿迹。造成这种"惨状"的主要原因就是这些企业没有一套一流的制度。

俗话说"没有规矩，不成方圆"，管理企业如果没有一套一流的制度，那么企业将瞬间被淘汰。由此可见，制度是推动一个企业发展的真正动力，制度才是让企业坚如磐石的重要根基。

第一节　制度是助推企业发展的发动机

俗话说："打江山容易，守江山难。"如果没有一个可行且有力度的制度，企业就难以走向一流行列。因此，制度才是企业发展的内在动力。

挪威的阿克集团是全球知名的大型集团，这个拥有将近 4 万名员工，年收入超过 500 亿欧元的大企业是如何保持高水准、高效率的呢？经过研究，众多经济学家一致得出阿克集团的高效运营是靠一套一流的管理制度这一结论。也正是因为这套管理制度，才让阿克集团成为一流企业。

有关专家进入阿克集团，进行了详细考察，发现阿克集团的制度不但十分完善，而且还特别规范。阿克集团在早期的管理制度设计中，有着明显的个人主义色彩，甚至还被称为是"专制主义"，即集团内部大小事务都由创始人一人说了算。这种管理模式带来了很多弊端，后来由于高层个人的能力一代不如一代，所以阿克集团曾经一度陷入管理混乱的泥潭，不能自拔。

　　面对危机，阿克集团高层决定运用集团式高级管理方式，并且制定一定的科学制度。将权力、执行力分配到各个机构和部门，并采取奖罚分明、分工合理的制度。同时，集团内部也进一步确立了制度至上的企业文化理念。最终阿克集团的管理效率大大提高了，集团实现了高速发展。

　　如今的阿克集团为了进一步促进企业发展，防止管理失去弹性，面对复杂、竞争激烈的市场，阿克集团决定采取更合理的体制，将权力进一步下放，这一举措更是为阿克集团如虎添翼，阿克集团因这样健康有序的制度而再次获得了飞速的发展。

　　从世界一流企业阿克集团的这个例子中，我们足以看出，一套科学合理的制度对企业发展具有重大作用。可以这样说，制度是企业发展的内在动力。没有规矩，就不能成方圆。所以，要想让企业跨进世界一流企业的行列，必须要注重制度的建设与发展。

　　一个企业如果没有优良的制度，就等于无本之木，没有生命力和发展力，只能很快枯萎衰败。如果你是刚刚打下"江山"的企业创始人，那么你可能会说："我的企业完全没有问题。"这是因为，你本身具有很强的魄力和智慧，完全能够通过自己的力量来支撑和管理企业。但是你有没有想过你的下一代是否还具有这种能力？我们也经常听到很多关于企业短暂辉煌随即陨落的故事，究其原因就是因为企业创始人高估了自己的能力而没有料想到后来人对企业的管理能力不足。虽然你很有能力管理企业，但是却不能看到企业的长远发展。所以，靠一人的管理支撑的企业是不能持之以恒的。因此，要想让企业的后来人继续完好地支撑企业，让企业走上一流的道路，必须要制定一套科学合理的制度，这是企业发展的根本动力所在。

　　也许你是一位家族集团的继承人，或许在你的意识里父辈或者更久远的创始人早为你制定好可行的制度，但是如果你不运用长远的眼光来看问题，那么你的集团也许还是会被过去的旧制度套牢。所以从这一点来讲，你依然需要一种优良的制度。

　　无论从哪个方面来讲，制度的创新和合理规划都是企业发展的法宝，也是企业发展的根本和内在动力。

为了能够更好地向人们说明制度是企业发展的内在动力，我们还必须在对一些企业的发展过程的研究中，对制度的规划和实施出现的问题进行分析。先要查找制度在有些企业行不通的具体原因，根据这些原因，我们再来具体地总结解决方法，让企业管理者更好地完善制度，推动企业发展。

原因一：企业高层说了算的制度，严重阻碍企业发展

很多企业都如同上述事例中早期的阿克集团一样，实行一种"专制"的制度。这样的企业可以说不是没有制度，而是有一种特殊的"专制"制度。往往是企业高层说了算，企业内部大大小小的事情也都由高层来定夺。这样一来，企业就很难向前迈进，因为员工对这种制度心知肚明，所有的事情都要由大老板拍板，这样就无法激发员工的工作积极性，从而阻碍企业发展。

美国西凯勒电器在创立初期，其产品在家电市场中也是佼佼者，由于质量和口碑都比较好，所以产品十分热销。也正是因为这样，这家公司迅速地从一个小家电公司成长为一家中型家电企业。但因为过渡时间太短，所以企业还是停留在过去的管理制度中，高层的管理者对企业大大小小的事务都"专制"起来。虽然名义上也有一些新规章制度，但却没有实际意义。时间久了，员工不再有积极的工作热情，而公司经理依然一味地沉浸在过去的专制管理中。最终，这家公司只能被无情地淘汰。

对策：将制度作为评判是非的唯一标准，制定有实际意义的制度才是企业发展的内在动力

海尔、联想等大型企业之所以能够成为一流的大企业，就是因为看透了制度对企业的重要性。所以，要想成为一流的大企业就必须要做好制度建设方面的工作。一个企业有了制度，内部大小事务也就不再是一个人说了算。制度就将成为评判是非的唯一标准。这样一来，制度就有了现实的重要意义。而员工也会因此而激发工作热情，向制度看齐。最终，员工能够为企业做出最大努力，从而在根本上推动企业不断向前发展。

原因二：不把制度当成是企业发展的基石，永远停留在二流或三流企业的行列中

为什么世界上的一流大企业那么少，而中小型企业却遍地都是？这其中与企业的制度建设有很大的关系。徘徊在二流甚至三流企业中的企业，往往看不到大型企业发展的内在动力，他们只是看到一流企业外在的风光和硬件设施，却看不到他们内在的发展动力是什么。其实，制度才是一流企业发展的根本动力。

在德国法兰克福有家名为汉斯的广告公司，其创始人德芙琳与丈夫一起经营这家小型广告公司。由于两人分别来自慕尼黑的高等学院，而且还在一些大型企业中担任过重要职位。所以，一开始两人就接到了不少的业务。所以，公司的效益得到了初步的上升。两人决定要向大型的广告公司迈进。他们以为凭借自己出色的技术就能够跻身大企业行列，但是他们却完全忽视了一个企业最基本的基石——制度。他们没有为员工想到实际之处，甚至没有在制度方面下大力气，一味地模仿大型企业在技术方面的成就。最终，两人创办的广告公司不但一直停留在小型发展阶段，而且他们至今都不知道自己的欠缺在哪里。

对策：把制度当成企业发展的根本内在动力，向制度出发

其实，在现实中有很多人像上述故事中两位企业创始人一样，心中纵然有宏伟蓝图，却不知道实现它的根本是什么。一个企业的创始人也好，发展中的新生力量也罢，要想让企业跻身一线，就必须要重视制度，向制度出发，制定一个科学合理的制度才是企业发展的根本。

原因三：重视了制度，但是过分苛刻或者宽松，难以推动企业发展

有些企业管理者并不是不注重制度。他们不但注重制度，而且还制定了很详细的制度来管理企业。但是问题又来了，这些企业往往将制度看得太重，将制度制定得过于苛刻或者宽松。结果造成了员工的压力和混乱，从而也不能从根本上推动企业发展。

　　许多中型企业的高层由于想要加快工作步伐，赶超同步企业，于是重视制度，将制度制定得十分苛刻，比如员工迟到三次就要罚款 100 元，偶尔完不成工作任务也要罚款等。如此一来，员工的内心就会产生极大的压力，随之而来的是一系列的疲倦感。最终很多员工由于难以接受这样的制度而纷纷辞职。如此"重视制度"，不但没使企业跻身一线企业的行列，反而让它很快面临危机。

　　对策：制定有利于激发员工积极性的制度，让员工有一定的空间，这样企业才能更好地发展

　　好的制度就是要给员工一定的空间，只有这样，员工才能产生积极的工作热情。赏罚分明、科学合理才是最重要的制度原则。彼得·德鲁克曾经说过："员工是企业向前的核心，但是制度却是员工的核心。"所以，如果要想让员工积极工作，促进企业快速发展，就要制定科学合理的制度，给员工一定的空间。

第二节　制度"坐镇"，企业稳如磐石

　　一个公司或者企业最初成立或许与制度关联并不大，但是一个企业能够持续稳定地发展却和制度分不开。就像成功学大师拿破仑·希尔说的："有了制度，企业就如同磐石一样稳固。"

　　日本著名电器品牌"东芝"，可谓家喻户晓。也许你手上正在使用的电脑或者手机就是产自于这个已经发展了长达一个世纪的品牌。是什么让这个老品牌在经历了数次战争和世界格局变化之后还能屹立不衰呢？如果你试图从东芝公司创始人田中久重身上找寻答案，恐怕很难得到满意的答复。不如将眼光放长远一些，从东芝公司一个多世纪的发展过程中去找答案。如果你了解了东芝公司的发展过程，你也许会明白，东芝公司之所以能够百年不衰，根本原因在于它的制度。

1875年，年过七旬的田中久重在东京新桥开设了电信设备厂，也就是后来的东芝公司。田中久重去世后，接手东芝公司的后来人十分重视制度。当时东芝公司的高层管理者早已看到未来企业发展需要的根本，那就是制度。因此，东芝公司的管理者开创了企业权力分工执行管理的模式。最高的决定权还是在高层手中，但是东芝公司高层管理者却不再事事亲为，而是让执行部门去执行一些决策。同时，他们还将员工的一些工作进行了合理的安排，包括员工的奖罚制度、请假制度、创新制度等。由于东芝公司长期坚持这种管理模式，并不断改进完善，让制度更加合理和人性化。基于此，东芝公司才有了现在的强大和稳固。

东芝公司的事例充分说明了一个企业如果有一个好的制度来"坐镇"，那么这个企业将会稳如磐石。企业持续发展离不开制度的持续更新和改革，只有跟随时代潮流发展，企业才能步步壮大，日日稳固。

很多大型企业之所以能够历经长时间的磨炼，无论换了多少总经理和董事长，都能在经济发展的长河中顺利远航，就是因为有一个好的船帆——制度。东芝公司从田中久重开始，不知道换了多少位总裁，但是却依然能够稳如磐石般发展，很明显，东芝公司的制度也在与时俱进地改进。

尽管有东芝公司等这样一流的大企业在这里为制度的重要性做有力的证明，但还是有一些企业的决策者不这么认为。

原因一：认为能力才是让企业稳如磐石的关键所在

企业家，尤其是那些凭借自己一身本事来创立企业的人，往往会陷入一个管理企业的误区：他们认为自己当初是凭真本领打下的江山，所以只有能力才是让企业稳如磐石的关键。这类人往往只关注员工的能力或者技术，将制度搁置在一边。

德国奔驰公司自 1926 年创立之日起，就始终位于世界汽车行列的首要位置。然而，这个辉煌的品牌在一开始创立时期也曾经走过"能力才是企业之根本"的错误路径。当时的奔驰创始人以为只要生产质量优良、高档的汽车就可以持续永恒。但是在 20 世纪初期，随着很多汽车品牌的涌现，奔驰的这种"主观思想"已经很难让奔驰立于龙头的位置。为了改变、求存，奔驰开始注重管理制度上的改革。

奔驰的领导人彻底抛弃了"只有能力才是企业生存根本"的思想，将更多注意力放在了管理制度上，不断让奔驰的制度更加人性化、科学化。最终奔驰车才获得了如今如此高的品质和精神上的荣誉。

对策：制度犹如方法，只有合理的制度才能全面稳固企业发展

从经济发展史上看，没有哪一个企业是缺少了制度还能长久的。自古以来，无论是政治、经济，还是个人的发展，没有制度就不可能稳固。秦朝为什么能够在战国群雄中迅速强大并最终统一六国？答案就是制度。因为有了制度来"坐镇"，才得以长治久安。所以，企业的创始人也好，继承人也罢，只有明确这一点，才有可能让企业稳固持久地发展下去。

原因二：制度不够规范，不符合企业实际情况

企业管理者对制度规范化往往不够重视。有些管理者看不到长远的发展，或者说没有将眼光着重于制度上，制度往往浮皮潦草，全是表面现象，这样使得企业很难稳固发展。

日本横滨蓝田家纺公司在 2009 年宣布破产。根据员工反映，在这家公司成立初期，老板就学习一些大型企业制定了一系列的规矩和制度，后来打印出来，发给员工。员工接到手里一看，大大小小的制度竟然有几张纸，而且十分啰唆和混乱，仔细看，这些制度也大都是浮皮潦草，流于形式，对员工工作缺乏实际指导和约束的意义。后来，员工逐渐忽视了这些"幼稚"的规矩，依然我行我素。可想而知，这家公司倒闭是迟早的事情。

对策：制定适合公司发展的长远化制度系统

没有规矩不成方圆。如果一个企业没有规范长远的制度，或许能够在某一阶段得到一定发展，但是绝对不可能稳如磐石般发展。没有一个合理规范的制度，就不会有高效的执行能力和生产能力，公司也就不能长久稳定。所以，一个明智的企业管理者必须制定一种适合公司的管理制度，因为这才是让企业稳固发展的基础。

原因三：制度会让员工有一定的疏远感，无法真心投入工作

企业管理者还常常会认为，要想让企业稳如磐石，就要留住一些优秀人才。但是，将制度看得过于重要，很可能会让员工产生一定的疏远感，从而难以真心投入工作。这种说法看似很合理，但是否真的就正确呢？

玫琳凯公司是很成功的化妆品直销公司，然而在最初的时候它也曾走入管理的误区。玫琳凯公司曾为了留住优秀的人才，而没将制度看得很重要，疏于对人才的管理和制约。长久以来，玫琳凯公司内部就发生了一系列重大问题。那些优秀的人才不但没有投入百分之百的热情去工作，反而还经常有一些员工打着玫琳凯公司的旗号来私自做生意。后来玫琳凯公司高层意识到，必须要建立一种完善严格的制度，才能让玫琳凯公司长久稳固地发展下去。于是，才有了现在你看到的玫琳凯公司——一个奖罚分明且制度合理的大型企业。

对策：制定奖罚分明、严格且人性的制度才能让企业稳固发展

公司管理者应该在公司规模发展的基础上，建立一套科学合理的制度。怎样才能算合理呢？如有家公司规定：一个月内全勤奖是 100 元，超过三个月会再额外发 100 元；一个月内完成 1 单交易，提成之外额外奖励 200 元，否则会扣 200 元。这种制度就能够充分调动员工积极性，而且还不会让员工对企业产生疏远感，员工也能将工作当成事业一样对待。有了积极工作的员工，企业怎能不长久稳固？

第三节　管理的核心就是一种制度约束

公司管理的核心是什么？不是人才，也不是技术，而是制度。在一种科学合理的制度的约束下，人才和技术才会如期增长和前进，而公司也才会逐步壮大，跻身一线行列。

海信集团是中国知名电器企业，然而这样一个大型企业的管理不仅仅是依靠海信集团面向全社会招来的优秀人才，更重要的是来自一种制度的约束。

海信集团的制度，主要的作用在于管理。海信集团一直坚持将管理的核心放在制度上，而不是像其他企业一样将其放在技术和人才上。有位记者曾经采访过一位海信集团的员工，这位员工亲身经历了海信集团那种严格的制度约束。他曾经是海信电视机制作车间的一名班长。海信集团的管理制度中有这样一条：不允许员工在工作场合抽烟。这位班长虽然工作各方面都很出色，但却有很大的烟瘾。有了这个规定之后，他只能在上班前，在外面抽几根烟。一次他发现，二楼楼梯的一个角落比较隐蔽，于是他悄悄来到这个地方抽烟。但是这件事却被细心的上级发现了。第二天，上级就对这位班长进行了以下处罚：免去班长职务、扣除奖金和通报批评。

这个事件发生之后，引起员工的很大反响。与这位班长很要好的同事甚至认为这种制度有些苛刻。但是自从这件事之后，再没一个人在工作期间抽烟。最后他对记者说："虽然我受到了处罚，但是我却没有不服气，因为大企业就必须要有这样的约束力。"

相信看完了这个故事的一些人会为这位班长感到不平，但是我们从另一方面来看，海信集团的这种制度却十分有效。正因为有了这样强制的约束力，海信集团才能在各大电器品牌中稳住阵脚，才能成为一线企业。这也说明，企业管理的核心就应当来自制度的约束。

小的制度不能放松，大的制度也不能放松。上述事例中只是一个小小的制度约束，但是却足以产生如此大的影响力。可见，作为企业管理者，应当将管理核心放在制度的约束上。管理者不能因为是一件小事就放松制度约束，否则，企业就难以发展。

三国时期诸葛亮含泪斩马谡的事情，也很好地说明了管理的核心在于制度约束的道理。虽然这是军中的制度，有些严格，但是在企业管理中却也一样需要这样的约束力。如果没有制度，那么企业管理就如同一纸空文，丝毫不能填满成绩。

不过，很多企业管理者却并不这么认为，他们认为制度只是企业管理的一部分，并不能称为核心。我们不妨来具体分析一下这些管理者的心态。

原因一：用实力说话，才是企业管理的核心

企业发展和管理是一个艰苦复杂的过程，这就好比在战场上打仗。但有的人却认为取得胜利的核心在于有没有勇士和利器，于是在企业管理中，有些管理者会认为只有实力才是管理的核心。

在 20 世纪 80 年代，曾经有一些胆大的从商者迅速发展起来，但是却也很迅速地衰败。如原来是宁波批发商场老板的王总，他曾经在改革开放之后迅速地投商，并且建立了一家大型商场。但是由于一味地忙于引进一些先进的设备和产品，而忽视了企业管理中的制度，最终以失败收场。

王总最初认为只要将最先进和优秀的产品引进来，就能让自己的实力占据首位，就能占据市场。但是最终他却失败了，败在了没有顾及制度的管理和约束。优秀的员工也因无约束变得懒散，员工态度的转变直接导致生产能力不足，服务态度恶劣，口碑越来越差……最终，拥有最先进设备的王总败在了大浪淘沙中。

对策：制度才是企业管理的核心，从制度出发，找到宽阔出路

随着经济的发展，企业管理竞争也越来越激烈。如今市场是一个多元化的市场，大家的实力在一定程度上都是旗鼓相当的，此时竞争核心就转移到了制度上。所以制度才是企业管理的核心。即使是小事，都要有严格的布局，只有这样，制度的约束才能成为企业管理的有力法宝。

原因二：制度约束不如个人招牌有约束力

很多企业管理者认为，要想让企业更利于管理，个人的硬性化管理更具权威和约束力。大家都知道，很多企业员工大都害怕管理者，甚至见了管理者就跟老鼠见了猫一样逃避。这种高高在上的"优越感"，往往让管理者认为"个人的招牌"比制度有用得多。

日本东京的山品食品厂的车间员工，每次听到老板要视察车间的时候，都赶紧忙里忙外地做好准备，把不合格的东西赶紧换上新的；将做好的一些口碑较好的产品放在展厅里，把没有达到质量标准的产品放在后库里；主管也会将严惩员工的一些事迹主动讲给老板听。最后老板特别满意然后离开了车间。当然，在老板走后，员工继续无制度地工作下去，生产的食品很多都不合格。最终这家食品厂难逃倒闭的厄运。

对策：管理者也要融入制度之中，尊重制度约束的力量

其实很多企业都存在上述事例的弊端，说白了，这是一种企业危险的信号。身为企业管理者应该及时发现，并且制定一种规范制度来约束自己和所有员工。同时也要让自己切身融入企业中，成为企业制度管理的先行者，这样才能更有号召力，让制度约束的力量真正实施起来。

原因三：不把制度当回事，全力抓紧生产线

企业管理者通常认为，企业要想得到好的口碑，就要拿出好的产品和成绩，大家看到了好的产品才会对自己的企业产生信任感。这固然是没错的，但很多企业管理者却过分重视生产线，而不把制度当回事。

在美国洛杉矶的蒂茜妮珠宝设计公司，有众多全美知名的珠宝设计师，但由于公司遇到了产品滞销问题，于是公司领导提出：如果谁设计出了当季最热销的珠宝，谁就成为本公司的首席设计师。为了这个高薪职位，设计师们开始绞尽脑汁地工作。然而这样的方式，却严重地刺激了原本的首席设计师。因为在首席设计师的眼中，仅凭某一次的成功设计而成为首席设计师是非常不合理的，这违反了一个设计师应该遵循的基本制度。但是该珠宝公司老板却一味地坚持己见，最终启用了一个设计助理的作品。后来，这位设计助理完全颠覆了这家公司的设计理念和品位，最终公司不但没有摆脱危机，反而失去了真正的人才。

对策：用制度约束来控制生产线

上述的企业管理者完全是因为不把制度当回事，一味地重视生产上的成绩，最终导致恶果。因此，管理者必须要坚持管理的核心就是制度约束，制定合理的制度来控制生产线，而不能让生产线牵着自己的鼻子走。所以，身为企业管理者，必须要懂得制度约束才是管理的核心。

第四节　一流制度鞭策出一流员工

企业管理中的制度固然重要，但是有很多企业却光说不练，没有将制度落到实处。而众多成功企业的真实事迹告诫我们，只有用制度做"鞭绳"，才能更严格地鞭策企业向更好、更强的方向发展。

瑞蚨祥是全国知名的绸布店，如今在全国很多地方都有它的分店。瑞蚨祥的成功在很大程度上来源于它的制度化。在瑞蚨祥的管理中，制度是最为重要的。我们从两个方面来举例说明。一个是瑞蚨祥对员工的管理制度。由于瑞蚨祥设有很多店面，所以瑞蚨祥十分重视员工的形象问题。瑞蚨祥有明文规定，员工要以企业利益为重，从企业基础出发，注重个人形象。一个员工的形象就代表了瑞蚨祥整体的形象，这是瑞蚨祥的制度之一。瑞蚨祥规定，不论春夏秋冬，员工一律穿长衫，不能吃一些带有气味的食物，如大蒜、洋葱等。不能在客户面前嬉皮笑脸，不能吃零食、随便聊天。

另一个就是瑞蚨祥有严格的营业制度，这也是要求员工必须要做到的。如顾客来的时候，员工要笑脸相迎，热情问候，在必要的时候还要准备一些茶水来让顾客细品，好让客户用心挑选绸缎；如果客户不满意，员工要心平气和地与之解说和介绍，直到客户满意为止；找给顾客零钱的时候，不能直接交到顾客手中，要将钱放在柜台上，让顾客自己收钱等。

正是因为有了这样一流的制度，瑞蚨祥才出现了一批又一批一流的员工，他们受到了制度的约束和鞭策，产生了巨大的工作动力，不仅为绸布店，也为个人提升了形象和实力。

每个企业都有它独特的管理制度，尤其是像瑞蚨祥这样的老字号企业或者一流企业。其实，无论什么样的企业和制度，它们都有一个共同点，那就是不会光说不练，他们真正做到了用制度来做"鞭绳"，以此来鞭策企业管理和发展，更鞭策了员工的工作动力，从根本上为企业发展提供了积极的力量。

而很多企业为了向大企业看齐，或者为了更符合国际化标准，也制定了很多制度，但为什么就是看不到成效呢？为什么企业还是处在二流、三流的位置上呢？其实答案很简单，就是因为光说不练，制度没有真正对员工起到鞭策的作用。

很多企业往往在实行制度的时候有些困难。例如，有些企业总是喜欢做表面文章，规章制度、规范原则等虽详细列出，但是却华而不实，或是不能将制度落到实处。

原因一：认为决策失误，导致企业不能进步

管理者在意识到自己管理失败的时候，往往将错误归结在企业决策上，认为是决策的失误导致了企业难以进步。而他们却不知道，决策的失误也会导致制度的失败和不完善。

2001 年，某城市有家化工厂濒临倒闭，这时公司聘请了一名德国的管理者，企图让公司起死回生。这位德国管理者上任之后，并没有将一些大的决策改掉，而只是将原来的各种制度加以落实和实施，真正做到用制度来鞭策企业员工工作。半年之后，这家化工厂奇迹般地起死回生了。

对策：制度的建立，关键在于落实，应该真正拿起制度的"鞭绳"，来让企业管理走向更规范的道路

上述事例明确告诉我们，大多数企业倒闭或者出现一些危机问题的根本原因不在于企业没有制定一系列的制度，而在于企业没有真正地落实制度，没有对员工产生激励和鞭策的作用。俗话说："光说不练，十年不变。"所以，只有付诸行动的制度才能对企业管理和发展起到决定性作用。

原因二：制度已经制定了，遵不遵守靠自觉

有些企业管理者，尤其是那些继承家族集团的继承人，他们往往认为，既然公司已经制定了详细且规范的制度，大家就要自觉执行，而且管理者也难以想到员工会钻空子。然而，很多企业就是败在了这些自信满满的继承人手上。这是否与这些制度有关？来看一个案例。

在中国有很多被称为"海归"的管理者，他们从美国、德国等发达国家学习到了一些先进的管理技术回到祖国。如章霖，他从哈佛大学毕业之后就回国，加入了自己的家族企业，参与企业管理。由于父辈已经将权力交到他手上，所以很多管理方面的决策都是他说了算。然而这位"海归"富二代上任不到三个月，企业就出现了一系列的危机。后来章霖查到危机的原因是公司内部制度出现了问题。他十分不理解，为什么自己上任之前还好好的，自己一上任就出现了制度漏洞。公司制度是传承了很多年的，也十分完善和健全，大家应该都会自觉去遵守的，为什么会在自己手里出现了问题呢？

对策：制度向来都不是靠自觉，而是靠鞭策

企业一旦要求大家自觉遵守制度，那么在一定程度上就是放任大家自由。一个企业如果要想成为一流企业，仅靠自觉是行不通的，还必须要用制度来做"鞭绳"，只有在制度的鞭策下，才能出现一流的员工，才能创造出非凡的成就。

原因三：口头惩罚或者批评足以给员工敲响警钟

自古以来就有很多学者或者经济学家认为，从商要懂得仁慈。但是在现代企业管理中，却不能一味地仁慈，过度的仁慈等于是对制度的蔑视。企业管理者认为口头惩罚就足以给员工敲响警钟，因此无须用鞭策的方式来强化制度。但这样是对的吗？下面我们来看一个关于幼儿园孩子过马路的故事，从中，你也许能有所感悟。

两位幼儿园老师带领十几个孩子过马路。只见孩子们排成整齐的一队，每个人手中都紧紧地抓住一根绳子，绳子的两端分别是两个年轻的女老师。就这样，他们很整齐地向前走。走到一半的时候，中间有个小女孩的鞋子突然掉了，但是这个小女孩却并没有停下来捡鞋子，而是紧紧抓着绳子继续往前走。直到过了马路才从老师手中接过鞋子穿上。后来人们问老师为什么孩子会这么听话呢？老师回答："如果松手，放开了绳子，那么他就会受到将英文字母表默写5遍的惩罚。这样的惩罚对孩子来说，其实很有警惕性，足够让他们记住该怎样保持纪律、按制度办事。"

对策：让员工抓好制度这根绳子，松手就要受到相应的惩罚

如果企业管理者对犯了错误或者违反制度的人进行口头上的惩罚，那么对员工不会产生"鞭策"的作用。员工会理所当然地认为，即便是没有执行制度，也不会受到大的惩罚，所以自然就不会对制度抱以敬畏的态度。因此，企业管理者应该坚定不移地执行制度，让员工在心里形成一种"鞭策"的根，让员工用心去抓住制度这根绳子，一旦松手，就会受到相应的惩罚，只有这样，企业管理才能更加规范和有序。

第五节　制度不仅约束员工更约束老板

企业制度并不只是针对普通员工，而是针对公司所有成员，包括管理者，没有任何人在制度面前可以享有特权。只有这样，才能体现出人人平等。

苹果公司如今闻名全球，全世界最先进和外形最漂亮的手机、电脑等数码产品许多都是来自这个美国高科技公司。1976 年，21 岁的乔布斯和沃茨涅克等人创立了苹果公司，从苹果公司创立的那一刻起，就制定了严格规范的制度，正是凭借着这些制度，苹果公司在 2012 年成为世界市值第一的上市公司。

苹果公司的管理制度十分朴实和低调。原因主要在于苹果公司的制度人人平等，任何人都没有特权。苹果公司规定，管理者与普通员工在某些程度上都是平等的。在一些规章制度面前，管理者也没有任何特权。因此，在苹果公司，没有特别的经理餐厅、经理娱乐场所、经理单独卫生间、停车场等。甚至就连经理迟到了，也要受到一定的惩罚。

更为重要的是，在苹果公司不存在丝毫的裙带关系，只要你有创意，就有机会来展现自己。但是还有一个制度规定：无论你是什么学历、什么地位，只要进入苹果公司，都要从基层做起。只有做出成绩，才能获得相应的职位。

苹果公司有位销售部门经理沃森，他的儿子汉克斯想要进入苹果公司工作。汉克斯一开始认为凭借自己父亲的关系，完全可以不用从基层做起。但是他却没有料想到，父亲一开始就将他安排到了苹果公司销售部门接受培训，然后进入基层工作。培训结束之后，汉克斯又被分配到了纽约地区负责销售业务。沃森知道儿子心里不平衡，但是他却对儿子说："这是公司的制度，任何人都没有特权，即便是乔布斯，也要遵守这种制度。你作为苹果公司的一员，首先就应该明白这一点。"

在苹果公司也不存在种族歧视问题。乔布斯曾说："在苹果公司，你不会看到你不想看到的一切制度存在。没有任何人是具有特权的，我也曾经触犯过制度，因此也受到了相应的惩罚。"

由此可见，苹果公司之所以能够经久不衰，不断制造出让人耳目一新的产品，与它本身的平等制度是分不开的。从苹果公司的管理中，我们可以看出，在公司制度面前，一定要做到人人平等，不能搞特权。只有这样，才能真正让企业步入一流的行列。

彼得·德鲁克认为："没有特权的制度是一个企业走向成熟和稳固的重要条件。哪个企业如果在制度上搞特权，那么就等于违背了企业正常管理的模式。"

因此，制度不能只是针对普通员工，而要针对所有员工，包括老板、高层管理人员。如果管理人员可以跨越制度，或者在违反了制度后而未受到惩罚的话，那么这不但会对企业的管理造成恶劣影响，还会让企业难以在同行中立足。

如今市场竞争十分激烈，这种竞争不仅体现在竞争技术、产品领先程度和创新上，更重要的是体现在公司的内部管理上。一个好的企业管理者应该懂得这一点，更应该积极以身作则，让企业内部制度得到进一步完善，做到人人平等，不搞特权，这样的企业才能长久发展。事实上，很多企业都不能做到这一点。有关财经杂志曾经有这样一篇报道：一家大型企业生产车间门前有一位严于遵守制度的门卫，一次，企业高层管理者来车间考察，门卫要求管理者出示证件。当时旁边陪同考察的人却对门卫说："没看到是领导来视察吗？赶紧开门！"这虽然是一件小小的事情，但是却反映了大多数企业存在的制度特权化问题。

为什么很多企业不能进入一流大型企业行列，不能与国际接轨？这便是一个很重要的原因。而造成企业管理者有这样特权制度的原因又是什么呢？这些管理者为什么心安理得地在制度面前搞特权呢？我们面对这种情况，又该怎样做呢？

原因一：特权思想一直伴随企业发展，没有尊卑，就没有力度

很多企业管理者在很多决策上都会有特权思想，尤其是在制度上。如管理者可以随时到公司，管理者不用纳入考核中，管理者可以没有时间观念等，这都体现了管理者在制度上的特权问题。而且管理者还理所当然地认为，管理者和普通员工就应当有上下之分，只有这样才能展现出管理者的权威，才能让企业更好地发展，但事实却往往不是如此。

瑞士的钟表企业十分盛行，也有很多钟表企业，在技术、实力上都很有竞争力，然而，这些公司却一直不能跻身国际市场。其主要原因在于它们的管理者经常在制度上伴有特权思想。瑞士哥斯拉特钟表公司也算得上是一个历经百年的家族产业，但是，却一直因为制度十分特权化，而不能扬名。在哥斯拉特，董事长莫里斯经常因为自己缺席会议或者参加展销会迟到而不予追究，他给出的理由是："董事长可以在制度上享有特权，否则在员工面前没有威信。"

对策：上下级别可以有，但是制度却不能分上下

一个企业自然是需要领导者和员工在等级上有所分工，因为只有上下级分工清晰，才能让企业决策更加明细化。但是，在管理企业时，管理者不能搞制度的特权化。因为管理者要明白：制度是你定的，那么你就应该以身作则，做到遵守制度。如果你认为自己可以随意跨越制度，那么你就很难让员工信服，从而也会失去威信。

原因二：管理者也要按制度办事的话，将会丧失威信

企业管理者总是认为自己既然是管理者，就要在员工面前拿出一定的威信，而如果自己和员工一样遵守规章制度，那么威信和颜面何在？日后还怎样领导员工继续向前迈进？

一位十分"残忍"的工厂老板，经常给员工开会，通过开会来说教，他以为这样就能够让员工对自己有所敬重，让自己树立威信。但是他却不知道，一些员工主管们在私底下也经常我行我素，不按制度办事。这严重导致了企业上下风气不正，危机重重。

对策：管理者按照制度办事，更能增强自己的威信

企业制度是公司发展的基石。只有严格遵守制度，才能让公司管理更加健康有序。而管理者要想拿出自己的威信，就不能陷入管理误区，以为自己特立独行，不按制度办事，就能够展现出威信，其实不然。真正的威信不在于搞特权，而在于管理者严格按照制度办事。

列宁曾经有一次忘记带证件进入会议室，当时就被在会议室外的警卫人员阻拦住。列宁后来不但没有批评这位警卫人员，反而还大加表扬他。也因此，列宁严格按照规章制度办事的佳话广为流传，而他个人的威信更是不断上升。

原因三：针对管理高层设定一种宽松制度，对普通员工严格要求

其实，许多媒体都报道过很多关于企业制度管理的一些弊端，有些媒体认为，现实中企业存在等级分化，而制度也存在等级分化的现象。如很多企业针对高层管理者设定了一些较为宽松的制度，而针对普通员工则设定了相对严格的制度。如果你问企业管理者为什么要这样做，他们会说："只有这样，才能让高层管理者更好地管理员工。"

很多公司存在上下级制度有别的现象，如上海墨轩文化宣传公司明文规定：普通职员和主管实行朝九晚五的上班制度，而且每个月只有一天带薪休假的时间，过节发放的福利也是最低等的。而部门经理可以每天只上 6 小时的班，而且每月有三天带薪休假时间，福利也是享受更高待遇。这种制度直接导致普通员工心有不满，而且争议颇大。而部门经理在工作上却十分懒散，工作态度越来越懈怠，工作业绩也逐渐下降。

对策：制定平等的制度，才能服众

企业制度是管理的重要核心，如果将管理者和员工分开来执行制度中的约束，那么势必会造成不同级别的员工在心理上有所不平衡。这些心理上的不平衡会让员工无法全身心投入工作中，而且还会造成权力等级分化，制度也随之分化，企业因此很难发展。所以，企业想要走向一流的行列，必须要制定平等的制度，只有这样，企业最高管理者才能服众，员工才会全身心投入工作中。

第二章
掌握制度的制定流程和原则

很多管理者一旦在管理企业的过程中遇到瓶颈或者坎坷，就会抱怨手下的员工没有好好执行制度。虽然这的确与员工有一定关联，但是真正导致企业管理失误的源头却是企业制度。

管理者在制定制度的时候，是否进行过调查和讨论，是否让员工参与？而你制定出的制度又是否真正地体现出人性化和与时俱进的特点，制度内容是否层次分明、突出重点？可想而知，这些都会影响企业的健康发展。所以管理者一定要掌握制定制度的流程和原则，按照流程来制定制度，争取让员工参与，让制度更加人性化。只有这样，你所制定出的制度才能得到员工的认同，这种制度才会对企业的发展有积极推动作用。

第一节　调查讨论，拟订制度草案

企业要想制定一个好的制度，必须要进行充分的调查和讨论，只有这样才能拟订出让大家满意的制度和原则，而这也是制定一个合理制度的必要流程之一。

在泰国，有一位农场主，他是泰国王室的亲戚，因此人们称他为爵爷。这位年轻的爵爷不愿意从政，更不愿意过那种骄奢华贵的生活，于是他来到乡下经营农场。他是一位非常勤劳且有智慧的爵爷，所以在他的管理下，农场发展得越来越好。

有一次，爵爷请了一批工人来割草。他当时给工人的薪酬是按照每天的固定酬金来计算的。几天过去之后，爵爷发现，工人割草的进度十分缓慢，于是，爵爷亲自去调查，他发现，这些工人每天平均割草面积仅 3000

平方米，原因在于这些工人有些偷懒。照这个速度下去，在既定时间内是难以完成割草任务的，于是，爵爷想要改变工人的薪酬制度。他召集了所有工人一起来讨论新制度的拟订。

最终经过大家一致表决，制定了新制度：按照每天割草面积来核算绩效发酬金。

过了一段时间，爵爷再次到现场勘查发现，工人割草的积极性得到了大大提高。工人发现多劳多得之后，都拼命干活，大家都想要多挣一些酬金。爵爷发现，新制度实施之后，工人每天的割草面积是 5000 ~ 6000 平方米，这大大提高了效率，而且割草任务也如期完成了。

后来这位爵爷发现该制度十分有利于激发工人们的积极性，于是他与财务部的经理一起重新制定了一种新制度：按照工作完成量来计酬。这样一来，全农场工人的积极性都得到了很大提高。

从这位爵爷身上，我们发现，想要拟订一个合理且科学的制度，首先就要深入调查和讨论。只有调查讨论，才能确切地明白员工的工作环境和工作心态。我们从故事中看到，农场没有严格的监督机构，但是爵爷却非常明智地做出了创新性的制度修改，而这个决定解决了所有的问题。所以，企业管理者们要注意，想要调动员工的积极性，首先就要思考一下企业的制度是否合理；其次就是要了解自己是否掌握制度的制定流程和基本原则。

如果一个企业经理不经过实地考察和调查讨论，他是不可能制定出科学合理的制度的。如战国时期的赵括，尽管文韬武略，读书万册，但是却不懂得实际操作，也从未去军营中考察过，所以他根本就是纸上谈兵，不可能激发将士们的积极性，更不可能打胜仗。

这也提醒了所有企业管理者，当企业内部出现问题，需要重新修改制度的时候，必须要切身调查问题、研究问题，根据问题进行深入讨论。只有这样，企业管理者才能制定出有针对性的制度，从而让问题迎刃而解。

企业管理者在制定新制度的时候，要调查讨论其实并不难，但是为什么却仍然有大部分企业不能很好地落实呢？造成这些企业管理者不能很好地进行调查讨论，拟订制度的原因在于以下几点。

原因一：任凭自己想象

众所周知，那些大型企业，如微软、谷歌、苹果等公司在制定制度时，往往都是通过对员工的一些考察、了解来制定合适的制度。因为这些管理者明白，唯有这样，企业的制度才能深入员工的内心，才能让他们更好地工作，从而提高企业的整体效率。但却有很多企业管理者教育和企业管理的道理大同小异。有很多企业管理者在制定制度的时候，并没有深入调查和讨论，而是任凭自己想象。最终拟订的制度草案犹如纸上谈兵。

文星集团的总经理最近正在准备拟订新奖金制度方案。他之所以要重新拟订一种奖金制度，是因为以前的奖金制度是几年前制定的，而现在员工薪金都在上涨，因此，他决定要重新增加大家的福利奖金。这固然是件好事。但是，这位经理并没有深入调查，也没有和一些工作人员讨论研究，而是根据自己的想象，在原先的基础上仅仅给员工增加了不到10%的提升。这种奖金制度一经拟订，全体员工都十分失望，他们当中有些员工了解到其他的同行公司的奖金是他们的两倍后，都纷纷跳槽了。

对策：实行"走出去"和"走进来"的深入调查

企业管理者在制定一项新制度的时候，首先要"走出去"。所谓"走出去"，就是要去同行公司和企业进行考察，尤其是比自己优秀的大公司，只有这样才能了解同行的发展和管理制度，这样才能抱着学习的态度进行改变。其次就是"走进来"。所谓"走进来"，就是要走入员工中间去，尤其是走入基层员工中间，深入了解他们的工作情况和薪金待遇，与他们讨论和研究新制度。只有这两者相结合，才能制定出合理的制度，这也是企业管理者制定制度的必要流程之一。

原因二：大制度下，造成无的放矢

一些企业管理者为了能够制定一种适合企业发展的制度，就制定出了较大的制度管理政策。企业管理者以为，这样就能够做到无漏网之鱼，任何问题也就都能解决了。但是恰恰就是这样的大制度导致了企业无的放矢。这样很容易变成大炮打蚊子，不但打不到，而且还费力不讨好。

2008年金融危机前夕，日本有一家服装设计公司，老板制定了这样的一种制度：员工不能迟到、早退、旷工，违反者一律罚款；在一个星期之内，没有完成设计任务的员工，扣除本月奖金；有客户投诉的员工，扣除本月奖金。

公司老板以为在这种大制度下，员工一定会好好工作，但结果是，员工频频出现问题。甚至很多员工因为路途遥远、途中堵车等情况而频频迟到；有些员工一周之内没有完成任务，但下周补完，却也要扣除奖金，于是就干脆周周不完成任务……为此，在金融危机到来之时，这家本来十分有潜力的公司却面临着倒闭的危险。

对策：带着问题去调查，从问题的根源出发，制定相应的制度

一个企业在管理过程中，难免会出现各种各样的问题，因此在制定管理制度的时候，身为管理者，应该亲自走到问题的深处进行研究和探讨。如在制定制度的时候，要着重注意考虑以下几个问题：制度规定的是什么？针对什么问题？能够达到什么效果？相应的处罚又是什么？了解了这些问题之后，管理者再去制定制度，就不会出现大炮打蚊子——费力不讨好的局面了。

原因三：制度泛泛而谈，没有具体实施方案

企业管理者在管理中往往会走入一个误区：我制定什么样的制度，大家就要遵守什么样的制度。所以，很多管理者往往为了牢牢"捆紧"员工，制定了一些泛泛而谈的制度，以让自己看上去十分有经验，但其实这些泛泛而谈的制度，未必就能取得好的效果。

许多公司都擅长制定一些泛泛而谈的制度。有一家公司，老板制定了这样一项制度：如果工作时期需要在外工作，包括出差等，直接向人事经理提出报告。而且各项费用也都由人事经理向财务支出。没有得到人事经理的允许，不得擅自在外工作。这样一来，这家公司的很多员工为了能够在外工作得到更好的条件和福利，纷纷与人事经理搞好关系，最终，公司因为对外支出的经费较多，而导致资金周转不灵。

对策：制度不能泛泛而谈，必须要有具体的实行方案

制度既然制定了，就必须要有它的效果和具体方案，这是管理者应该懂得的制度制定的基本流程。这需要管理者不能泛泛而谈，要深入详细调查员工工作情况，这样才能制定出具有实行方案的制度。例如，管理者允许员工可以在家工作，但是一定要制定一个详细可行的实施方案。如在家工作 3 天以上，需要经过组长或者主管同意；在家工作 6 天以上，需要经过部门经理允许，这样的制度就显得可行而合理。

第二节　切勿让公司制度与法律法规"撞车"

企业管理者在制定制度的同时，一定要谨记：切勿让公司制度与法律法规相撞。要优先以法律为准，在法律允许的范围内，制定一切制度。这是每个管理者必懂的流程和原则。

2007 年，西安市发生了这样一起典型的因为公司制度而引发的法律纠纷案件。事情是这样的：刘女士被一家广告设计公司解雇了，原因是刘女士向其他公司泄露了原公司内部的重要商业机密。但是，这位刘女士却到劳动仲裁去告原公司，要求原公司赔偿并且支付自己在公司工作期间的年休福利金，约 1 万元。

刘女士是 2004 年和公司签订的劳动合同，当时在劳动合约上清楚地写着，公司每年年假是 20 天，当年没有休完的，可以累积到下一年，如果员工离职，将按照相应规定来支付员工累积的补偿金。刘女士在公司将近 3 年，她也承认自己的确是泄露了公司机密。但是她被公司解雇的那一天，她一共累积了假期 30 天。按照规定，公司应该补发给刘女士这 30 天的补偿金。

但是，该公司却并不愿意执行这一条例。原因是，公司在 2006 年，曾经出台了一项新的制度《公司职员带薪年假制度条例》，条例中规定："年假没有休完的，不能积累到第二年。而且员工一旦泄露公司机密，将属于严重违反公司利益情节，此时不予发放相应的福利待遇，此外，公司一旦发现泄密者，应立即与之解除合约。"该公司经理还强调，这项条例制度是经过公司全体成员的一致赞同而成立的。

然而最终，劳动仲裁却支持了刘女士的起诉，依法要求广告公司赔偿刘女士 1 万元的年假补偿金。

看完了这个案例，相信大多数人还不明白，为什么劳动仲裁会支持泄露公司机密的刘女士，难道该公司的制度没有约束力吗？其实，这个案例的重点不在于该公司的制度有没有约束力，也不在于刘女士是否真的泄密，而是在于，当企业的规章制度与劳动合同或者法律发生冲突，两者相互"撞车"的时候，究竟该是哪个给哪个让路？劳动仲裁应该根据哪个为标准？这就牵扯了法律问题，而且这对管理者也是一个很大的考验。

企业管理者必须要懂得，法律法规与自己企业制定的制度之间要有一个过渡与和谐区。首先，管理者不能让公司制度与法律法规相撞。众所周知，企业制度必须要与法律法规相辅相成，但是仍然有很多企业管理者没有注意到这一点，或者忽视了法律，进而发生了与法律相冲突的现象。如上述案例中的广告公司，该公司的管理者就忽视了这样一点——根据《最高人民法院关于审理劳动争议案件适用于法律若干问题的解释》中的第 16

条规定："用人企业制定的内部制度与劳动合同合约内容不一致，劳动者请求优先适用于合同约定的情况，人民法院应当予以大力支持。"

这个案例充分说明了企业制度与法律法规相矛盾的时候，应当优先以法律法规为基准。这主要是为了更为有力地保护劳资合同中弱者（劳动者）的权益，同时也是防止企业管理者滥用自己的公司职权来主动单方面修改合约和制度。而在上述案例中，管理者私自将公司休假制度修改了，尽管得到了员工的支持，但却违反了《劳动法》，因此，案例中刘女士最终得到了劳动仲裁的支持。

尽管如此，很多企业管理者还是以为能够钻法律空子，甚至无视法律法规对企业的约束力。而且很多公司管理者往往在制定制度的时候就会走入与法律相撞的轨道上，就如同上述案例中的广告公司一样。那么为何很多公司管理者会出现这些现象呢？

原因一：私自更改制度，将员工利益放在末端

一个企业要想得到更好的发展，需要的不仅仅是将企业的利益放在首位，更重要的是将员工的利益放在首位。马云曾经说过："企业最重要的是人才，没有了人才，企业就是一个空壳子。"但是，很多企业管理者却一味以自己为重，不重视员工利益，经常私自更改制度。在他们心里似乎以为"员工离了这份工作就不能活"，所以，最终触犯了法律法规。

许多公司的规定十分含糊，甚至违反了法律法规。有这样一家服装公司，由于订单业务十分繁忙，所以员工几乎每天都要加班工作。公司制度规定：员工每天早上8点上班，下午6点下班，中午只休息一个小时。如此一来，员工每天的上班时间就是9小时，而且时常要加班，这就严重违反了《劳动法》的规定。

对策：在法律基础上，进行修改和完善制度

制定制度之前，管理者必须要对《劳动法》熟记于心。《劳动法》规定："员工每天上班不得超过八小时。"但是不少企业却私自规定员工上班时间

为9小时，甚至还要经常加班，加班也没有加班费，这显然违反了法律规定，这样的企业不可能长久。其实，企业管理者想要修改制度也不是不可以，但是必须要在法律规范之内。例如，员工每天工作时间不能超过8小时。如果遇到加班，一定要支付比平常工资高的加班费用。请假、假期等一些规定也要在法律法规允许的范围之内才能完善。

原因二：签订合同之后，以违约金来制约员工

一些企业管理者为了能够留住员工，不以高薪条件来挽留，反而以违约金制度来制约员工。这是一种普遍存在的现象。例如，公司规定，单方面解除合同者，要赔偿相应的补偿金。许多管理者认为这样就能够钻法律的空子。下面我们来看一个案例：

天华建筑公司的郑某是一名包工头，他与开发商商定要雇用50名工人来进行阶段性的建筑工作。在与工人签订的合同上规定："如果中途劳动者要求终止合作或者违约，那么就要缴纳一定的违约金。"工作进行一半时，几名工人发现郑某给的待遇和工作量严重的不符，所以想要解除合约。然而，郑某却告诉他们，如果想解除合约，就要赔偿一大笔违约金，而且还扬言，他的合同和制度是受法律保护的。因此，这几名工人只好忍气吞声地工作下去。

对策：不能以违约金来约束员工，要清楚透明地让员工知道违约金制度的详细过程

管理者在与劳动者签订合同的时候，难免会因为违约金的事情而产生一定的争执。为了让劳动者更加遵守制度，也为了企业的名誉问题，管理者在制定这些制度的时候，要让劳动者清楚地看到透明化的劳动制度。首先，企业管理者需要知道什么是违约金制度，违约金又是以什么样的形式来执行的。违约金是指当事人一方不履行合同，而根据法规或者合同向另一方缴纳的一部分金钱。基于此，我们得出，承担违约金责任必须要满足两方面：一是当事人违反合约；二是当事人产生了违约行为。但如果因为一些意外或者不可抗力的因素而导致违约，那么当事人应当免除违约，不予缴纳违约金。而如果缺少了这两项，那么违约金制度将无法进行。因此，如果员工是因为不可抗力的因素或者意外造成违约，那么企业管理者是不能向其索要违约金的。

关于这些，企业管理者都应该向员工明确提出，让自己制定的制度完全透明和公开化，让员工有理可循。同时，企业管理者更不能以违约金来约束员工。

原因三：企业管理者制定一些不合理的罚款制度

企业管理者之所以会制定这些不合理的罚款制度，主要是因为企业管理者想要更大限度地来限制员工的工作自由。因此，很多管理者往往表现得十分强硬，甚至采用以苛刻、严厉、魔鬼式著称的"斯巴达"式的工作制度来要求和惩罚员工。

在上海闵行区有这样一家文化创意公司，其老板采取了"斯巴达"式的工作模式，在办公区域内，贴出了十分严厉的工作制度：上班迟到两次以上罚款、没有事前告假者罚款、上班时间观看与工作无关的视频或新闻者罚款、与网友闲聊罚款等。其实身为创意公司，这些要求确实是有些过分，因为创意公司的主要工作就是拿出好的创意，而创意需要的就是不断地观察和对新事物的研究。即便是除去这些不说，该老板制定的这些罚款制度也十分不合理，甚至触犯了法律法规。

对策：员工犯错时，尽量用批评教育的方式取代罚款

如果企业管理者动不动就要罚款，以此来为难员工，那么势必会与员工产生距离感。而且这些罚款条例在法律上是不被保护的，如此看来，罚款的方式既不合理也不深入人心。因此，员工犯了错之后，要尽量用批评教育、通报等方式来代替不合理的罚款制度。只有这样，才能让员工更加自觉地工作。这样企业的相关制度才不会与法律法规"撞车"。

第三节　制定规章制度，人人都要参与

一个公司想要制定出一个既合理又科学的制度，必须要集思广益。只有人人参与，才能制定出合理清晰，让大家都满意和认可的制度。这也是管理者必须掌握的制定制度的必要流程。

惠普公司是全世界五百强企业中排名靠前的一个高级科技企业。它的创始人休利特在开创惠普公司的伊始，就制定了一个规定：重视所有的员工。可以说，惠普公司能够有今天的成绩，与当初休利特制定的这个制度是分不开的。

惠普公司是一个大公司，在全球的雇佣员工为8万多人，让人们感到钦佩的是惠普公司的制度中要求人人参与。这足以说明，惠普公司十分重视员工，尤其是重视基层员工提出的建议。

惠普公司建立了一种不拘形式的管理方式——走动式管理。这主要是通过一些随意自然的交流和会谈来让员工与管理者之间保持一种亲密联系。通过这种方式，员工可以了解到管理者的想法，而管理者也可以了解到员工在工作中遇到的一些问题。因此根据会谈来制定出有利于员工工作的合理制度。在这个过程中，惠普公司高层管理者从不因为自己身份特殊而难以接受员工建议。他们总是能够平等地与之交谈，共同商议出更好的管理制度。

不仅如此，惠普公司各个部门的一些经理经常会在自己的部门中与员工亲切走动，与部门员工打成一片，通过咖啡会谈、交流午餐等方式来讨论公司的管理制度。基于此，惠普公司的很多管理者也从这些基层员工身上吸取了众多建议和想法。

正是这种公开的交流和人人参与的方式，惠普公司才制定出了越来越清晰合理和科学的制度，从而进一步促进了惠普公司的优化管理和发展。惠普公司也因此在名誉上得到了很大提升。

看完了这个案例，敢问现在身为管理者的你，如果你是惠普公司的创始人，你会采取这样让众人参与的管理制度吗？而从惠普公司的制度中，我们也能够看出，惠普公司之所以那么重视与员工的交流和沟通，就是因为这样可以充分地让员工参与公司的管理制度，调动大家的工作积极性。同时，这种集思广益的方式，还能够更好地制定企业的发展规划。

在一个企业中，当员工提出建议而被管理者采用的时候，就注定这些制度一定会被员工认真地执行。因为员工本人参与了，而且还提出了自己的想法，在得到采纳之后，就标志着自己得到了管理者的重视和尊重，因此就能够积极遵守。

此外，当员工参与了制定制度之后，员工就会更加清楚高层管理者的想法和意图，所以在执行制度的时候，才会更加有针对性，不至于让制度成为一个形式外壳。而这也是惠普公司创始人之一休利特一开始提出员工参与会引导企业发展的重要原因。

事实上，还有很多管理者无法意识到让员工参与制度的好处，那么造成管理者意识不到让员工参与管理制度的原因是什么呢？

原因一：员工本身没有参与制定制度的意识

一些企业管理者认为，员工参与制定制度固然是好的，这样可以集思广益，得到更合理的制度。但是，这些企业管理者认为，员工本身没有积极参与的意识，因此，制定管理制度就很难做到集思广益。

日本著名的丰田公司在开创不久也遇到过上述问题。管理者想要采纳员工的意见，但是员工似乎并没有这种热情。所以，丰田领导人就只能自己决定制度的拟定。但是由于管理者自己制定制度，又造成员工执行不到位。所以高层采取了一个方法：在各个厂设立了绿色建议箱。员工可以自行将公司制度的建议和一些管理想法投入到建议箱中，管理者会定期打开这些箱子来看员工的想法。就是通过这种方法，丰田的制度管理才一步步完善起来。

对策：管理者要充分调动员工集体参与制定制度的积极性，让员工形成参与管理的意识

在企业的管理中，想要制定出让员工满意且让员工积极去执行的制度，离不开员工的切身参与。因此，管理者一定要突出集体参与的想法，向丰田公司学习，建立一些有利于员工参与制度管理的措施，如设立建议箱、进行定期交流会谈等，深化员工积极参与意识。通过这些方式，让大家一起交流和思考。这样管理者才能集思广益，制订出让员工满意的制度。

原因二：管理制度草案提出之后，管理者名义上让员工提出意见，实际上早已内定

企业管理者在提出管理制度草案之后，有时候名义上会发给员工看，让其提出意见，但是最终却早已内定制度。也就是说，让员工参与制定制度，只是一个形式而已。

日本东京有一家美术产品设计公司，经理岸本先生就实行了这样的方式来让大家"参与"制定制度。他在公司内部网站上贴出自己拟定的制度草案，然后征求各大设计师和员工的意见。当大家的意见纷纷提上去之后，最终岸本颁布的制度还是最初他制定的，只是稍加修改，换汤不换药。而大家提出的关于假期制度、奖金制度、提成制度等一样都没有体现出来。当然，这样做的结果就是使员工工作积极性越来越弱，而公司效益也严重落后于同行公司。如今，这家公司面临着破产危机。

对策：切实召开与员工讨论的会议，真正考究和审核员工的建议

管理者在拟订出管理制度草案之后，可以通过召开全体员工会议来共同探讨草案事项。这个会议不一定是正式的，其重点在于让大家都参与。在参与讨论的基础上，针对那些不切实际的地方进行修改。管理者要认真听从员工意见，集思广益。例如，可以将草案中的一些重点话题抛出来，比如奖金制度、福利待遇等关系到员工切身利益的问题。围绕这些重点制度进行集体商议，最终得出一致决定。

原因三：每人都要参与，意见肯定不一致

在制度的拟订中，很多管理者不是不想让员工参与，而是认为，如果人人都参与，那么意见会很混乱，肯定不会一致，甚至还会冲击到某些部门和个人的利益。所以，制度拟订的过程就省去了员工参与的环节。

在曼哈顿的很多销售公司都存在制度专制化的问题，史密斯是一家日用品公司的销售总监，在他的管理下，他们部门的销售业绩是最高的，而且每次得到的福利待遇也是最好的。这看似是一个让人十分美慕的部门，但是部门里的工作人员却每每都会互相抱怨一番。因为史密斯总是在制定一些制度的时候自己做主，从不问员工的意见。其实，为了工作，大家都很辛苦，虽然大家的业绩是最好的，但是付出的努力也是最多的，员工十分想要轻松一点儿的工作方式。然而史密斯却认为，销售部的业绩不是一个人完成的，有时候某人完成得多一些，某人工作业绩少一些，如果全都听从大家的意见，那么大家难免会将一些制度针对某些人，所以只能自己一个人来制定制度。

对策：人人参与，贵在参与，不要求大家意见完全一致

管理者推行一种新的制度，为的就是要让员工更好地工作，为公司做出好的业绩。但是在制定制度的时候，想要面面俱到也是不可能的。然而如果一点儿都不让员工参与，那么员工内心不但会不平衡，而且还会对上司心有怨言，这会严重影响工作。因此，管理者必须要让大家参与，这样制度才能更好地推行。大家尽管意见不一致，但是在一起相互沟通，就能多加了解，有利于制度的完善。

第四节 制度要突出重点，层次分明

管理一家公司，需要的不仅仅是制定出合理的制度，更重要的是要让制度更加突出重点。只有层次分明的制度，才能让员工的工作更加有针对性，才能在整体上提高企业效率。

在曼哈顿，有这样一家服装设计公司。由于该公司主要设计一些高级女装和礼服等，所以，该公司的老板安娜制定了这样一项制度：员工上班的第一件事就是拿出一个小时来阅读关于时尚资讯的报纸和杂志。只有完成这项工作之后，才能开始一天的其他工作。而且，在这段时间内，员工如果没有按照制度来完成这件事，那么将会被公司记过，接受批评，甚至还会受到罚款等处罚。

一开始，员工认为公司高层这样规定也有一定的好处，毕竟他们是时装设计公司，需要了解一些大牌时装的走秀、时尚发布等信息，因为身为设计者，只有充分了解时尚动态，才能设计出更有创意且流行的款式。

但是，随着长时间的施行，该制度完全影响了员工工作，员工开始感到不满。因为，员工认为这种制度太过绝对，而且有些强制性。许多人习惯在网络上了解信息，还有人需要通过音乐、运动、外出等方式来激发创作灵感。而每天早上一个小时的看杂志制度，不但浪费时间，还会耽误重要工作。

后来，安娜了解到这项制度实行起来有些困难，于是干脆设立了一个监督小组来监督员工们看杂志的情况。而华尔街有关评估专家认为，这家公司如果还继续这样坚持下去，会逐渐本末倒置，失去在时尚界的位置。

通过对上述案例的了解，我们可以分析出这家公司的制度其实根本没有突出重点，反倒是将辅助性的东西突出出来了，因此，难免会造成员工抱怨和工作效率的下降等问题。其实，该老板特地为此单独制定这种让员工头疼的制度实在是一种无聊之举。

设想一下，如果你是该公司的设计师，你会怎么想呢？设计时装款式的确需要从杂志等方面寻找灵感，但是这属于设计师工作分内的一部分，甚至可以说，不是正常工作时间内需要做的。例如，看杂志、浏览大牌资讯这都是应该时时刻刻填充在工作之中的，下班后的一些业余时间的积累也相当重要。而该公司却将看杂志的这一小小部分当成了重点来抓，甚至还为此设立专门的监督机构，这实在有些舍本逐末。

每个设计师包括普通员工每天都有自己的既定任务和工作目标，而且这些任务也都是需要进行考核的。其实身为管理者，只要员工能够完成当天的任务和目标，那么至于看杂志、找灵感等辅助性工作，可以任由员工自由支配时间。再者，每个员工的工作任务和内容都不同，如果强求每个员工都看一个小时的杂志，从某种程度来说，是有些耽误时间。

现实生活中，也许你也遇到过类似的企业管理者，也许你的管理正在走向这样的道路。那么如果有这种想法，你是否应该好好思考一下，制定制度的时候要突出重点，层次分明。

之所以有很多企业管理者没有在设定制度时突出重点，层次不够分明的原因主要有以下几点，我们来详细地分析一下，然后对此重要问题总结出相应的对策。

原因一：管理者本身在管理上没有意识到重点

很多管理者，尤其是一些年轻的管理者，往往看不到设定制度时应该将重点放在哪里。他们总是会以表面上的一些现象作为制度的考究。例如，将请假制度、时间安排及日常勤务方面的制度看得很重，反而忽视了真正工作业绩上的管理。

很多海归派的企业管理者在制定制度的时候，往往很难意识到这一点。例如，深圳的"海归经济管理者"汪城，他从海外留学归来后被父亲安排在公司担任策划部经理。汪城刚上任就给部门制定了一些新规章制度。因为汪城是从国外回来的，所以在制度的制定上并没有那么严格，而且很多地方也都很合理。但是，他的制度却有些本末倒置。例如，让公司员工不必每天都待在办公室，可以外出或者在家里工作，只要每星期交上一个设计方案就可以。这项制度虽然合理，但是很明显，汪城没有意识到哪方面是制度的重点。国内的公司不同于国外的公司实行的宽松管理，因此他总是以国外的眼光来看待他所在的公司，所以，忽视了员工工作的积极性和每月的业绩考核，这样的放纵制度让员工变得很懒惰。因此，他的部门业绩逐渐下滑。

对策：搞清楚制度的目标，将重要目标提出来，抓住这些重点

无论是海归的高材生，还是本地的一些管理者，都要实际考察员工的工作环境、状态和内容。只有这样，才能搞清楚制度设定的目标。只有将这些重要目标提炼出来，才能明确制度设立的目的，从而设定出突出重点的制度。

原因二：制度太过啰唆和繁杂，尽管详细却没有层次和重点

管理者常常为了让员工严格遵守规章制度，甚至为了不让员工钻任何制度空隙，会设定一系列详细而又烦琐的制度。这样一来，制度虽多，但是却令人难以解读，层次相当混乱。

例如，某公司规定：严禁在工作时间内吃带声音的零食，但可以吃一些没有声音的东西，如面包、牛奶等。这项制度显得十分啰唆，而且让员工难以抉择。其实干脆只用几个字来代替就可以：上班时间禁止吃零食。

对策：制度要简明扼要，层次分明

在制定制度的时候，管理者首先要明确，制度是给大家执行的，因此一定要简明扼要、通俗易懂、层次分明。只有这样，员工才会一眼就看明白制度的要求是什么，该怎样实施。只有这样，员工才能将制度更加有效地执行下去。

原因三：制度十分模糊，体现不出具体内容

一些企业管理者在制定制度的时候，内容十分模糊，不够具体，难以让员工理解，员工甚至还会对此产生一些不必要的误解，在执行上会出现一些偏差。例如，企业管理者制定的制度没有明确指出违反制度该承受的惩罚，因此制度就很难落实。

上海的一家房地产中介公司的制度这样规定：员工每月必须要有三单以上的业绩，否则将不予发提成。这个制度制定以来，该公司员工每月一单提成都没有。经理十分着急，于是找来主管询问原因。主管说："新制度一经制定，员工都认为，既然一个月拿不到三单成绩就没有提成，那么他们都不努力工作，即便是拿到了一单或者两单也是没有提成的，那还不如不去努力，只拿底薪。"经理听后，才恍然大悟，原来公司的制度有这么大的漏洞。

对策：制度内容一定要明确具体，避免让员工误解

一个公司管理制度的明确具体与否，直接体现出管理者的水平问题。只有将制度内容设定得明确又具体，才能不让人产生误解。所以，管理者一定先弄明白一个道理：制度是对员工形成规范作用的，只有明确具体的制度，才能让员工按照一定的标准去做事情。既然如此，管理者在制定制度的时候，还要明确，一旦员工不能完成工作任务或者违反了制度，要承担相应处罚，而怎样进行清晰有效的处罚也是管理者应该明确的重点之一。

第五节　让规章制度与时俱进

想要让一个企业成为时代发展中的强者，首先就应当让企业制度做到与时俱进，只有这样，才能让制度更加完善。

德国著名运动品牌彪马，是现如今世界最大的运动品牌之一。它曾多次赞助著名足球俱乐部，并且成为世界范围内第一线具有号召力的运动品牌。然而这个走过了60多年的大品牌从最初的那个只生产运动鞋的德国小鞋厂，发展到了如今的世界知名企业，它的背后一定有一条不为人知的艰辛道路。其实说到艰辛，就要数彪马的管理制度了。如今这个世界大品牌的发展，最离不开的就是与时俱进的管理制度。

其实彪马的管理制度也经历了很多艰辛的改变。例如，在一开始，彪马的制鞋厂曾经有这样一条规定：车间员工如果迟迟不能交货，那么公司就会按照统一方式来征收违约金。但是厂长也发现员工迟迟不能交货并不是故意的，一定事出有因。例如，制造过程中遇到了一些事故、处理时间的延长等。而遇到这些情况的时候，工人当然就不能按时交货。如果还要坚持这样的制度，那么无疑是自毁前程。因此，这项制度已经不符合工厂的发展，必须要改。

彪马工厂负责人经过一番思考之后，决定要将制度与时俱进。于是，他从鞋子制造出来到交货日期出发，经过了一系列周密的思考。包括：各生产部门工作的及时性、会遇到的一些问题、外部环境影响、主管者的工程管理措施等，在勘测完这些流程之后，他制定出了一项与时俱进且合乎情理的制度。

新制度为：车间员工在一个月内不能交货的人，可以在接下来的两个月之内补上任务量，如果在两个月依然没有按时交货，那么将扣除相关违约金；因自然现象、火灾等造成的不能交货事件，则不予扣除相关薪水；因管理者不当或者失误，而造成工作错误，那么将惩罚相关管理人员，普通员工不予追究。

最终，新制度的修改，不但没有让员工觉得负责人朝令夕改，反而更加尊重工厂负责人，员工的工作积极性也大大提高了。

从彪马冰山一角的管理中，我们足以看出彪马能够在世界上扬名的原因。这主要就源于他们能够在制定规章制度的时候做到与时俱进。

　　哲学家尼采曾经说过："每个人的思想都是有惰性的，即便是伟人。"人们往往习惯从一个角度去思考问题，喜欢用既定的模式去解答问题，这就形成了固定思维模式。这样的模式不仅禁锢着人们的思想，而且还容易造成难以接受现实的变化的情况。然而现实却是瞬息万变的，新问题和事情层出不穷，我们不可能用一种既定模式去解决所有问题。所以，我们必须要与时俱进，随着外部环境的改变而改变我们的思维模式。

　　管理企业更是如此，尤其是在制度的制定上。不同时期的人，其心态和想法自然不会一样。再加上社会外部环境的客观变化，那么企业管理必然会处于一种变化之中，这就要求我们一定要根据不同的形势变化与时俱进地做出制度上的调整。

　　每个企业制定管理制度的目的都是让员工遵守。但若是基于一种形式而不去改变，那么企业也将不会得到发展和进步。因此对企业内部的一些管理欠缺之处，一定要进行改善。管理者要向彪马等这样的大公司学习，做到与时俱进，从根本上来改变制度。

　　但是也有很多企业意识不到这一点，仍然处于过去的管理制度中，而这也是导致这些企业不能快速发展的原因。那么为什么这些管理者不能与时俱进地改变制度呢？其中一定有潜在的内因。

原因一：企业制度没有与时代发展结合在一起

　　很多管理者在制定制度的时候，总是以为只要能够约束员工即可。所以，规章制度本身存在很多时间观念上的问题。管理者只考虑怎样去约束员工，却忽视时间的变化会让某些制度变得毫无意义。

　　电话销售和网络销售是随着信息时代发展而来的一种新型销售模式，但是很多销售公司却不能及时做到销售制度的与时俱进。刘正是销售部门的经理，依靠着一些关系在这个经理的位子上待了很长时间。现在这个销售部门的一些制度还是5年前刘正上任时制定的。比如电话销售和网络销售的提成问题。以往电话销售比较吃香，所以，在电话销售制度方面，刘正给出了很多提成。但是如今，5年过去了。网络销售要比电话销售更加热门，因此员工们在网络上销售的业绩要比之前的电话销售业绩更为突出，但是刘正却丝毫没有意识到这一点，仍然将大部分的提成安排在电话销售上。

对策：制度要与时代发展紧紧相连

在制度制定的流程中，管理者一定要注意，规章制度的目的就是使一些不太明确的事情经过清晰的判断来定出一个共同适合员工发展的标准。因此，建立制度的时候要具有一定的时间观念。同时，还必须要符合时代的发展和环境的改变。而那些千古不变的制度是不可能适应企业发展的。因此让企业制度符合时代潮流发展，切合实际需求是管理者应该重视的一项重要工作。

原因二：企业管理者的个人思想不能与时俱进

大多数管理者在设定管理制度的时候，往往十分局限，不能用长远眼光看待公司发展。例如，管理者往往以自我为中心，不去考察其他公司的管理，也不深入了解员工的工作情况。而且更为重要的是，不关注国家对企业管理推出的一些新政策，更不关注时代发展对企业造成的影响，因此造就了落后的制度。

洛奇婚庆公司在同行中已经处于风雨飘摇的状态了，其原因就是洛奇婚庆公司管理者的个人思想太过守旧。如今的一些大型的婚庆公司都推出了3D摄影技术，将三维立体的模式运用于婚纱摄影中，因此让人们耳目一新。但是洛奇婚庆公司却丝毫看不到这一点，管理者根本没有在思想上进步，而他设定的管理制度也十分落后。洛奇婚庆公司的管理者要求摄影部的人在给客人推荐录制模式的时候，要优先使用本公司前几年的经典模式。这就直接阻碍了新技术的推广和实行。最终，这家公司的效益越来越差。

对策：企业管理者首先要自己走出去，让思想与时俱进

在管理制度的制定流程中，管理者必须要解放个人思想。有时候，管理者嘴上说要改革制度，推进管理，往往却只是表面功夫，实际管理者的思想还是一成不变。因此，身为管理者必须要先解放自己的思想，达到与时俱进。这需要管理者多观察和留意同行的发展变化，多读一些财经报道，来了解最新的经济发展和大环境的改变。只有这样，管理者的思想才能与时俱进。

原因三：管理者在推行新制度之后，就对此置之不理

管理者往往在推行一套新的制度之后，就对此置之不理，没有后续跟进，他们以为新制度能够一成不变地使用下去。管理者内心都有一种"制度既然制定了，就要实施"的心态，所以，往往不能主动调查制度实施的具体情况，也不能很好地做好"后续"工作，及时针对问题完善制度。

有这样一家公司的总经理，他十分勤奋，而且为了公司能够更好地发展，每5年都会制定一项新的相关管理制度。尽管从这些方面来说，这位经理做得很完美。但是，这位经理却不知道，一项制度在5年之内实施也是非常漫长的。一些整体的大制度可能不需要时常改动，但是一些跟随时代潮流的小细节方面却需要时刻做出细微的调整。而且这位经理每制定出新的制度之后，总是置之不理，直到几年之后才去改变。结果这家公司一直处在落后的边缘。

对策：制度不能朝令夕改，但是却需要随着时间和时代的发展，灵活调整

企业管理者在制定制度的时候，一定要充分灵活应对，切不可将制度推行之后便置之不理。应当时刻做好"后续"准备。尤其是要时刻关注大局势的发展对企业发展造成的影响，针对这些环境和时间的变化，让制度灵活地成为与时俱进的规范方式。

第六节　制定制度要注重人性化

人性化管理如今已经成为各大公司的重要管理方式。在制定制度的时候，管理者都会从员工利益出发，充分表现出注重人性化管理的特点。这种管理模式必定能够得到员工的大力支持。

谷歌公司自创立以来，就坚持"以人为本"的人性化管理制度。也正因如此，谷歌公司才集结了全球著名的网络人才。谷歌公司的管理制度处处充满了人性化特点，充分尊重每一位员工，为员工营造出了一种良好且没有隔阂的制度，这种理念也让全体员工一致认同，谷歌公司甚至成为其他公司相继效仿的对象。

以谷歌公司在英国伦敦的办公大楼为例，我们来看一下谷歌的人性化制度和管理表现在哪些方面。

首先是员工办工环境的管理。在谷歌公司，每位员工都有自己独立的办公室，办公室与办公室之间都是隔开的，每个办公室的面积也都差不多大。谷歌公司总经理的办公室和普通员工的办公室差不多大，而且员工有自主布置办公室的权利，任何人都没有权力干涉。除此之外，谷歌公司还会用公用资金来为每位员工布置和装修办公室。同时，办公室的位置并没有在制度里作硬性规定，员工可以自由挑选自己喜欢的位置，也可以定期交换，这种方式让员工工作起来更舒心。

其次是员工工作时间的管理制度。在谷歌公司，员工并不需要时刻都在办公室里埋头工作。公司规定，员工在办公时间内有20%的时间可自行支配，比如可以到谷歌公司健身房、休息室、娱乐厅去休息和娱乐。这些时间都可以让员工自行支配。

另外，谷歌公司还给员工提供免费饮料、零食等，可以让员工在工作的同时享用美食。最为著名的就是谷歌公司内部的"环球餐厅"。在谷歌公司的餐厅里，你可以找到全球各地的丰富菜肴。中式、西式一应俱全，

为的就是要让员工享受到更好的人性化服务。当然，谷歌公司对于员工请
假、日常工作勤务方面的制度也是较为人性化的。

　　管理大师彼得·德鲁克曾经说过："一个组织就如同一首美妙的乐曲，
但它绝不是个人的音符罗列，而是人们之间相互的和声而谱成。"其实，
管理就如同谱写乐曲一样，如果管理者不重视人性化制度，那么制定出的
制度势必会引起人们的不满，这样就会引发制度的执行不到位，进而影响
企业发展。

　　管理者必须要清楚，制度虽然需要制定，但是内容却不需要过分的等
级隔阂。一旦管理者的制度没有重视人性化，出现了等级隔阂现象，就会
让员工之间产生心理上的隔阂，妨碍人们之间真心的交流和沟通，不利于
企业凝聚力的形成。而如谷歌公司这样，制定了人性化的管理制度，并且
为员工创造了人性化的工作环境和气氛，这样一来，人们工作舒心了，交
流和沟通也容易得多。进而员工就会心甘情愿地留在谷歌继续努力，其积
极性也会得到大幅度提高。所以管理者应该向谷歌公司的人性化制度学习。

　　别出心裁的谷歌公司，正是因为采取了这样人人平等的人性化管理制
度，才赢得了全球商业管理者的一致好评。而这也给我们带来了管理上耳
目一新的冲击力，我们要想成为像谷歌公司这样的一流企业，首先在制度
管理方面要优先注重人性化。

　　而那些不能注重人性化的企业管理者在现实中也是普遍存在的，人们
不免好奇，为什么有谷歌公司这样的大企业在这里做榜样，还是有众多的
管理者不能做到注重人性化呢？下面我们具体地分析一下其中的原因。

原因一：不重视基层员工，只重视高层人才

　　很多企业通常会存在这样一种现象：基层员工与高层员工的制度管理
相差很大，享受到的待遇差别很大。这主要源于企业管理者过分重视高层
人才，而不重视基层员工，所以导致管理制度上十分欠缺人性化。

　　一家图书公司的老板常把员工划分出等级来。公司有两名主管分别是来

自人民大学和清华大学的高材生。自从这两个人来到公司，图书公司老板的制度就出现了严重偏差。这位老板对其他员工的要求还是那么严格，如果每月完不成任务就要克扣薪水，而且在请假等方面也十分苛刻。但是对这两位主管的要求却十分宽松，对他们的工作量并没有强制要求，请假等制度也是格外宽松。这两位主管哪怕在一个星期不上班，工作量也完不成的情况下，都能一分不少地拿到高薪。这样的制度最终引发了其他员工的不满，他们一致认为这种制度不够人性化。

对策：注重人人平等，将制度人性化，才能让全体员工对你真心尊重

在谷歌公司这样的大公司，经理都能够做到人人平等，何况是上述这样的中小型企业。因此，身为管理者，必须要意识到人性化制度对企业管理的重要作用。首先，管理者必须要一视同仁，无论员工是什么学历，既然你录用了他们，就说明他们一定有可取之处；其次，不能偏向于高层人才，尽管高层人才拥有的能力要强一些，但是也不能过于娇宠放纵，这样会导致其他员工众说纷纭，让企业难以进步，而且企业名誉也会越来越差。

原因二：自我强权心理严重，难以将员工视为企业发展主要力量

企业管理者之所以无法在设定制度时注重人性化，多半是因为管理者本身自我强权心理严重，难以将员工看成企业的中心力量。在他们的眼中，一直存在自我心态，认为只有自己的力量才是让公司屹立不倒的根本。而且在他们的客观意识里，一直有强权心理，甚至一人说了算。因此，想要做到人性化，注重人人平等，对他们来说有些难度。

一家网络设计公司，自从成立以来，老板都是亲自带领员工一起奔赴在工作第一线。不管是加班工作还是外出考察，他都十分卖力。但尽管在工作中他以身作则，但是在制度上却从不以身作则。在制度上，他的自我强权心理就充分展露出来，因为在他的制度章程上，丝毫没有体现出对员工的重视。因此，员工们对这位老板十分害怕，甚至在工作时都不敢抢先主动，怕抢了领导的风头。

对策：加强自我批评，以身作则与员工平等相处

在企业制度的设定方面，管理者必须要进行自我批评，只有真正地自我批评，才能让员工看到老板与员工的亲近和对工作的态度，这样也十分容易形成一种人性化的制度。唯有老板与员工一同平等地贯彻执行这些人性化的制度，才能真正实现人性化管理。

原因三：制度生硬，缺乏情感

管理者总是以为自己制定了制度，员工就要无条件执行。因此，很多管理者往往会将制度制定得十分严苛且生硬，丝毫没有情感因素。这样一来，员工执行起来也不够灵活。而这样生硬的制度和没有情感的操作，自然会引发管理制度缺乏人性化，彼此之间也就没有了真诚的交流，员工的工作效率自然会下降。

唐老板是一家皮包制作公司的老板，虽然唐老板如今已是腰缠万贯，但是他的起家却是因为当初跟随改革开放的大好形势。然而现在的社会商业竞争是来自商业素养，所以唐老板的皮包公司面临着严重的问题。什么问题呢？原来唐老板从不注重员工们的具体工作生活，反而是一味地将重任压在员工身上，工作之余也不懂得体谅员工。更主要的是，他设立的制度十分生硬，例如，员工不能聚在一起闲聊、员工之间不能谈恋爱、员工不能因为私事而耽误工作进度等。这些制度大多数都不通情理，员工们纷纷抱怨公司的制度。因此，他们在工作的时候情绪自然不高，工作效率自然提不上去。

对策：以情感人，来提高自己的管理效率

人性化的制度，其最重要的核心就是老板要重视员工，让员工在工作中产生满足感。只有这样，员工才能全身心地投入工作中去，也才能产生高质量的工作效益。因此，管理者要多用情感来设立制度，让制度带有人情味。例如，在制定制度的时候，要从员工切身利益、情感、生活方面的需求等来制定制度。只有这样，才能让员工感到自己备受重视，才能全心全意地为公司工作。

第三章
得不到执行的制度都是"纸老虎"

企业管理者按照流程来制定出科学合理的制度只是让企业得到有效发展的第一步，而管理企业的关键在于让制度得到有效执行。在西方经济管理中，有这样一句话：得不到执行的制度都是"纸老虎"。

管理者想要让制度得到有效执行，首先要为员工遵守制度营造一个严肃合理的环境。其次要对任务进行细分，以此来保证制度得到有效执行。在这个过程中，管理者要做到对员工进行恰当的分工，不能忽视小处，从细节出发。当然，对那些违反制度者，管理者也应该及时对其做出惩罚，让制度"威严"起来。只有这样，才不至于让企业制度成为挂在嘴上的空话。

第一节　制度不是"摆设"，贵在执行

管理者制定了标准、规范的规章制度，目的是为了提高企业的凝聚力，但是如果不去执行，再好的制度也不过是"摆设"。

中国历史上著名的军事家孙武很懂得用制度管人。他刚到吴国时，吴王看不起他，并没有重用他，只安排他训练宫女。

孙武从后宫里挑出上百名宫女，把她们分编成两队，然后挑选了吴王最喜欢的两个妃子当队长。准备就绪后，孙武将列队训练的各项要领讲了一遍。这些平时散漫惯了的宫女根本不把这些规定当回事，训练的时候笑成了一片，你推我搡，队形大乱。

见此情景，孙武严肃地说："我再重新讲一遍要领，希望你们听从操练。两位队长要担负起责任，以身作则，否则军法处置。"但这些宫女还

是听不进孙武说的话，两个当队长的妃子更是笑弯了腰。孙武严厉地说道："我的命令既然已经说了，就是军令。你们不按口令训练，就是公然违反军法，理当斩首！"说罢，他下令将两个妃子当众斩了。

吴王得知后，便前来制止，孙武说："大王既然命令我训练她们，我就得按规矩办事，倘若所定的规矩成了摆设，以后谁还能服从管理？"说完果断下令斩了两个妃子。

其他宫女吓得魂飞魄散，当孙武再喊命令时，其他宫女们个个都严肃认真、积极投入。很快，这些散漫的宫女都被训练成了严守纪律的"军人"。

许多人从上述故事中得出了这样一个结论：最有效的管理莫过于制度管理，人管人是管不住的，只有制度管人才能管得服服帖帖。其实这个故事还告诉了我们一个更有用的道理：对于一个好的管理者来说，制定好的制度只等于成功的三分之一，另外的三分之二，靠的是执行制度。因此，唯有将制度落在实处，才能真正利于企业发展。

有的企业制度制定了不少，例如，员工行为准则、考勤制度、奖惩制度、清洁卫生制度，应有尽有，甚至还将其订成厚厚的册子，或者是挂在墙上，平时开会也时时提起。但是这些制度却只是"摆设"，从来没有实施过。制度刚制定出来的时候，员工还有几分热情，时间久了，就会把制度抛到脑后。这样的话，制定的制度就不能落实，成了废文。

对于一个国家来说，法律制定出台以后，就会有相应的执法部门来执行。对于一个企业来说，规章制度、权责明确之后，最关键的也是执行。如果一个企业的规章制度只是挂在墙上的一种摆设，这个企业的领导者和员工都视而不见的话，这个企业是没有前景可言的。因此，企业应该找出制度不能很好落实的原因，从根本上解决问题，唯有如此，才能保证企业发展壮大。

原因一：定制度只是图形式

有些管理者定制度只是为了给人看，为了得到他人的羡慕，为了得到参观者的一句美言，为了得到上级的认可。可见，这样的管理者根本没有摆正自己的心态。

任重是一家房地产公司的总经理,有一次他陪同老总去其他公司参观时,发现那家公司的墙上都挂满了各种各样的规章制度。在回来的路上,老总说:"制度对一个公司的作用是很大的,看看刚去的这家公司,这点就做得很好,值得我们学习。"回来后,任重就开始了解各种各样的制度,没几天,他就针对本公司各个部门的实际情况,制定了许多规章制度。老总看了后,对他进行了表扬。他也暗自得意,但他只是把这些制度贴出来,并没有实际落实,致使自己制定的制度成了"摆设"。

对策:营造制度管理的团队文化

管理者制定制度,一定要杜绝"形式主义"。要摆正自己的心态,制度不是拿来给人看的,而是拿来"用"的。既然制定了制度,就要努力营造一种靠制度管理公司的氛围,让员工产生一种认同感,增强员工的自我约束力,帮助员工养成自觉遵守制度的好习惯。只有督促员工养成这种遵守制度的自觉性和主动性,制度的力量才能更好地发挥出来。

原因二:怕执行制度得罪人

有的管理者制定了制度,却不愿拿制度来约束人,怕一旦开口便会得罪人,所以他们就成了"老好人",不讲原则讲人情,不讲制度讲关系,不讲执行讲应付,最后,你好我好大家好,就是公司发展不好。

常建是一家文化公司的宣传部部长。最近因为公司需要,他们部门招聘了几个大学生,老总交代要好好栽培一下他们,为公司重用。可是这几个大学生因为初出茅庐,都有些恃才傲物,经常迟到早退,有的工作中开小差,有的对客户态度恶劣。常建觉得他们都是年轻人,爱面子,技术方面也很突出,还是不得罪的好,所以只是在暗地里提醒他们一下。谁知道他们都没有把这种提醒当回事,反倒越来越目无纪律,导致宣传部其他员工的工作状态也十分萎靡。

对策：客观、公正地执行制度

一名优秀的企业管理者应该做到令必行、禁必止。作为企业管理者，严格执行制度的结果可能会得罪一些"功臣"、"爱将"，或者是自己职位不保。但是不遵守制度，你所管理的团队就会混乱、低效，一样是没有前途的。其实，只要你客观、公正地执行规定，不偏向任何人，也不为自己牟私利，就会得到员工的尊重，员工也更愿意服从你的管理，执行制度。

原因三：管理者不能以身作则

有些管理者自恃位高，不遵守制度。既是制度的制定者，又是制度的率先违反者，这样的管理者是没人信服的。

某企业老总任命自己的外甥陆川做销售部主管，为了体现自己的权威，陆川给销售部制定了近乎苛刻的管理制度。销售部的员工们谁一旦触犯了他制定的制度，他就会立马对其进行处罚，但是陆川自己却从来不遵守制度。看他这样，底下的员工自然也是不服气，都是敢怒不敢言，大部分都干不到 3 个月就辞职，导致销售部人员流动很大，销售业绩惨淡，产品积压，整个公司也因此而出现亏损。

对策：管理者不要给自己设"特权"

俗话说"上梁不正下梁歪"。对于企业管理来说也是如此，如果制定了制度，管理者不能很好地执行，那么下面的员工在不遵守制度的时候，就会振振有词"老板不也是这样的吗？"因此，管理者一定要严格约束自己，避免给自己设"特权"，应该率先垂范。桃李不言，下自成蹊，只有管理者带头遵守制度，才能维护制度的权威。

第二节 营造遵守制度的严肃环境

为了能够让员工更好地了解并接受公司的规章制度，管理者必须要为员工营造一个严肃的制度环境，以此来确保这种制度能够让员工合理接受，并且成为他们潜意识里最重要的约束。

美国著名电动车商家特斯拉在 2011 年成为股票交易市场中的一匹黑马，成为大赢家。这家主要以生产电动车、力求开发新能源的汽车制造商极有可能成为美国第四大汽车制造商。

这个新兴汽车制造商之所以能够在短短几年时间成为美国第四大汽车制造商，不只是因为他们注重新能源开发，更重要的在于特斯拉公司管理者在管理上充分为员工营造出了良好的遵守制度的严肃环境，这在企业发展中是相当重要的。

一开始这家不被投资家们看好的公司也面临着管理上的很多棘手问题。例如，特斯拉公司内部管理十分混乱，可以说严重缺乏完整的规范。这时，管理者开始进行一系列的整顿。首先，管理者需要拟定出一套近乎完整的制度规范。而在这个环节中，管理者必须要亲自考察员工的工作和生活环境。例如，员工每天上班时间是 9 点，但是大家却总是拖拖拉拉的，有些人甚至都迟到。针对这个问题，管理者首先列出这些现状无法让公司高层接受的原因：这是严重违反条例的行为；这将造成客户对我们的不信任；破坏团队精神等。管理者将这些原因列给大家看。然后，管理者对此进行了严惩。将那些仍然不按照规矩上班的人进行扣除奖金、让其加班等方式的处理，甚至必要时要解雇某些员工。

同时，管理者还从员工的角度来思考问题，比如员工为什么上班大多数都迟到，这其中的原因是什么？该如何处理？当问题被解决之后，管理者又召开了全体会议，并且当面向员工们推出了新的制度和对问题的解决方案。最终，员工们切实明白了自己的缺点，在内心认识到了自己的懒散。

最后，他们坚决并严格地贯彻新制度，完全支持管理者的决定。

正是有了这样的管理方式，特斯拉公司的管理者才营造出了员工遵守制度的严肃环境，因此也大大提高了员工的工作效率，特斯拉公司最终跻身美国大型汽车制造行业的行列。

管理者要想让自己的公司成为行业中的龙头老大，就必须要让公司管理制度成为员工首要遵守的纪律。而要想做到这一点，就一定要为员工营造出一种遵守制度的严肃环境。自古以来，就有"严师出高徒"的说法，没有严厉的师傅，怎会出现技艺高超的徒弟。而管理企业也是一样，没有严厉的制度和让员工遵守制度的严肃环境，怎能让企业做出好的成绩，跻身行业前茅？

而正如上述特斯拉公司这样，管理者通过切身观察员工们的工作态度和方式，从而找到了员工这种懒散态度的根源，从具体的制度修改上，让员工彻底发现自己的缺点和执行制度不到位的原因。

因此，现实中，作为企业管理者也应该向特斯拉公司的管理者学习，要切身走入员工工作中，从他们身上找到制度不能执行的原因，因此才能营造出一种严肃的制度环境。但是，还是有很多企业管理者意识不到这一点，始终不能为员工营造出一种遵守制度的严肃环境，从而让制度得不到执行，成为"纸老虎"，这是为什么呢？

原因一：自己没有与员工融为一体，从而让制度凸显，员工难以执行

企业管理者通常在制定出制度之后，就放任不管。更为重要的是，管理者往往不与员工融为一体，让制度十分凸显。而此时的员工也看不到管理者对自己的重视，从而在内心就会产生一种"反抗"意识——制度也就执行不到位。

有这样一家杂志社，总编推行了一系列的规章制度，比如按时完成稿子的编辑拿怎样的提成，没有完成稿子的编辑该怎样拿提成，以及办公室的一些迟到早退如何处理等规章制度。然而，制度推出之后，身为办公室的一员，总编却总是不能很好地执行。编辑们看着总编自由来往，且工作

随意，但自己还要去执行制度，心中难免有些不平衡。最终，编辑们不但没有严格地执行制度，而且工作的积极性也不如从前。

对策：管理者要身体力行、以身作则，这样才能让员工从主观上去遵守制度

古语有云："善为人者能自为，善治人者能自治。"企业管理者想要在竞争激烈的商圈中得到一定的发展，首先要有自律的想法。这主要体现在管理者必须在制定了制度之后，身体力行、以身作则。让员工从内心看到制度的严格程度，从而在员工内心形成一种严肃的执行压迫感，因此自然就会形成一种遵守制度的严肃环境。而且这样，还能充分调动企业工作人员的积极性。

原因二：企业制度过于宽松，大多数制度成为名副其实的"纸老虎"

有些管理者充分考虑到员工的个人工作状况，因此制定了一系列过于人性化的制度。然而我们常说"物极必反"，任何事情过了头，都不是一件好事。如果企业管理者将制度过分人性化，那么势必会造成制度过于宽松，员工也就不能很好地执行制度，效率也会大大下降。而此时，管理者的制度也就成为名副其实的"纸老虎"。

日本著名的铃木汽车制造商在 2012 年出现了严重危机，甚至在美国的销售面临着破产的危险。而导致这一情况的原因就是铃木工作人员没有将铃木的制度好好执行。铃木的老总之前将铃木原先的严格制度作了一系列的调整，而这个调整则直接导致了员工们过度懈怠和懒散。从而很多名义上的制度没有被执行，铃木制度彻底成为空壳子、"纸老虎"，最终导致铃木销售业绩急剧下滑。

对策：利用有效形式，对员工进行正反面教育，让员工形成积极遵守制度的意识

当出现像铃木员工这样的懒散工作状态时，管理者就有必要去思考一下该如何让员工来遵守制度，让员工自觉遵守制度。其方法是，管理者可以利用一些报告或者开会的形式，来对员工进行一些正反面的教育，用优秀人才的事例和一些被开除的人的事例来让员工真正形成内心对制度的重视性。让他们能够从心理上形成积极遵守制度的意识，也有利于培养他们遵守制度的自觉性。让企业形成一个团结一致的整体，这样企业才能有凝聚力，能够在竞争中立于不败之地。

原因三：管理者只抓制度，却忽略了抓执行力度

之所以有那么多企业纷纷破产或者倒闭，其重要原因在于很多管理者往往喜欢将原因归咎于制度的设立失误。但殊不知，这些失败往往是出现在制度的执行上。

一家杂志社因为很多问题而被另一家画报社收购了，该杂志社的领导满以为新画报总编能够用一些更为先进的管理经验和制度来指导他们。然而，新画报的主编在观察了一段时间之后，认为该杂志社的制度并没有问题。新主编认为，问题在于制度没有被执行下去，力度不够。原因出自杂志社的领导只是一味地修改、更新制度，而没有注重员工在执行过程中遇到的问题。后来，在新主编的领导下，加大了员工对制度执行力度的审查，并且建立了一系列的考核方案，针对各个部门员工的执行问题进行了情理结合的综合考评。不到一年，该杂志社制度的执行力就迅速得到提升，而且杂志社也慢慢地恢复了良好运营的状态。

对策：情理结合，才能让员工更自觉地遵守制度

企业管理者要在设立制度的时候，注重其中的情理结合，只有这样，才能真正让员工自觉遵守制度。而情理的结合，也有利于一种执行制度严肃环境的形成。因此，企业管理者不能在面临危机的时候，才想起这一点。

第三节　对任务目标细分，保证执行性

企业要想运营成功，合理管理，必须要与所有成员形成一个共同的发展目标。而要想让整个目标成为管理制度的核心，就要对这个任务目标进行细分，只有这样才能保证制度的执行力度达到最强。

美国著名汽车零件公司里尔，在美国工业发展中可谓一颗新星。这个著名的汽车零件公司在近几年的发展中，势如猛虎，而且这个公司也被华尔街著名的摩根斯坦利投资公司看好。而里尔之所以能够如此辉煌，源于里尔的管理制度十分明确，而且由于明确的制度和目标分工，在极大程度上保证了该企业的高效执行力。

里尔公司的管理高层首先要明白的一件事情就是：企业发展离不开好的执行力。没有执行力，就没有竞争力。于是，管理高层认为较强的执行力需要一个明确的目标。只有目标明确，执行力才能有正确的前进方向。目标明确之后，不同的部门和员工才能在工作中形成一种强大的合力，凭借着这股合力才能让企业走上不败之路。

所以，里尔公司高层开始对各个部门进行了明确的目标细分。首先高层开始进行授权制度的实施。授予了经理一定的实权，让其管理公司的大小事务；然后又将其财务方面的职位授予了非里尔家族的外姓人手里。而里尔家族的高层决策者，只是担任董事长的职位。这样一来，公司就成为一个三个部门同时鼎力支撑的公司。

要知道，在这之前，里尔公司绝不允许外姓人来担任高层的管理者，然而这样的安排则大大提升了对任务目标的详细规划。从而也让其他员工感到了被重视的感觉，因此这在很大程度上保证了执行力的高效。就这样，里尔公司走上了一条大规模发展的道路。

纵观商场，我们不难发现，任何一个大型企业的管理者都明白一件事：

企业要想持续发展，必须要对企业制度的执行任务目标进行细分，这是保证执行力的一个基本前提。一个企业如果不能将任务目标细分，那么企业管理者一定会很累，而且也不会出现好的成效。

如何才能让执行效果达到最好呢？答案就是制度制定出来之后，要合理地对目标任务进行细分，这样才能让这些目标具体化，更具有可行性，也能体现出目标的层级关系，让目标更具有系统性。

里尔公司的管理制度给了我们一定的启示：将权力和任务目标同时下分给公司各个部门，并且极度地信任它们，只有这样才能让执行力最大限度地发挥。这不仅是一种授权、责任划分，更是上级对下级的一种信任。

因此，想要让制度更好执行，企业管理者首先要做到信任员工，让其有能力和魄力去承担相应的执行目标和责任，同时，行使相应的执行权力。如果每个管理者对员工都有这样的信任程度，同时也能更加清楚地将目标细分，那么大多数员工都会信心百倍地去执行任务，最终也会将制度好好执行，不至于让管理者的一些制度成为有名无实的"纸老虎"。

可依然有那么多的企业管理者不懂得将企业任务目标细分。是什么让他们握权不放，而使企业执行力变得一塌糊涂？这其中必然有一定的原因。

原因一：只相信自己，不信任员工

之所以会有那么多企业不能将一些管理制度落实到位，很多原因在于管理者不相信员工，只相信自己。从而导致自己又累又没有执行力，最终公司效益相当差，出现危机，甚至面临破产。

有一家食品厂的老板，为了让产品如期完工，他制定了加班制度，当然加班费也是十分可观的，但结果却是没有几个工人前来加班。最终，这位老板及他的家人全部加班加点地工作。他虽然劳累过度，产品却并没有如期完工。其原因就出在老板虽然制订了加班计划，且加班费很高，但是却极其不相信他人，连组长、班长他都要严密监视。因此，组长和班长一点儿责任也不愿意承担，所以工厂的其他工人也就十分懒散，制度也就难以得到执行。

对策：信任下属，才能让制度更好地执行

企业管理者不要以为自己可以处理任何事情。企业要想发展成规模，单靠一己之力是不能实现的，它更需要企业员工的团结合作。只有信任下属，认真地对目标进行细分，才能保证制度更好地执行。

原因二：制度虽然制定了，但是却无人负责

有些管理者往往在制定了公司某项制度之后，本应该指定某个员工来负责，但很多企业管理者却往往没有指定专人来负责任。这就导致了制度和一些决策的执行不到位，从而让企业难以发展壮大。

德国一家高科技公司曾经在商场中拥有很高的地位，但是却因为一次合并使其失去了在商场上的霸主地位。这主要是因为这家公司在与其他公司合并之后，这家公司的董事长根据不同的部门和工作制定了一系列的经营制度和决策。但是这位董事长却没有明确这些任务目标由谁来负责。表面上是将制度和方针制定出来了，要大家一起遵循，但却没有授权某个下属去负责和细分某项制度，这样的执行力自然就会下降。而就是因为这次的失误，导致了对方终止与该公司的合并协议。

对策：将制度目标细分的同时，还要进一步明确该由谁负责，这样才能保证执行到位

企业管理者的任务不仅仅是要将制度、任务和目标进行细分，还要将这些任务进行进一步的分工和明确。只有落实到个人，才能让制度执行得更加有力。如果空有一堆制度，没有具体的负责人，那么所有的员工很可能会误解制度的含义，在执行的时候，就会出现一些困难。同时，如果管理者不将制度具体到某个负责人，那么员工的工作就没有了约束力，其积极性也会大打折扣，在执行制度的时候就会偷工减料。

原因三：笼统设立制度和相关负责人

当企业管理者在制定了某项制度之后，往往一味地认为所有员工都能理解自己的意图，因而就没有向相关负责人说明该项制度的详细内容，这样一来，企业管理者虽笼统安排了任务，但相关负责人和员工却无力理解，上下不够协调，执行的结果也自然会有很大的出入。

一家较为成熟的化妆品公司由原来的专一经营日用化妆品发展成为专一经营一些高档护理产品的公司。随着经营规模的不断扩大，该公司老总决定新成立一个部门，专营女性高档奢侈品的代理。而这个部门成立之后，随即便挑选出了一位业务能力较强的人来担任部门经理，而且还制定了一系列相关的新制度。但是这个看似十分有潜力和市场的部门却总是不能取得一定的业绩。究其原因，它的问题是企业管理者没有与这个部门的负责人充分地讲解新制度的详细内容，其制度为什么要制定，该怎样落实。所以，这个部门经理也就无从下手管理，甚至误解了新制度的含义。

对策：向相关负责人讲明某项制度的内容

企业管理者在宣布一项新制度之后，不能简单地认为员工都能十分清楚自己的意思。大多情况下，一旦管理者不向负责人员具体地细分这些制度的任务及具体的内容，那么很可能会导致这些新制度不能如期按照最初的想法执行，从而会大大影响执行力。

第四节　分工要恰当，帮助执行

管理企业的重点在于管理制度。面对庞大的企业系统，想要让制度合理化地被执行，必须要对公司各部门进行合理分工，让各个部门来帮助企业分担制度压力，让制度得到更好地执行。

美国埃克森美孚集团是全世界最为著名的石油公司，这样一家大型的石油公司是世界各地的管理者都向往的企业。很多企业管理者向往的是美孚集团每年上百亿美元的利润，也有些人羡慕美孚集团的悠久历史和较强的品牌效应。但实际上，这些管理者最应该羡慕的是美孚集团的管理制度。

美孚集团的管理制度重点突出了一个特点：分工合理恰当。

20世纪80年代，当时的埃克森公司对内部进行了大规模的精简和合并，因此来自这个大集团的很多子公司都纷纷结束了单飞的历史。埃克森将它原在国外的6个分公司合并为了一家分公司，成为埃克森国际公司。另外，还在美国和加拿大分别建立了业务基地。这样一来，就需要更多的部门来分管这些部门和业务。因此，在管理制度上埃克森也进行了一系列大规模的变革。

为了适应信息技术化的迅猛发展，埃克森将原来的区域性多业务的组织转变为了事业部制的组织。这样的改动需要的同样也是详细的分工和制度的规定。埃克森挑选了一批优秀的年轻人来接管信息技术这块业务，并且授权给他们，让他们来制定一些相关制度。这样一来，在当时信息化时代下，很多老牌公司都不能阻挡信息的冲击，从而被淹没。但是埃克森公司却坚持了下来，原因就是因为有这样合理的分工，一些制度才得以很好地被执行。

后来，埃克森公司与美孚合并之后，管理者在美孚集团的上层业务领域中设立了勘测、开发、生产、天然气销售等分公司业务，在下层也设立了润滑油销售、特殊油品等销售部门。在这些合理分工的具体帮助下，美孚集团的一些制度充分地得到了执行。

从美孚集团的这个事例中我们可以看出，一个企业要想做大，首先就要在管理上进行合理地安排。尤其是对制度的运营，更需要一个合理恰当的分工程序，这样才能帮助管理者更好地执行制度，不至于让制度成为"纸老虎"。

一个企业如果没有各个部门的分工协作，那么企业管理者在管理企业的时候将理不清头绪，更别提将每项制度都执行到位了。因此，为了让每项制度都能够合理执行，就需要企业管理者将各个部门分工恰当。

很多企业管理者往往会发现自己面临这样一个问题：为什么制度制定之后，在执行的时候却出现很多问题呢？其实，这个问题很简单，大都是因为管理者没有为公司各个部门进行合理的分工，让每个部门都执行一个有利于各部门发展的制度。

企业管理者在设定制度的时候，除了要考虑到企业的承受能力之外，还要尽量让各个部门来分担制度的设立和执行工作。只有这样，才能让一个健全的制度更好地实施，成为企业发展的标准。

然而，能够做到像美孚集团这样的企业毕竟还是少数，大部分企业家为什么没有做到分工恰当，而让制度成为无法实施的"纸老虎"呢？

原因一：员工利益与公司利益无关

企业管理者之所以没能给各个部门恰当地分工来帮助其执行制度，主要是源于管理者没有将员工的利益和公司的利益连接在一起。这样一来，各个部门将难以配合企业管理者很好地执行制度。

一家餐饮店的老板经常不在店里，而是将大部分的时间都花在社交应酬上，所以，他对餐饮店的很多问题都不知情。然而，这个老板对员工却有很强的控制欲，为此，他经常制定一些不合情理的制度。例如，他规定在节假日时，不允许任何部门的员工请假。一旦员工请假，就会扣除其部门领导三倍的工资。在他看来，节假日正是餐厅盈利的好机会，如果员工在这个时间段里误工，那么餐厅损失会很大。然而，这个制度规定以来，引起了很多部门领导的不满，他们在节假日的工作也表现得无精打采，十分懈怠。从整体上来看，餐厅在节假日的盈利并不比平常好多少……

对策：将员工利益与公司利益捆绑在一起

从上述的事例中可以看出，之前这个工厂尽管也制定了分工的制度，但是各个部门却并没有很好地实行下去。这主要就是源于总经理没有将这位后勤主任的利益与整个企业的利益捆绑在一起。所以，想要让各个部门更好地执行企业制度，就要让员工与企业的利益紧紧结合。

原因二：只重视执行结果，不重视执行过程

很多企业管理者往往心中明白制度得不到执行便是"纸老虎"。因此，通常会只重视执行结果，不重视执行过程。这样一来，企业的分工就难以做到合理，从而也就不能很好地执行制度。

一家服装设计公司的总设计师在其办公室制定了这样一项制度：每个设计助理每周都要搜集 100 款当季设计款式。制定完这项制度之后，这位设计师却只是重视助理们执行的结果。至于助理为什么没有完成这个任务，为什么有的人只搜集到了 50 款等问题，一概不去思考其中的原因。也没有将该办公室的助理们分成几个小组，分别按照工作性质的不同去执行。这样一来，这位设计师不但失去了助理们的支持，还很快被办公室其他成员孤立起来。

对策：重视制度执行过程，合理恰当地将人员分工

企业管理者为了让制度更进一步得到完善，必须要重视制度在执行中的过程。在这个过程中要合理地将员工进行分工，只有这样才能更好地完成制度，让制度得到完美地实施，不至于成为"纸老虎"。

原因三：一味地认为员工执行力差

在彼得·德鲁克的管理理念中，企业执行力是管理者与员工共同的责任。而大多数的企业管理者却并没有意识到这一点。每次制度实施过程中力度不够的时候，管理者往往会一味责怪员工的执行力差，认为正是员工的低执行力，才导致了企业的低效益。而这些管理者却严重忽视了自己作为管理者的执行力，他没有意识到自己并没有做到恰当合理的分工和严格地抓制度执行。

有这样一家形象设计公司，老板是一名摄影师，可以说其摄影技术十分高超，但是他在管理上却并没有过人之处。一次，公司决定去外景拍摄一组照片。当时，顾客选定该老板作为首席摄影师。老板便随同顾客去了外景。可是，3天之后，老板回来的时候，却发现公司面临着客户的投诉问题。原来是这样，老板外出之后，有几位客户来公司闹事要求赔偿，但是由于老板不在，电话也没有打通，所以只好赔偿了客户一笔钱。老板听后，开始大骂员工执行能力不行。其实，这位老板没有想到的是，造成这个损失的正是他自己，由于他没有在外出之前将公司的大小事务安排妥当，没有对员工进行合理的分工，最终导致制度混乱，执行力大减。

对策：合理分工，才能让制度井然有序，才能有高效执行力

企业管理者只有合理地分工员工的工作，才能让制度井然有序地执行。很多管理者往往在公司出事之后就埋怨员工的执行力不到位。但是这样的管理者是否想过，之所以员工执行力不到位的原因是什么？很可能是因为自己没有对员工做到合理的分工和安排，才导致整体的执行力下降。所以，企业管理者在责备员工没有执行力的时候，一定要首先反省自己是不是没有做到合理的分工和安排。

第五节　贯彻制度要从小处抓起

公司的管理制度要想彻底被贯彻执行，那么必须要从小处抓起，只有细节执行到位，管理者的制度才能不被当作"纸老虎"。

在国外长期居住的人可能都知道，在美国一些城市随处都能见到"九毛九"百货超市。在这些超市里，人们只花九毛九就能买到你所有需要的日用百货和一些食品。尤其是在芝加哥、洛杉矶等大型城市的一些郊外，类似这样的"九毛九"超市几乎随处可见。然而，这样随处可见的超市，老板是怎么管理的呢？会不会十分混乱？答案并非如此。

1982年，美国人大卫·库德在加利福尼亚州开设第一家"九毛九"超市，这家超市主要是针对那些低收入人群，而且大卫决定所有商品价格只有99美分。一开始，这家超市也遭遇了前所未有的"灾难"。很多市民蜂拥而入，而超市服务人员却无暇应对，致使超市管理制度十分混乱。就在这时，大卫制定了一系列详细的制度：在门口处设有几处凭栏，每天早上9点，服务人员便会打开这些凭栏，让一定量的人群进入超市。然后过一段时间之后，再让另一部分人进入超市。就这样，想进入超市的人不得不遵守排队秩序。

另外，大卫还亲自对每个超市货架进行详细考察，他规定，每个摊位每天都必须要卖出去一定量的物品，为了要让自己制定的制度有效地得到实施，他总是亲自在细节之处进行考察。一次，他在一层碗碟货架处浏览的时候，发现超市的灯光照在地上很是浪费。于是，大卫便将灯管往盘碟方向拨了拨。这样一来，原本暗淡的盘子顿时光亮了起来。这一决定之后，很多人纷纷前来购买这里物美价廉的盘子。

如今大卫在美国十几个城市都有很多"九毛九"超市，人们问起是什么让大卫成为"九毛九"超市的大王？大卫说："细腻的心思，让我将制度执行到了细节之处。只有从小处抓起，才能让制度贯彻到底。"

从大卫的"九毛九"超市的经营制度上来看，要想让制度贯彻到底，就必须要从小处抓起。作为管理者，不一定要像大卫这样事必躬亲，但是却一定要从细节之处考察，让制度从小处抓起。只有这样，才能将制度贯彻到底。

美国通用汽车、美孚石油、沃尔玛等大型的企业管理者在对企业的管理中也总是能够做到从小处抓起，将制度贯彻到实处。例如，通用电气前CEO韦尔奇就曾经说过："虽然在公司上下，我不能面面俱到，但是我尽量要做到细致考察，因为这是作为一个管理者必须要操作的环节。"可想而知，如果管理者都不从小处着眼，那么员工又怎能将制度贯彻到小处呢？无论是企业战略方式还是制度规则，都应该落到实处，只有追求细节，从小处着眼，才能产生高效执行力，才能让企业取得优异成绩。

成功学大师拿破仑·希尔告诉众多管理者这样一个信息："之所以很多企业在中型时期就被扼杀了，正是源于企业管理者没有让企业制度从小处抓起，忽视小节，就等于放弃大方向。"厄运往往就隐藏在小事情上，管理者一定要把握住管理中的小细节，只有这样才能让企业往高处发展。比如沃尔玛连锁超市有这样一项规定：服务人员必须在 3 米以内对顾客微笑，微笑的时候不能表现得过于夸张和虚假，要恰当巧妙。此外，在与顾客交流的时候，还要保持心平气和的态度，不能不理会顾客或者说一些与顾客关心问题不相关的话语。可以说，如今沃尔玛的发展，离不开管理者在这些小处的着眼。

现实中，很多管理者对细节制度的管理还不是那么了解，而且管理者往往认为大战略正确之后，就可以不必纠缠这些小节。因此，这类管理者通常在企业发展到中型之后就开始反向发展。那么为什么这些企业管理者不能从小处贯彻制度呢？其原因有以下几个方面。

原因一：小处的制度虽然已制定，但却不够严格

企业管理者之所以没有将制度从小处着眼，并不是因为管理者没有制定一些小处的制度，而是制定之后，却没有严格地要求员工去执行。总是将一些严厉的制度和惩罚规定在了大处，这种严重忽视小节的制度，注定该企业将无法更长远的发展。

麦当劳、肯德基等这些国外的快餐店之所以能够快速发展，且成为人们喜爱的快餐店，其主要的原因就是这些企业的管理者制定了一系列小的制度措施。例如，麦当劳规定：一个汉堡在 7 分钟内卖不出去就应该及时倒掉，不能出售给顾客；肯德基规定：要用消毒液对桌面擦拭三遍，而且坐椅也要擦拭三遍。客人进门之后，要对其热情说"欢迎光临"。如果发现员工有三次以上没有做到的，那么将予以扣除奖金，严重的还要被解雇。正是基于这些小制度的有力执行，这些快餐店才在全世界如此受欢迎。

对策：严格要求小处制度的执行力

管理者既然制定了小节上的制度规范，就要对其进行严格地要求。要做到像麦当劳和肯德基这样将小处细节着重遵守。同时，要加大对违反者的严厉处罚。只有严格要求，小节的制度才能被高效地执行。

原因二：管理者不够细心，看不到小细节上的制度

一些管理者在让员工执行制度的时候，往往会出现很多问题。例如，问题不知道出在哪里；去寻找问题的根源时，总是粗心大意，不能细心地去从小处思考。如此一来，就出现了很多执行上的漏洞。

某奶牛养殖场与很多家食品厂签订了生产合作条约，并且规定每个月会向这些食品厂提供一定量的新鲜牛奶。有一次，奶牛养殖场的老板收到了某食品厂的电话，说是要与之解除合约，并索要赔偿金，原因是他们提供的牛奶很多都掺了水，成分不合格。这件事让奶牛养殖场的老板焦头烂额。然而，这位老板却只是一味地着急，同时，他极力地从销售渠道部门经理身上找原因，反而不去想在生产牛奶的过程中产生的一些小细节方面的失误。经过了这些风波之后，这家奶牛养殖场不但没有意识到小处上的问题，也没有制定相关的制度。因此，这家奶牛养殖场多年后仍在犯着同样的错误。

对策：管理者要细心观察企业发展中遇到的各种问题

有些管理者制定制度时，通常都是应付了事，根本不是用心去制定制度，而这样粗心大意的管理者制定出来的大条框，自然也是没有人会用心执行的。时间久了，员工也就会用一种应付的态度去执行这些制度。所以，企业发展中就会出现一系列的问题。因此，管理者要用心地去观察企业发展中遇到的一些问题，包括那些最细节之处的小事情。这就如同在餐饮业内流行的一句话："你用心地去了解顾客，才能知道顾客喜欢什么，想要什么，那么你才能明白怎样做到事无巨细。"

原因三：管理者没有基层工作经验，因此无法考虑到基层的细节

其实很多企业管理者之所以在贯彻制度的时候，不能从小处抓起，还有一个重要的原因来自于，这些管理者不是来自基层，而且也没有在基层工作过，因此缺乏基层工作经验。没有这样的经历，就无法看到基层工作中那千千万万的细节之处，更别说将制度从小处着眼了。

某药业是某市最大的药品代理公司，很多人都以能够进入这家公司而感到自豪，但是自从该公司换了销售总监之后，该药业便遭遇了前所未有的问题。新的销售总监是来自德国的一位华裔年轻人，他不仅拿到了高等经管学位，而且还在国际知名财经杂志上发表过管理方面的文章。这次该药业高薪聘请这位"海归"来担任新的销售总监，就是希望他能够带领康亭药业走上一条国际化的道路。比如药品代理时与厂家签订合约时，公司规定员工不能接受任何的红包，但是这位经理由于在国外没有遇到过这样的事情，竟然以为这是公司内定的一项特殊制度，所以就收取了对方的红包。随后，在这位销售总监的带领下，部门的工作人员纷纷违反这项制度，个个都收取红包。最终，由这件小事而引发了该药业内部出现巨大的漏洞，该企业处在岌岌可危的状态。

对策：管理者一定要事无巨细地对企业进行了解，这样才能在贯彻制度的时候，从小处抓起，产生高效执行力

管理者本身作为企业或者部门的领导者，理应对公司以及部门的各个具体的事项进行详细考察和了解，只有这样才能明白公司最基本的信息。而那些小处制度也才能有所根据地产生，而这也正是企业产生高效执行力的重要前提。

第六节 违反制度者，及时惩罚

想要让企业管理制度执行到位，成为真正的"老虎"来威慑员工，督促员工努力工作，就一定要严格规定员工在违反制度后所受到的惩罚。这是保证企业制度得到高效执行的一种强有力的措施。

索尼公司的创始人盛田昭夫曾经在英国开设了自己的工厂，打开了日本产品进驻欧洲市场的新步伐。当时，盛田昭夫为了将索尼文化和其影响力带到欧洲，所以设立了一系列既人性化又奖罚分明的制度。

盛田昭夫一开始很担心英国人会因为一些制度的不合理而提出罢工，所以，在制度上，盛田昭夫制定了十分合理的条例。例如，人人平等、一视同仁，不会因为英日之间的文化和传统而产生分歧等。这些人性化制度的制定，的确让英国工人感受到了索尼公司的开明和民主。但是，这也造成了英国工人的过分放松和张扬。

后来，盛田昭夫发现，在英国的索尼公司生产进度明显减慢，而且，生产车间里也没有纪律性。更为重要的是，很多车间工人，不按照流水线的正常工序工作，他们会采取一些跳跃式方式来工作，这让盛田昭夫感到十分生气。

于是，他立即召集了英国索尼公司的相关负责人，以及车间的工人代表们召开了会议，并且在会议上提出了新的规章制度。在这个新制度上，盛田昭夫明确制定了严厉的惩罚条例，并且设立了质量检查制度，对流水线的生产质量进行检查，一旦出现违规者，将严惩不贷。

后来，在这项制度的实施下，英国索尼公司的工人们纷纷严格按照规章制度办事，一段时间之后，英国索尼公司生产的进度也逐渐赶了上来，这为索尼公司在欧洲开辟新市场提供了重要的条件。

索尼公司的这个事例充分说明，唯有惩罚才能让那些违反制度者真正地记住制度的执行力才是最强大的。在执行力面前，一切违反规定的行为和人都将受到严惩。

事实证明，制度严格的公司持续的时间往往会很长，而一个既有严格制度，又对违反制度者及时做出惩罚的公司则会更加强大和稳定。但是这并不意味着，只要员工违反制度就一定要将其严惩。其实，企业管理者可以根据员工所违反制度的严重性以及员工本身对公司的意义和价值来进行灵活处理，但是切不可因为裙带关系或者其他的一些私交而放任自流。管理者一定要做到两点：一是，对违反制度者要及时惩罚，在此，要突出"及时"二字；二是，制度面前保持人人平等的同时，要灵活运用。

只有做到以上两点，才能让员工在严格遵守制度的同时，还不至于将其工作积极性打垮。这样的管理者才能彰显出公司管理的实力。管理者还要注意，在处罚违反制度者的时候，不要盲目严惩，从而让自己背上了骂名。比如 20 世纪 70 年代，日本的伊藤洋货行的老板伊藤雅俊突然开除了当时该洋行业绩一流的岸信一雄。原因是岸信一雄违反了该洋行一些简单的规章制度。伊藤雅俊丝毫不念往日岸信一雄为该洋行做出的巨大贡献而将其开除。这种过分的严惩导致了日本商业界一片骂声，连当时日本舆论界也纷纷指责伊藤雅俊的极端做法。

然而，更多的企业管理者往往总是"心太软"，对那些违反制度的人太过仁慈，没有做到及时惩罚，从而导致整个企业员工人心涣散，执行力大大下降。而导致这些的原因是什么呢？

原因一：没有把握住企业发展的核心支柱，放任员工多元化自流发展

企业管理者有时候之所以没有严格要求员工遵守制度，以至于降低了企业管理制度的执行力，很大原因在于管理者没有把握住企业发展的核心支柱。从另一方面来讲，对员工过分的放任自流，对违反公司的原有制度没有做出严格要求，从而让公司失去了原本的方向。

很多公司往往都是因为放任下属自流，而导致企业发展困难。在某市有一家大型的贸易公司，该公司的老板黄总是一个十分传统的生意人，在他经营的公司里，公司很多制度都是保守和传统的，但是他的公司却因为好的口碑和销售渠道，在业内的发展依然如鱼得水。后来，黄总聘请了一名很有经验的经理陈平来协助他管理公司。陈平是一个具有海派作风的人，他希望公司能够走上与国际接轨的大道路，因此他的制度十分开放，注重对外开拓，对员工管理也十分放松。但这种制度却严重违背了黄总传统和保守的制度。就在这时，有些老员工认为应当以公司原有的组织制度为基础，让陈平的制度向公司原有制度靠拢。但是陈平却不同意，坚持自我。此时，公司很多元老级人物认为应当对陈平加以处罚，因为他违反了公司原来的制度。但是，黄总却不同意，他认为陈平的制度颇有见地，于是放任他去管理公司。最终，企业不但没有走上陈平理想的道路，反而失去了原有的口碑。

对策：分清主次，对违反制度者要及时惩罚

管理者在吸取众多高见的时候，一定要分清主次，以公司大局为重。对那些违反公司制度的人一定要及时做出惩罚。只有这样才能让公司在一条平稳的大道上迅速前进。值得一提的是，这并不意味着企业管理者应当一意孤行，不听从他人意见。只要分清主次，不要太过放任员工，对那些违反制度者做到及时处罚即可。

原因二：来我这儿，就要遵循我的制度，违反必重惩

很多管理者往往向那些铁腕领袖们学习，比如在公司制定一些"斯巴达"式的制度要求，对那些违反制度者一律严重惩罚。即使是员工违反了一些类似"上班时间不能聊天"、"迟到早退"等一些细节化的制度，要受到克扣众多奖金或者加班等惩罚。这些管理者内心大多有一种："来我这儿，就要遵守我的制度"的思想。但这样的惩罚却有些夸张和过激，极易引起员工的不满和抱怨。

现实中，有很多公司往往对员工要求苛刻，哪怕员工做错了一件小事也要严惩。例如，一家报社规定：出现三次拖延交稿者，将克扣一个月薪水。这样的规定显然是有些苛刻，而且丝毫没有站在员工的位置上思考。而类似这家报社这样的"重罚"制度，其实还有很多公司在默默地实行。

对策：对违反制度的事件，要分轻重缓急，重点是要做到及时惩罚

身为企业管理者，如果对违反制度的人放任自流，那么会造成员工的不满和抱怨；而如果对其进行严重过度的惩罚，那么也会引发一定的反响。因此，管理者必须要注重轻重缓急，对违反制度者，一定要根据事情的轻重来及时惩罚。因为及时地惩罚违反制度者，是对其他员工的一种警示，给那些欲违反制度的人内心一种打击，以此来制约他们去好好工作。

原因三：太过仁慈，口头上惩罚力度远远不够，不能起到警示作用

很多企业管理者总是在员工违反制度之后只进行口头批评。这样一来，其惩罚力度就不够，难以起到警示作用。而长久下去，员工对制度的执行力就会大打折扣，最终企业管理者的制度将会变成名副其实的"纸老虎"。

随着社会上"人性化"、"民主化"口号的盛行，很多企业也将人性化制定到了制度中。然而，有时候，过于人性化就成为一种"心软"，那么它就不能起到正面的作用了。比如有这样一家旅行社，一位业务员由于失误，给客人介绍错了旅游路线，造成客人在金钱和时间上大量流失，于是旅行社遭到了该客人的投诉。然而，事后，旅行社老板并没严厉惩罚这位业务员，而是对其口头批评，并让其作了一份检查报告。可见，这样的惩罚力度实在是太过"心软"。

对策：用实际的惩罚代替口头批评，让违反制度者牢记制度的重要性

管理者不能只用口头批评这样的方式来惩罚违反制度者。对违反制度的人做出惩罚的目的就是要让他记住制度的重要性，以及违反制度之后的后果，以此来作为警示。因此，管理者必须要对其做出深刻的惩罚，才能让违反者对制度牢记于心。

第四章
有效监督为制度"保驾护航"

一个成功的管理者必定有科学合理的决策和制度，但事实证明，在现代企业发展中即便是有再严谨的制度，没有监督的力度，那么，制度也不会执行到位。

制度虽好，需要执行才能发挥它的作用，而执行靠什么呢？科学的管理经验表明，制度的执行靠监督。因此有效的监督能为制度的执行"保驾护航"。这就要求管理者建立一流的监督机构，在每阶段的管理中，都要对制度的落实进行持续跟进，做到核查机制、不放过一件小事。

第一节　核查机制是制度落实关键点

一个公司或者部门想要让制度落到实处，除了员工积极地工作和执行之外，还需要公司或者部门来做好有效监督，只有严格核查机制才是制度得到落实的关键点。

李嘉诚是亚洲首富，在这样一个大商人的手底下自然是少不了很多得力干将，霍建宁就是其中一个。作为李嘉诚的大管家、和记黄埔的董事总经理霍建宁，如今每年的年薪已经远远超过了李嘉诚的接班人李泽钜和李泽楷。人们很纳闷为什么这样一个与李嘉诚非亲非故的人，却能够驰骋商业帝国呢？其实这主要源于霍建宁在管理上的才能。

说到霍建宁的管理才能，不得不说的就是霍建宁在公司里主抓制度，他严抓制度的一大特点就是：严格核查机制，做到有效监督。他认为只有这样，和记黄埔的员工才能按制度办事。霍建宁总是能够严肃处理每一个管理上的问题，进而让和记黄埔一步步走上正轨。

霍建宁十分注重核查机制，其主要表现在很多方面，哪怕是一张收货票据，他都要求部下的各个部门做好制度监督工作。就拿一次很简单的小事情来说吧。一次，和记黄埔后勤总务部的张经理分配了业务员麦克斯去采购一些日用电器、生活用品等，为和记黄埔的一些基层员工宿舍做好准备。麦克斯是美国人，虽然对中国也很了解，但是他对中国的一些电器商家还不太清楚，所以他去了一家批发电器的地方购买了很多日用电器。随后，当他向商家索要正规电器发票时，商家称自己是小商家，没有正规发票。但由于麦克斯坚持，商家给了他同等价位的餐饮发票。

回到公司之后，麦克斯的发票很快被财务部的有关负责人发现，财务部为了让制度更严肃地执行，坚持让麦克斯去索要正规发票，当时麦克斯难以接受这件事情。后来这件事情被霍建宁知道了。霍建宁向麦克斯讲解了公司的制度，并且用十分坚决的态度来要求员工坚持按照制度办事，否则将要对麦克斯进行相关处罚。后来，麦克斯又去了买电器的地方，经过自己的一再坚持，商家终于补发了正规电器发票，此事才得以解决。

其实类似这样的事情在和记黄埔经常发生，霍建宁正是凭借着这种严格的制度才得到了李嘉诚的高度信任。

霍建宁曾有句语录："一个公司在制度上较真，并不是坏事。较真的目的是为了严格地督促大家来做好自己的分内工作，这是一个制度落实的关键，也是重要的保障。"由此可见，作为管理者，对制度上的严抓是没有错的。只有核查机制，严格要求，才能让制度更好地落到实处。同样注重制度的企业管理人，惠普前 CEO 菲奥瑞纳女士也曾经说过："只要管理者做好核查机制的监督工作，员工就会严格完成。"

然而，有些公司为了达到检查和监督力度，甚至实行控制员工的方式。事实上，很少有员工故意不好好工作，管理者这样费尽心机地来"跟踪"员工，是不可能真正起到核查机制的作用的。

管理者必须要做到定期或者不定期地检查和监督员工的执行状况，唯有这样才能有利于员工更好地落实制度。彼得·德鲁克曾说："管理者不定期地监督和检查员工的工作，会让员工内心有一种制度的约束感，而这才能体现出制度的根本所在。"当然，作为管理者或者执行核查机制的人也应当是十分公正之人，不能是非轻重不分，更不能徇私舞弊、和稀泥，只有公正的核查机制人员才能确保监督的公平和严肃，从而让员工更好地完成任务。

但是，当前企业却普遍处在 "半瓶子" 阶段。这主要是管理者自认为将工作分配下去就等于是将工作细分工，员工自然就能够完成任务。但是，殊不知，其中执行的效果如何，负责核查机制的人员是谁，其监督的力度又是怎样等问题，企业管理者却无从知道，因此企业的制度和核查机制的人员也都是纸上谈兵。可为什么很多企业会出现这种 "半瓶子" 现象呢？

原因一：全凭自觉，只要完成任务即可

以前的管理者，尤其是中小型管理者，往往对员工要求十分严格，甚至制定了众多详细又苛刻的制度，而且还强制要求员工去执行。但是随着企业国际化的大发展，很多管理者又一味地模仿国外的轻松管理模式，认为员工只要全凭自觉去完成任务即可，甚至管理者都没有专门设立一种核查机制，也没有规定相关人员来监督和检查员工的工作。这样一来，企业发展就没有了秩序，从而也就会失去企业团队的凝聚力。

澳大利亚的城市娱乐报纸曾经十分火爆，但是为什么在短短的几年之内就暗淡了呢？原来该报社制定了这样的制度来 "要求" 员工：员工只要每个月按照总编要求的质量来完成自己手里的选题稿件就可以拿到全优评级，并获得全勤奖。而这样的要求其实算不上是制度，全靠自觉，也没有监督机构。最终的结果是，员工纷纷在家工作，有时候办公室没有人，很多上级部门前来考察，发现了这一事项之后，立刻对这家报社进行停业审核，导致报社在一定时间内不能正常运营。

对策：设定一个核查机制的部门，对员工定期或者不定期监督

任何一个企业管理者都不想等出现问题之后才去抓制度的监督工作。

因此管理者必须要提前设定一个相关核查机制部门，以此来定期或者不定期地检查和监督员工执行制度的情况。如果只是让员工自觉，那么在一定程度上不但不能保证企业整体执行能力的上升，而且还会导致员工工作不积极，懈怠工作。

原因二：监督部门成为摆设，没有做到检查和监督的职责

管理者为了震慑员工积极工作，提高制度的执行力，往往会通知大家公司要定期对其进行检查。但是说归说，很多管理者却落实不到位。这主要的责任在于管理者没有重视这些相关监督部门，从而导致了监督部门成为虚设，那么制度也就没有落到实处，造成执行力下降。

某西点连锁店生意从原来的火爆逐渐下降到无人问津，原因在于有顾客投诉说店员的态度恶劣。于是，该店老板就设立了一项制度：要求店员对每位进入该店的顾客都予以笑容，并且将顾客作为上帝一样对待。而且为了保证制度能够得到有力实施，取得成效，老板还设立一个由两人组成的监督小组，定期检查制度执行的情况。一开始，这两位监督员按照老板说的定期去各个分店检查店员制度执行情况。一段时间内，店员的服务态度的确有了好转。但是，又过了一段时间之后，店员的服务态度又恶劣了起来，原因是老板在设立了制度和监督部门之后就再也不管了，他认为有了监督部门这种情况一定会有所改变，但他却忽视了重视监督部门成员，这两位监督员由于长期得不到老板的褒奖和重视，便很少去巡视各分店，时间一长，店员们的服务水平又下滑了。

对策：加大对监督部门的重视力度

企业管理者既然设定监督部门，就要贯彻实施下去。其主要方式就是加大对监督部门的重视力度，不要让它成为一个摆设。俗话说："有所给予才能有所回报。"只有重视监督部门，监督部门才能发挥出其监察水平，而制度也才能被有效地贯彻实施。

原因三：强制核查机制，令员工做出过激行为

很多企业管理者为什么经常为员工的所作所为感到头疼？例如，员工集体不执行制度；员工集体拖拉工作任务等状况。之所以会出现这些问题，很可能是因为管理者强制性地来要求检查员工执行制度的力度。这样才导致了员工极度反感，甚至做出过激行为。

有这样一家网络公司，老板规定：每位员工每天下班之前都要将当天的工作任务以文档的形式发给自己。如果员工忘记发，就要接受一定的处罚。这项制度出台之后，员工十分反感。因为有些员工由于工作状态的不同，工作任务完成也不一样，所以很难做到每天都有一定的工作成果，而这样就要接受惩罚，因此有些员工就联合起来进行抗议。

对策：核查机制并非强制监督，要合理控制其监察的力度

管理者不能误解了核查机制的概念，不能因为力求制度得到执行，就强制监督和检查员工的执行状况，必须要合理且有序地做到监察。例如，可以在每个月对工作人员的工作进行抽查，这么做的目的是可以让工作人员在内心有一个警世钟，时刻提醒自己 "监察人员随时都会抽查自己的工作"，让他们尽量自觉养成积极完成任务、执行制度的好习惯。

第二节　一流的执行要有一流的监督

细数世界五百强企业，没有一个企业没有合理有效的监督部门，而这些企业的制度执行水平都是一流的。因此，我们得出，一流的执行一定要有一流的监督。

森特里克公司是英国著名的煤气供应商，也是全球五百强企业排名很靠前的一家大型企业。这个向 1500 万个家庭提供煤气、面向全球出售并且安装煤气等设备的大型企业在管理上也有它独特的一面。

1997 年该企业经过重组之后，在管理上也进行了一系列的强化措施。到今天，这个企业已经成为英国企业群中的骨干，而且在金融、电力、电信的各方面均有发展。这样的大企业在制度上的管理也是一流的，据英国财经方面的资料统计，在森特里克公司工作的员工其年终的抱怨声是最弱的。而且更为重要的是，这里的员工都能有效地来执行该公司的一些相关制度：如按时完成既定任务、遵循"客户至上"原则、员工之间团结一致等。由此可知，在这样一流的制度执行力背后定有一个一流的监督机构。因为在森特里克公司的世界里：监督机构是制度得到有效执行的保障。

在森特里克公司重组之前，虽然企业也涉足很多区域，但是其执行力却并不强，而且员工也并没有像想象中的那样遵守制度。公司的董事会决定外派监事会来负责对公司的各个区域进行监管制度的执行。森特里克公司的外派监事会主要以财务监督为核心，另外，对企业员工的工作和对制度的执行也予以一定的监督和检查。

这个外派监事会是独立的，并不听从所驻分公司的领导，也不从各分公司拿薪水，所以这就不涉及监事会与各个分公司之间的利益关系。每年，监事会都要对员工就制度的执行做一番定期或者不定期的监察，其监督方式也多种多样。在这个过程中，监事会会听取公司董事会的决定。

有了这样一流的监督机构，森特里克公司的效益很快就得到了提升。后来，在一流的执行力和一流监督的条件下，森特里克公司一跃成为世界五百强企业。

森特里克公司的事情充分说明了，一个企业要想有一个较强的执行力，就必须要有一个一流的监督部门或者机构。有效监督是企业得以实施的椅杆，它能够为制度"保驾护航"。

另外，从森特里克公司的有效监督中，我们还能看出，之所以森特里克公司的监事会是一流的，就源于它不受所驻的分公司领导，它只是总公司外派的一个监事会。仅从这一点上来看，很多企业管理者就难以想到和做到，而这却正是铸造一流监督机构的特点所在。

由此可见，只有有了这样一流的监督制度，企业在任何方面的执行力才能达到一流。另外，除了这种外派式的监督机构之外，还有很多其他的一流监督机制。例如，放权责任制的监督模式。这样的方式主要是企业管理者可以大胆放权下去，让员工或者各个小组的组长来肩负监督责任，甚至能够让他们自己约束自己，但是要经受一个统一部门的追责方式。如此一来，员工不但有了自主权，而且还提高了工作积极性。所以这样的监督方式也是一流的监管机制。这个方式在美国的很多公司普遍被运用，如美国著名的甲骨文软件公司很早就采取了这样的监管方式，因此，甲骨文软件公司员工在对公司制度的执行上也属于一流。

此外，还有双层委员会制度的监管机构也是一种一流的监管形式。这主要就是指监事会和董事会存在一种上下级关系，监事会成为公司三大机构之一，有着明确的职责。这种监督模式可以有效公正地对工作人员做出评估，对制度的执行力也将是一个重大考验。德国的很多大型企业大都使用这种监管方式。

但不得不提的是，还有很多企业无法做到这些，这些企业的管理者甚至根本意识不到监督机构对制度的实施有何作用和意义。而造成这种结果的原因主要是以下几点，我们来详细地看一下，并且加以分析，得出最佳的对策。

原因一：监督机构太过单一，难以适应监督检查要求

很多企业管理者也纷纷效仿国外的一些大公司，为了提高员工对制度的实施效率，设立了监督机构。但为什么却起不到应有的效果呢？原因在于，这些监督机构太过单一，大部分只是一个小小的部门或者仅仅几个人，可以说力量太过单薄，无法挑起全面监督的重任。

监督机构单一的企业往往都是些中小型企业，例如，一家中型外贸公司由于员工工作积极性不高，导致生意多半亏损。为了抑制这种情况，老板决定效仿大公司，成立监事会。由于老板急于提高效益，于是草率地成立了一个监事会。但是，这个监事会却只有4名工作人员，而且每个人负责一个部门。虽然各个部门工作人员不多，但是却由于外贸工作性质原因，员工经常出差，因此这几名监督人员根本无法做到全面监督。所以，该公司的问题还一直存在。但这些内部原因，老板却并不知情，还时常因为员工执行力不高，而责备这几名监督员。

对策：建立一种恰当的监督机构，提高监察的适应性

企业管理者在实行对员工监督的制度时，一定要考虑充分，不能以一种较为单一的结构来运作，这样难以适应员工正常的工作。所以，管理者应当对监督机构实行一种集中专业化重构。这就要求管理者切身深入企业内部，了解员工的工作情况，对一些重大事情提早把握，实现全面监督。只有这样，才能不断强化和提高日常监督的时效性。

原因二：监督时紧时松，没有一定的流程

很多企业的管理者往往是一听说员工对制度的执行力下降，于是，就严格地让监督机构来对其进行监督和检查。而一旦这种制度的执行力有所提升，监督机构就又松懈下来。这样时紧时松的监督工作，丝毫没有规则和流程，因此该企业的监督机构也就不能称为是一流的。

在日本的很多公司，这样时松时紧的监督事情时常发生，小野织间是某公司监事会总经理，他听令于该公司董事长的调遣。然而在他的眼中，这个董事长仿佛阴晴不定，一会儿让他严抓监督力度，一会儿又让他不要对员工施加压力。这样松弛无度的监督力度让小野织间十分疲惫。这样下去，不但监事会的作用没有达到，而且还会激发员工的不满，公司的执行力将更难得到提高。

对策：制订监督业务流程和计划，确定监督的手段，明确监督目的

作为监事会或者监督机构，首先，要对企业的流程十分熟悉，只有熟悉了这一点，监督机构才能在发挥监督力度的时候有针对性。其次，在监督和检查的同时，管理者一定要严格要求监督机构。监督机构还要制订详细的监督计划和流程，确定监督手段，明确监督目的，把握监督关键。只有这样，监督机构才能顺利进行监督。

原因三：监督人员积极性不高

很多管理者意识不到这样一件事情：监督人员积极性不高。大部分监督员都会直接听从董事长或者总经理调遣。然而，监督的工作毕竟是一种"挑人毛病"的工作，很容易得罪人。所以，监督人员往往认为自己如果干好了，上级也不会说什么，但是还可能会得罪一些部门和员工；干不好，上级会责备自己。所以，他们十分为难，因此，他们工作的积极性就不高，甚至还会十分低沉。

对于工厂车间的监督工作人员来说，其实是最容易"得罪"人的。比如一家中型服装厂的老板，为了监督员工们的工作执行力，所以成立了监督会，让其成员对员工是否遵守工厂制度进行监督。然而，监督会成员刚上任不到一个月，其积极性就大大下降。原因是，该工厂的一些员工在车间里的"势力"都很大。监督会成员害怕对方会找自己麻烦，于是就只能睁一只眼闭一只眼。

对策：设立合理的监督考核机制，充分调动监督成员的积极性

管理者必须针对监督会来设立一种合理的考核机制，对监督成员在业绩上进行一种标准化的考核和激励。当监督会成员的工作得到一定进展时要给予一定奖励。再例如，还可以对监督员进行技能培训、晋升职位等奖励。这样就能够充分调动监督员的工作积极性。这样一来，监督机构就会越来越走向一流，而员工对制度的执行力也必定会是一流的。

第三节　盯紧每件事，关注结果

在企业制度实施过程中，管理者不应当只关注决策是否正确，还应当盯紧每件事情，关注其结果。否则，企业将难以按照最初既定方针顺利实施下去。

摩托罗拉公司是美国著名手机制造产业，然而这样一个大型公司为什么在 2001 年的时候，却出现了运营亏损、全球失利的状态？

原因在于当时摩托罗拉公司的董事长高尔文没有重视在企业制度中的每件事情，更没有关注在企业发展中的每个部门或者每个人的执行结果。当时高尔文认为，企业要想迅速发展，就不能一人执掌所有权力，所以他便开始实行放权制度。于是，在高尔文的决策下，公司各下级管理者均可以自由发挥自己的智慧和权力。然而问题正是出在这里，高尔文只是重视放权制度，却并没有注重监督，忽视了执行结果。因此，下级员工才会在执行制度的时候，失去了保障。最终，摩托罗拉公司在市场上的占有率逐渐下降，就连股票也持续下跌。最后在 2001 年，摩托罗拉公司甚至出现了大幅度的运营亏损。

然而当出现这种恶果时，高尔文经过了一系列回顾，他终于知道了为什么会出现这种情况。比如有这样的一件事情：当时公司营销总经理曾向高尔文建议要取消与麦肯广告的合约，因为该经理认为，麦肯广告公司的业绩十分糟糕，差评也很多。但是高尔文却并没有这么做。原因是他十分相信麦肯广告公司的总经理。而且在过去的很长时间里，公司底下的任何部门都没有向他汇报麦肯广告公司的情况。所以他没有换掉这家广告公司。但是一年之后，麦肯广告的表现的确是十分糟糕，这让摩托罗拉公司的影响力达到了前所未有的低潮。而此时的高尔文才明白麦肯广告公司的糟糕之极。

其实，摩托罗拉公司之所以会出现这样的恶果，就是因为高尔文在注重放权的同时，却没有做好一定的监督工作，没有去关注每件事情及其结果。这样一来，他自然无法知道员工的具体工作状况，所以他也就无法做出正确的决策。

从摩托罗拉公司的这个案例中，我们可以看到，如果管理者只是实行"民主"的放权，但却不关注放权之后的每件事情，不去关注结果，也就是忽视监督，那么企业很可能就会走上"万劫不复"的道路。像摩托罗拉公司这么大的公司如果没有做好监督，都逃不过这样的劫数，更何况是社会上那些中小型企业或者刚进入正轨的企业呢？

因此，管理者必须要时刻做好对下级的监督工作，去盯紧每件事情，关注每件事的结果。只有这样，才能让公司制度顺利有效地实施下去。

不管是下属在落实制度的时候，还是在执行企业任务的时候，管理者都应该时刻重视其监督和结果。当然这里所讲的结果并不是管理者一定要收到某种成果和收益，而是应当收到下级的一些建议或者报告。这是一种双向式的沟通方式：下级可以向上级汇报制度实施的过程中遇到的问题和反馈一些情况。此时，上级会按照这些问题给出一些得当的帮助和指导，确保制度实施到位；而上级也可以以交流和沟通的方式全面了解下级部门的制度实施以及任务执行情况。

但是，仍然有大多数的管理者都做不到交代下去事情之后，还注重双向沟通。甚至这些管理者在内心根本就没有这个意识和习惯。对此，我们一定要来分析其中的原因，并给出一定的对策措施来解决这些问题。

原因一：制度缺少反馈

许多企业管理者往往以为自己放权了，也制定了制度，那么员工就一定会好好遵守。因此缺少了监督和沟通。这样就会导致员工自顾自工作，中间耽误了许许多多的紧急要事。那么制度的执行也将不会到位，其工作结果将不会与理想中的相符。

电器销售公司就经常会出现上述问题。例如，这样一家电器公司，总经理让他的助理将售后服务部的重要客户做一个回访单并且加以分析，随后上交。然而在此期间，该总经理手头上还有一大堆事，于是就忽视了这件事。而他的助理工作也很忙，在繁忙之中，这个回访单的工作就被丢弃到一边。几天过后，总经理突然想到这件事情，于是向助理要回访单。此时，助理不但没有做这件事，反而还振振有词。总经理便怒气冲天，冲着助理大发脾气。

对策：交代任务之后，一定要时刻关注后续工作，要求员工做出反馈

管理者一定要重视监督，对下属交代任务之后，要注重后续工作，盯紧每件事情，并且要求员工做出反馈和沟通。如果不养成这种习惯，那么管理者就不能清楚地知道员工是否明白或者完成了自己交代下去的任务。

原因二：执行走样，缺少直接关注

在拿破仑·希尔的课堂上，曾经有位管理者问希尔："为什么我明明是向下属交代清楚了任务和制度，最终得到的结果却不是我想要的？"这个问题对拿破仑·希尔来说并不难，他思考了一会儿说："出现这样的结果一定在于你。因为你没有指定一位负责人，更没有直接关注这件事，因此才会出现执行走样。"

巴黎一家时装设计公司的老板接到一单生意，于是找来了首席设计师并对他说："有一个大客户，要设计一组具有波西米亚风格的夏季女装款式，两个星期之后，要拿出令对方满意的作品。"而首席设计师又将这个任务下达到了各个设计师那里，设计师又下达到设计助理那里。两个星期之后，该首席设计师却得到了一组波普风格的设计作品。最终，这个作品被推翻，该设计公司就这样失去了一单大生意。

对策：管理者要指定直接负责人，并时刻盯紧每件事的进程

其实从上述小案例中可以看出，不只是工作任务，就连工作制度的设立都应该尽量在下达命令的时候，直接指定负责人，对其当面说清楚需要完成什么样的任务。此外，还要对其直接关注，盯紧每件事情的进度和执行过程中的问题，只有这样才能避免员工在执行过程中走样。

原因三：以管理者自居，处于被动地位

管理者往往因为自己是企业管理者，所以总是会以管理者的身份自居，对制度的执行情况与否，都不予以关注，而是被动地等待相关部门的汇报结果。有了这样的心态，那么企业管理将难以走上理想的道路。

有些中小型企业的老板经常以管理者身份自居，等待员工向自己汇报情况。林轩是刚上任的销售部经理，自从他上任之后，就很少去关注每件事情。更为重要的是，他虽然是经理，但却一直处于一种被动地位，他总是等待下属来向自己汇报结果。一个月之后，销售部出现了业绩极度下滑的趋势，老板狠狠地将林轩批评了一顿。自此，林轩开始积极地盯紧每件事情，并积极地去关注结果，终于在他的努力下，销售部又挽回了业绩下滑的不利局面。

对策：管理者应当主动地盯紧每件事，关注结果

管理者虽然是公司或者部门的领导者，但是却不能只是以领导者的身份自居，自此就放任不管。管理者要意识到自己的重大责任，应当肩负起管理者的重担。所以，管理者必须要盯紧每件事，关注每件事情的过程和结果，从而对这个过程中出现的问题加以引导和补救。

第四节 对落实情况持续跟进

想要知道员工在执行制度的过程中遇到了什么问题和困难，需要管理者持续对此跟进；想要让员工更好地将制度落到实处，管理者同样也需要持续跟进。这是把企业做大做强的必备因素。

希尔顿大酒店是闻名世界的高级酒店，该酒店以微笑、真诚著称，深受人们的喜爱。而它的创始人希尔顿也被称为是"微笑旅馆老板"，这个称号对希尔顿来说，可谓实至名归。

希尔顿自从创立酒店开始，就将微笑的理念下达给每个员工。他要求员工：无论是多么艰苦，都要坚持将这种微笑理念落到实处。而且希尔顿本人也将"微笑理念"当成是自己的座右铭，激励着自己。

为了将微笑理念的这个制度执行到位，希尔顿不只以身作则，为员工树立榜样，而且，他还积极监督员工们将这项制度执行到位。在多年的管理运营中，希尔顿每天都出入在各个分店中。这样做的目的有三个：一是可以监督员工是否将微笑制度落到实处；二是倾听员工们的意见和问题，及时引导员工积极工作；三是可以拉近与员工的距离，加强交流。

每次在分店视察的时候，希尔顿说得最多的一句话就是："今天你微笑了吗？"正是这句话时刻提醒着员工要做到保持微笑。事实上，这样的微笑制度其实也拯救了希尔顿酒店的生命。在 20 世纪 30 年代，美国遇到了前所未有的大萧条时期。在这个经济危机的严重时刻，美国的很多企业都纷纷倒闭，而希尔顿酒店也面临着倒闭的厄运。但就在这样的时刻，希尔顿依然要求员工做到微笑制度，并且自己依然时刻去分店视察，对制度的落实进行持续跟进。在希尔顿这样严格的要求下，这种微笑制度在当时获得了很大成功。员工真诚的笑容得到了顾客的满意和好评，并且也给希尔顿酒店树立了良好的形象。很快，希尔顿酒店便走出了低谷期，迈进了高速发展的黄金时期。

希尔顿曾经说过："如果我是一位顾客，我宁愿去一家设备不是一流，但是却有一流服务的微笑旅馆。"这充分说明，希尔顿对这种微笑制度的认可。

在希尔顿对落实制度的情况进行持续跟进的同时，希尔顿酒店也逐渐成为各大酒店相互效仿的对象，人们十分愿意学习和分享这个成功的经验。

如果希尔顿没有对微笑制度进行持续跟进，也许在那场波及全世界的大萧条中，希尔顿酒店也会被大浪淘沙，消失不见。正是因为希尔顿对微笑制度的落实情况加以持续跟进，所以才将这项制度坚持到底，最终打动了人们的内心。

很多公司也都制定了"顾客就是上帝"、"微笑待人"等制度，但是很少有像希尔顿酒店那样坚持到底的。往往管理者下达了命令之后，随着时间的推进，这些制度慢慢被员工遗忘，最终造成执行力下降。导致这种现象的原因就是管理者没有做好监督工作，没有对制度的落实情况持续跟进，没有为制度的实施保驾护航。想要让制度得到实施，就要学习希尔顿，数十年如一日，不断视察各个分店，其中提醒、督促、监督等都起到了对员工的警示作用。如果不这样做，长时间下去，员工也将无法持续实施微笑制度。

可见，管理者对制度的落实情况进行持续跟踪是多么重要的一种监督形式。然而，我们说，这个世界上真正功成名就的人还是少数，原因是什么呢？就是因为他们没有做到一些细节。那些能够成立公司的人，无论是大还是小，其实从实力上来说，一样有能力让企业做成世界五百强，但为什么他们总是停留在中小型企业规模的道路上呢？就是因为他们没有注重这些细节方面，没有做到对制度进行持续跟踪。可是出现这种情况的原因是什么呢？

原因一：各个部门有各自的管辖，无须管理者亲力亲为

管理者之所以没有对制度的执行情况进行持续跟进的原因，多半是由于管理者认为各个部门都有自己的管辖方式，自己不好参与，而且更不需要自己亲力亲为。这样的管理者通常只是在办公室里听下属对自己汇报工作，而完全不知道下面员工对制度实施和落实的真实情况。

很多服务产业或者轻工业往往会出现这种情况，比如在宁波有一家钟表厂，该厂的职员肖月由于年轻气盛，抱负远大，不甘做一个小职员，于是就向担任该钟表厂董事长的叔叔借了一笔钱，自己单独开了一家小公司。一开始，肖月为了公司的各项事情里里外外十分忙碌，但是当公司走上正轨之后，他却放手不管了。他认为各个部门都有自己的管理方式，而且每个部门经理都很优秀，所以不用自己亲力亲为。但是半年之后，这家小公司却面临着人手不够、资金周转缓慢的问题。原来，由于部门经理各怀心思，所以对部门的工作制度要求并没有做到严格监督和引导，从而导致问题不断出现。

对策：管理者始终要亲自监督制度的实施情况

管理者要深入员工工作中，这样才能够将监督力度执行到最大，让员工执行力得到提高。不仅如此，管理者还要始终亲自监督，持续跟进。虽然各个部门都有自己的管辖方式，但毕竟由于各自也都有自己的利益牵绊，所以制度很难落实到位。

原因二：认为管理靠的是英明决策，执行靠的是奖励

大多数管理者通常认为，要想经营好一个企业，真正靠的是一个英明决策，有了决策，也就有了制度。而在如何将制度执行到位的问题上，他们更是认为，只有对员工进行一定的褒奖，才能让他们将制度落实到位。然而，事情果真如此吗？

有一家书店，老板总是能够选择一些十分迎合大众口味的书籍销售，所以该书店的生意非常不错。后来，由于书店扩大了规模，老板请了两个店员来帮忙照看。自从雇了店员之后，该书店老板就基本不在店里。他通常会去各地搜集一些畅销的书送到店里，然后给店员规定好制度，比如怎样招待客人，怎样解释问题等。他曾说："只要我做好的决定，店员照着做就可以了。"然而，事情却并不如他所愿。3个月过去了，店里的客人越来越少，由于老板不在店里，店员工作十分懒散，经常聚在一起聊天，有时候客人来了，他们却都装作没有看见。后来，这位老板为了让店员遵守制度，就给予了他们一些物质奖励，但是时间长了之后，店里的生意还是没有好转。因为老板始终没有做到持续跟进，经常不在店里，店员依然缺少监督，所以制度也就得不到很好的落实。

对策：管理者要树立正确的管理和执行理念，做好监督工作

想要得到高效的企业执行力，提高员工的素质，管理者首先要树立一种正确的经营和执行理念。管理虽然离不开英明的决策，但是如果没有高效的执行力，那么决策和制度就如同一张白纸。因此，仅仅靠决策的经营方式根本就是一大误区。而从员工执行制度的情况来看，光靠奖励也是远远不够的。只有管理者对落实的情况进行持续跟踪，才能充分保证员工执行力不减。

原因三：走马观花，丝毫起不到监督作用

其实，也有很多管理者并不是没有对员工落实制度的情况进行持续跟进，但是管理者却并不细心，通常是犹如走马观花一般，这样丝毫起不到监督的作用。员工在管理者来视察的时候表现得认真工作，甚至对制度十分遵守，但是管理者一走，就完全两样。而且如果管理者始终走马观花，那么员工也就能够总结出规律，制度也因此得不到落实。

在美国有这样一家大型时尚杂志公司，公司在曼哈顿有一个办公地点。在这里，十五层到二十层都是该杂志的办公区域。该公司的总编娜塔莉是一名十分严厉的总编。她规定：每位员工在上班时间内都要穿着正装，女士要穿高跟鞋，男士要打领带。为了让这项制度有效地实施，总编经常会突然出现在十五层到二十层的区域里视察每位员工是否能做到，所以该杂志社的员工都十分害怕这位 “恶魔女上司”。后来，这位主编被调到了芝加哥，这里调来了一位新总编，这位总编也贯彻娜塔莉的制度方针。但不同的是，新总编每次视察监督的时候，都是走马观花，匆匆而过，她甚至都没看清楚办公室有几个人。时间长了，员工们都知道了新总编的这个特点，于是纷纷在办公室里穿平底鞋，休闲服饰。后来，该杂志社在客户眼里的形象越来越差。

对策：用心监督和视察，才能发现问题、解决问题

管理者不但要经常走动，对制度的落实情况进行持续跟进，更要在这个过程中用心对待。只有用心地视察和监督，才能从中发现问题和解决问题，否则，走马观花的监督方式只会起到适得其反的效果。

第五节　鼓励员工参与到监督中来

俗话说："群众的眼睛是雪亮的。"因此，管理者要想办法调动全体员工的工作积极性，尤其是鼓励员工参与到监督中来，这样就更能保证企业有高效的执行力。

拉夫·劳伦是来自美国的一个时装大品牌。这个以男装为主的时尚品牌历经了将近半个世纪的洗礼，如今在时尚领域依然占据不败地位。由此可见，它的创始人拉夫·劳伦对该品牌的优良经营，想必他一定有一种特殊的经营之道。

拉夫·劳伦最主要的管理特色就是鼓励员工积极参与到监督中来。翻开这个品牌的历史来看，早在 1968 年该品牌创立的时候，拉夫·劳伦就积极不断地鼓励员工参与监督，可以说这是一种十分开明、民主的经营理念。

在拉夫·劳伦公司，上到设计师，下到普通员工，每个人都有监督的权力。这个监督权力不只是对员工之间是否遵守制度而监督，更是监督在工作中遇到的一些问题。拉夫·劳伦认为："如果大家都不去监督，光靠专门负责监督的人，那么一旦发生了紧急事件，就来不及解决，那样麻烦就大了。"所以，在拉夫·劳伦公司，每个员工都有监督的权力，而且员工如果及时地发现了问题，还会得到一定的褒奖和鼓励。

一次，拉夫·劳伦公司的一名设计总监准备推出一种柔和且芳香的男士香水。这位设计师认为虽然男士大多习惯用那种清淡阳刚的香水，但是香水也需要创意。于是他只是询问了部门几位设计师的意见，这些设计师们几乎没有反对意见。于是，他决定要推出这款香水。当时，一名普通员工发现了这个问题，认为这款香水根本没有市场。于是他便向当时远在意大利考察的拉夫·劳伦发了封电子邮件，说明了这个问题。后来拉夫·劳伦暂停了这款香水的推出时间，然后等他从意大利回来之后，便彻底取消了这款男士香水的发布。因为在意大利的拉夫·劳伦也早已经嗅到了流行的气息，他认为柔和芳香的男士香水在近几年依然没有市场，所以他及时阻止了这次香水发布。

当然，这件事情多亏了那名员工，否则事情一旦发生了将难以挽回。由此也可以看出，拉夫·劳伦公司员工们互相监督的作用十分重要。

"群众的眼睛是雪亮的"，没错，如果能够发动群众的力量，那么企业发展将会更加快速。拉夫·劳伦正是意识到了这一点，所以他积极鼓励员工参与到工作监督中来。只要能够发动员工的力量，那么在工作中的一些执行问题和制度问题都将会得到快速的解决。

不只是拉夫·劳伦公司意识到了这个问题，在美国还有很多公司都十分鼓励员工参与到监督中来。如美国宝洁公司、迪士尼公司、耐克公司等这些大品牌也都纷纷鼓励员工来成为监督会的一员。

虽然让员工参与到监督中对企业执行力和工作能力是一种隐形的保障，但是很多企业管理者却认为只要上层制定的制度够严格，下层就一定会严格实施。其实这些管理者之所以会有这样的想法，是因为他们没有真正意识到让员工参与到监督中的重大意义。其意义表现在四个方面：第一，让员工参与到监督中，首先就是让员工与公司整体利益结合在一起的做法，这样有利于减少因为利益而产生的员工与企业管理者的纠纷。其次，有利于督促员工积极性，提高执行力；第二，员工参与到监督中，有助于员工改变只为追求利益而工作的目的；第三，员工参与到监督中，有利于企业更加民主和开明，减少员工对企业的抱怨和一些不好的看法；第四，员工参与到监督中来，有助于管理阶层更好地保持稳定。

　　管理者除了要让员工保持一种参与监督的方式外，还应该鼓励员工在日常工作中保持相互监督的习惯，如果发现了一些可疑的问题应当及时汇报，这样才能及时解决问题。

　　为了能让管理者充分意识并做到让员工参与到监督中来，我们还应该具体地分析一下为什么很多管理者不能让员工参与到监督中。只有明确了这些原因，才能找到解决的方案和对策。

　　原因一：空有让员工参与监督的想法，却难以调动员工积极性

　　相信很多企业管理者不是不想让员工参与监督，只是不知道以怎样的形式来完成它。管理者往往调动不起员工的积极性。而员工也经常只是埋头工作，很少参与管理方面的事情，这让管理者很是头疼。

　　有这样一家玩具制造厂，老板为了让员工更好地执行规章制度和按时完成任务，便想要让员工参与到监督中来。于是他叫了几个工厂的员工到办公室说明了自己的意愿，然而员工却说："我们只是一个打工的，对管理方面的业务并不懂。而且很多人为矛盾也不是我们能够解决的，我们还是安心地工作比较顺心。"老板听到这些话也不好强求。所以，这个想法一直也没有得到实施。

　　对策：以一系列活动为载体，为员工投入监督工作创造条件

　　管理者想要让员工积极参与到监督中，必须要拿出一定的诚意，如果没有办法，那么我们可以选择向那些大企业学习。比如美国耐克公司曾经举办过这样的一个活动："爱耐克、献计策"的活动。这主要是营造一种浓厚的监督氛围，为员工提供一个有利条件，同时，还能够调动员工的积极参与，有利于减少一些矛盾。

　　原因二：太过看重管理者的颜面

　　大多数的管理者之所以没有鼓励员工积极参与监督，主要是因为碍于自己的颜面，难以提出让员工监督的想法。这样的管理者大多思想比较传统，故步自封，难以接受员工的建议。

有一家民营医院的院长，他经营的医院由于医疗水平高超，护士服务态度真诚而效益可观。为了扩大规模，他还积极招聘了一批很有才干的医师。一次，一位海归医师欧克云看到了医院的一些缺点，于是向他提出了意见，这位医师还认为，应当让护士们积极地来参与到监督中。院长听到这个想法之后，其实内心是很赞成的，但是却碍于自己院长的身份，于是说："克云，你只管好你的分内工作就行了，管理方面的事情我自会安排的。"

对策：管理者要虚怀若谷，抛弃传统观念

在对企业管理的方面，管理者一定要有海纳百川的胸怀，不能故步自封。尤其是要抛除那些封建传统的思想，撇清颜面。更要主动走入员工中，鼓励员工多提意见，鼓励他们参与到监督中。而且管理者让员工积极地参与监督、提意见，对自己来说也是一种学习和升华。这样不仅能够营造一种全体参与的风气，还能够促进企业的发展。

原因三：不够重视员工在监督过程中提出的意见和措施

管理者虽然让员工参与了监督，但是却往往没有做好后续工作。比如员工在监督中提出了某项建议或者措施，管理者不能很好地重视，更不会加以实施。长时间下去，员工自然就不会重视自己的监督工作，从而应付了事，只是表面功夫。可想而知，这样的企业怎能长久发展？

很多创意文化公司需要的就是创意点和优良的选题，然而却也有很多老板不重视员工的智慧和意见，从而造成公司步履维艰。王璐是一家广告公司的小职员，但是她的想法却很出众，甚至是特立独行，她总是能够以一种他人不曾想到的眼光来看待问题。一次，她的上司决定要设计一个歌手演唱会的海报。当时，王璐就向他提出了自己的见解，然而却遭到了上司的驳回。王璐十分懊恼，后来，王璐即便是有好想法，也不会向上司提出了。而且在工作的时候也往往完成工作即可，不去多想其他的事情。

对策：及时对员工的汇报做出回应，重视员工的监督意见

既然让员工参与监督，那么就要对员工的监督意见重视。管理者应当对其意见加以形象分析，吸纳其中的正确思想，并将这种思想贯彻到管理中。这样一来，员工就能看到管理者对自己监督成果的重视，从而能够增强自己主人翁的意识，那么员工也就更能加强自身的执行力，将制度贯彻到底。

第六节　谨防员工报喜不报忧

员工在执行制度的时候，往往会对上级有所隐瞒，如报喜不报忧。然而这种现象的出现大多源于管理者没能很好地做好监督管理。而想要成为一个出色的管理者，必须要谨防员工报喜不报忧的现象。

法国著名矿泉水品牌依云如今可谓世界矿泉水品牌中的龙头老大，由于该品牌的设计时尚一流，矿泉水又是来自法国美丽的依云小镇，有着得天独厚的矿泉水资源，所以人们将依云矿泉水称为是最奢侈的矿泉水。

然而这个企业在发展的过程中也曾经遇到过一些波折。一次，一位依云新产品发行部的负责人接到了依云矿泉水的广告代理商的电话，对方要与依云解除合约。这其实是一件大事。当时依云矿泉水的广告在全世界都有播出，而承接这个广告的代理商突然要求解约，这毫无疑问就预示着依云将要重新找合适的广告代理商，这其中的费用、一系列过程都要重新来过，这将直接影响依云矿泉水公司的效益。

于是，这位负责人赶紧给他的主管打电话说："主管，广告公司将与我们解除合约，这会直接影响我们新产品的推出！"主管在电话里平淡地说："慌什么！只不过是流失了一个广告代理商。"接下来，他又给经理打电话说明了这个问题。经理说："没事，我们只是丢掉了一个广告商，我们还有很多广告代理商可选。"

就在这时候，依云矿泉水公司广告发行部的总负责人打来电话询问依云广告的发行情况，该经理却笑着说："您放心，我们发行部一直做得很好，一切都在我们的计划之中。我们会拍出最好的广告。"这位负责人听到这样的回答之后满意地放下了电话。

直到半个月之后，发行部总负责人召开一次全体发行部会议的时候，才知道依云最新的广告宣传做得如此糟糕。这件事之后，依云矿泉水公司的老板决定要加大对员工工作的监督，以杜绝发生类似以上报喜不报忧的事情。

依云矿泉水公司的老板如果没有意识到这个问题，然后继续这样下去，那么显然依云矿泉水公司如今也不会成功。因此，管理者要想让企业向更辉煌的方向发展，就要想办法，谨防员工报喜不报忧。

然而，下属在向上级报告的时候，总是喜欢夸大自己的业绩或者讲好的地方，而对那些有问题的事情总是选择轻描淡写或者一带而过，甚至还会隐瞒某些问题。正是由于这样的习惯，才让下属在执行制度的时候产生一些徇私舞弊、只求表面等现象。这样的行为不但妨碍了管理者来真实地了解情况，而且还会引导管理者做出错误决策，最终会给企业造成严重的损失。

其实，这种报喜不报忧的表现主要在两个方面：一是员工对上级报喜不报忧；二是上级对下级报喜不报忧。而后者则往往是上级为了安稳下级的心态。比如当公司高层意识到公司将面临大问题的时候，就会对下级轻描淡写地传达。这样做的目的是为了淡化员工心中的危机感，否则一旦让员工明白了事态的严重性，很容易挫伤员工的工作积极性。这样将不利于公司高层顺利解决问题。当然这种情况是属于特殊的行为，与管理者的监督没有太大的关系。

而管理者此时最值得注意的是，为了谨防员工报喜不报忧的现象，当员工向自己汇报工作的时候，心中要有一定的警惕性，应当有"怀疑"的态度。只有这样，才能督促自己去调查清楚。另外，管理者要做好对员工的有效监督，确保员工严格遵守制度办事，避免报喜不报忧。

管理者在做好监督工作之前，首先应该先了解员工之所以会报喜而不报忧的原因，只有了解了这些原因，才能做出好的对策来应对。

原因一：管理者不愿意听到坏消息，这个特点助长了员工的投机心理

大多数员工之所以会在汇报工作的时候报喜不报忧，多半是因为他们知道管理者总是喜欢听一些好的消息。很多管理者也确实如此，他们一旦听到坏消息，就会对下属大发脾气，甚至还会责怪下属，所以员工只好只报喜不报忧，将坏消息隐瞒起来。

唐经理是一家理财公司的总经理，他平常在工作中，只要一听到下属对自己汇报部门不好的情况，就会大发雷霆，甚至还会责备这个提问题的人。于是，他手下的员工往往都不敢在他面前反映一些不好的问题。有一次，部门新职员刘颖发现了很多员工在对待客户的时候，态度不好，导致很多客户不愿意来公司做理财，这将严重影响公司的名誉，于是刘颖就将这个问题汇报给了唐经理。没想到，唐经理不管三七二十一，上来先劈头盖脸地骂了刘颖一顿。自从这件事情之后，刘颖也学"聪明"了，不管遇到什么问题，都不会向唐经理主动汇报。

对策：愿意听坏消息，对报忧的员工给予一定的鼓励

管理者不能只想听好消息。俗话说："有得必有失"，任何事情都不是完美的，做一件事情也是如此。所以，管理者一定要意识到事情的两面性，愿意接受坏消息。甚至在必要的情况下还要给予那些报忧的员工以一定的鼓励，这样才能够更大力度地调动他们监督和发现问题的积极性，从而能够及时解决问题。

原因二："不准越级汇报情况"的规定，大大降低了真正的执行力度

日本有家公司曾经规定，任何下属在汇报情况的时候，都不能越级汇报，一定要层层递进地汇报情况。然而这样虽然有利于企业管理，但是却真正地造成制度执行力在下降。因为很多部门经理或者负责人往往在听取了下属汇报的坏消息时对上级就有所隐瞒。原因是他们不想让上级或者总裁知道自己办事不力，所以为了自己的私利，而隐瞒真实，只报喜不报忧。一旦最终真的出了问题，那么这些中层管理者还可以将责任全部推卸到最下层的员工头上。

一些高科技公司有这样 "不准越级汇报" 的规定。比如这样一家科技公司，自从有了这个规定之后，企业的员工纷纷降低了真正的制度执行力。一位基层员工在与同事们讨论的时候，这样说："我们发现了问题，向主管汇报，不但得不到表扬，而且还说我们多管闲事。谁知道他们又怎样向高层汇报。或许还会说我们这些工人的工作力度不够，给我们加大工作任务呢！" 这样的抱怨声在这家科技公司内屡屡出现，最终工人们工作的积极性越来越低。

对策：取消 "不准越级汇报" 的制度，让汇报渠道更加开放透明

虽然不准越级汇报的制度在管理上有一定的优势，但是这种做法却极易引发报喜不报忧的现象。中高层管理者为了自己的私利而对上级隐瞒，长久下去，公司迟早面临危机。管理者应当取消这种 "不准越级汇报情况" 的制度，打开汇报渠道，让汇报渠道更加开放透明。例如，可以公开管理者自己的电子邮箱，为确保员工的利益，可以允许员工匿名汇报坏消息；再有，管理者可以亲自走出去，走到工厂里，走到公共办公区域等主动询问员工的工作情况，确保员工的高效执行力。

原因三：监督力度不够，造成重重问题

很多员工之所以会选择报喜不报忧，往往是因为管理者采取的监督力度不够，导致了制度松懈，工作积极性不高，由此出现的问题也就越来越多。而面对层出不穷的问题，员工又会有所畏惧，所以在对上级汇报的时候，因为害怕上级会惩罚自己，所以只报喜不报忧。

顾瑛芝是一家装潢公司总设计师，她无论是在管理上还是技术上，都十分优秀。但是她最近由于忙于设计一个新的工程案子，所以没有来得及管理公司的一些事务，只是闲暇时询问下属各部门工作的情况。然而各部门在被询问的时候，却对她汇报的都是一些好消息。其实，正是由于顾瑛芝最近的疏忽监督，才导致了下面员工们的懈怠，他们工作力度不够，积极性不高，很多制度也都不予执行，而这些情况却都被那些中层管理者隐瞒住了。

对策：管理者要有"先把工作中遇到的问题汇报一下"的质疑精神

管理者不能在巡视或者监督的时候只看表面，也不能一味地听信于下属的汇报，内心要有一定的质疑精神。更为重要的是，管理者应该在下属汇报情况的时候，首先对下属说："先将工作中发现的问题提一下吧。"只有这样，才能充分地调动员工工作的积极性和对制度的执行力，而更重要的是这能有效地防止员工报喜不报忧的行为再次出现。

第五章
制度实施用考核来说话

考核是一个企业管理和发展不可缺少的环节，同时也是调动员工积极性的重要方式。然而在企业管理中，企业制度的实施同样也需要用考核来说话。

通过国外各大型优秀企业的管理经验得出，只有保证考核的客观性、公正性，才能让企业制度更好地被落实到位。此外，实行考核制度一定要与员工利益紧紧挂钩，还要让员工积极参与到其中，这样才能让考核发挥出它的推动作用，由此，企业也才能不断向前跨越和发展。

第一节　合理考核可以拉动执行力

根据企业自身特点选择一种合理的考核方式，这对员工执行力的提高是非常有用的。事实证明，考核的方式越合理，对于执行力的拉动作用就越大。

美国通用公司是闻名全球的大公司，他们之所以经营得好，与他们采用合理的考核制度密不可分。他们用一种叫作"活力曲线"的考核办法，很好地促使员工不断学习、成长，保持长时间的工作积极性。

所谓"活力曲线"具体是指，通用公司每个分公司的领导必须要把他所领导的团队员工进行区分，找出20个他认为工作最突出的员工，即A类员工，然后找出70个工作表现良好的员工，即B类员工，最后找出表现不好的10个员工，即C类员工。

当然，这三类员工的待遇也不同，A类员工可以享受B类员工2～3倍的奖励，即大量的股票期权和现金，同时还有很大升迁机会；B类员工每年会有涨工资的机会，还可以持有公司部分股票期权；而对于 C 类员工，他们什么也享受不到，只能离开公司。

这个"活力曲线"之所以能够推动通用公司的发展，是因为它符合大部分员工学习和成长的需要，它为不同的员工确定了一个更高的目标。在这个评价组织下，C 类员工要努力成为 B 类员工，B 类员工又要努力成为 A 类员工。这就在公司制造出了一种"你追我赶"的竞争氛围，为每个人都树立了"没有最好，只有更好"的信念。这样，员工们为了获得更好的发展机会就会积极努力，不断上进。

为了了解学生的学习成果，学校经常会采取月考、中考、期考等形式来摸底。同样，要了解员工在公司的工作业绩，也应该建立合理的考核制度，通过系统的方法来了解员工在工作中的表现和效率。而且有了一定的考评制度，还可以督促员工积极工作，提高公司效益。

就像上述故事中的通用公司，他们制定了适合自己公司的"活力曲线"考评制度，才使得员工积极工作、学习、成长，使得通用公司不断发展壮大。

但是，对有的公司来说，制定考核标准不但没有起到好的作用，反而打击了员工的工作积极性，导致公司业绩下滑，发展缓慢；还有的公司情况好点儿，制定的考核标准对公司发展有一定的促进作用，但是同时也出现了一些弊端。这是因为这些公司制定的考核标准，存在不合理之处。因此，企业管理者必须明白，光有考核标准还不行，制定的考核标准还必须合理，适合自己的公司。

为了使企业能够掌握制定合理考核制度的方法，拉动执行力，我们必须要先分析出平时制定的考核制度存在哪些不足，制定的考核标准行不通的具体原因，然后从这些"失败"的经验中总结出"成功"的考核方法。

原因一：为员工制定的考核目标太高，造成员工焦虑

通过为员工制定高目标，完不成者辞退这种方式激励员工，在一定限度内是一种动力，但如果超过一定限度，就会转化为员工难以承受的压力。

陈嘉是一家家具公司的总经理，她最近发现公司员工有些消极怠工，于是把公司员工的任务量都提高了一些，并设置了相应的奖励。刚开始的时候，大家都表现出了一定的积极性，公司业绩也获得了提升，但是问题也随之出现了，员工们为了得到高额的奖励，个个都很焦虑，也开始变得急功近利。业务员们开始骗经销商进货打款，导致客户不愿意与公司合作。甚至部分员工间为了业绩开始"抢客户"，导致公司的团队合作精神也有所下降。

对策：为员工制定出"蹦一蹦就够得着"的考核目标

为员工制定高目标，并给予高额奖励虽然可以刺激员工的积极性，但一定要根据自己公司的实际情况来制定，如果目标过高，往往会使一些员工不顾道德和公司制度的约束，做出"出格"的事情来。而目标过低，又起不到好的作用。因此，目标的制定必须要恰当，给员工制定"蹦一蹦就够得着"的目标，这才是恰到好处，这样虽然员工感觉到有难度，但只要付出努力就会达到，他们自然愿意努力。

原因二：考核制度太过死板，影响了员工自主灵活性

有些领导认为，考核必须具体到每一个细节，因此费心费力地制定出长篇大论的考核标准，甚至具体到员工的工作流程，这样必然会束缚员工。

李岩为了尽快整顿公司，就制定了不少考核标准。但事实上，他制定的这套考核制度过于复杂，并不符合公司实际情况。尤其是销售部门的员工甚至抱怨这套考核体系束缚了自己的手脚，因为这套制度，一些曾是销售精英的人业绩也明显下滑，毕竟每个销售人员都有自己的销售技巧，公司给销售员制定了固定的套路，反而严重影响了他们的积极性。

对策：考核要给员工一定的自主发挥空间

公司制定考核标准并不是越细越好，一定要给员工一定的自由发挥空间，如果过于"程序化"，要求员工必须按照一定的标准去操作，员工会认为公司把自己当成了"机器人"，很难有较大的发挥，会严重挫伤员工的积极性。例如，为车间生产工人制定标准化工作流程还可行，但是用在销售员身上显然不合适，因为销售没有固定的模式，因此要考虑到具体情况，在一定的道德和纪律的约束下，允许员工自主、灵活地展开自己的工作。

原因三：考核标准不注重职位差异，引起部分员工不满

考核制度必须要讲究公平，对大家一视同仁，但如果不分清楚部门、职位间的差别，都按照一种标准来考核，显然不能满足这种差异性，这样一来就容易闹矛盾。

一个 IT 公司来了位新经理，他制定了这样一个考核方案：所有的部门，包括市场部、销售部、研发部、行政部、物流部等都要按统一标准参与考核。不过这样一来就出现矛盾了：市场部可以用业绩说话，生产部的业绩可以量化，但是研发部却没有明确的考核标准。每次考核都不能使他们满意，这导致研发部门的经理满腹怨气，最终负气离职。这给公司造成了很大损失，毕竟，对于 IT 公司来说，研发部门是很重要的。

对策：针对不同群体制定不同的考核标准

进行绩效考核，首先当然要确定一个标准，以作为分析和考察员工的标尺，不过这个标准一定要灵活，要分为绝对标准和相对标准。绝对标准主要针对出勤率、文化程度等客观事实为考核任务。而相对标准必须针对不同群体间的差别来制定，如对不同部门、不同职位制定不同的考核参数，而且尽量将考核标准量化、细化，使考核内容更加明晰，受到员工认可，这样他们才会心甘情愿地服从。

第二节　保证考核的客观性和公正性

管理者还应谨记，在对员工进行考核的时候，还要保证考核的客观性和公正性，因为这才是让员工积极工作和执行制度的前提。

威图集团是德国著名的箱体系统和技术的供应商，该企业成立于1961年，如今在全球都有重要的服务项目。然而，这样一个国际性的大企业之所以能够持久不败，不只是取决于半个多世纪以来的良好口碑和服务，更重要的是，管理者在内部设定了一套完善的管理机制和客观公正的考核制度。

在威图集团的发展历程中，随着各种项目和技术的广泛研发，其员工的队伍也不断扩大。但是面对日益强大的员工队伍，威图集团的管理者并没有方寸大乱。尤其是在考核制度上，威图集团更是针对不同员工采取了不同的鼓励方式。但是不论哪种方式，都表现出了它的合理、客观和公正性。

在这里非常值得一提的是，威图集团在对员工绩效考核的方面一直将公正和客观放在首位。也就是说让员工时刻看到自己做出了哪些成绩，做错了哪些事情，造成了哪些损失，从而从这些考核中来获取相应的薪酬。

我们就拿威图集团的一个普通车间来看：在这个车间中间的醒目位置，有一个显眼的公告板，在这个公告板上有清楚的表格，列出了各个生产小组和员工的成绩以及考核结果。当然考核的项目和内容有很多，比如考勤制度、完成的工作量、工作纪律如何、加班时间、奖罚情况等。这些内容都一一呈现在这个公告板上。员工可以通过这个公告板而算出自己能够拿到多少薪酬，当然也能看到他人的薪酬，而且这种方式十分客观和公正。不仅如此，这个公告板还能让员工明白自己在哪些地方需要继续努力和改进。

多年来，威图集团一直奉行着这样公正客观的考核制度，从而也赢得了员工们的大力支持。对威图集团来说，尽管车间众多，但是这种考核制度却十分公正和客观，因此在实施的时候也是有条不紊，十分顺利。

威图集团的发展也正是各个国际性大企业管理模式的代表，这些企业管理者们为了能够保证员工考核的客观性和公正性，采取了一系列公平的措施，为的就是能够让企业的制度更加透明和合理。这样员工才能真正全身心地投入工作，将制度执行到位。

威图集团的做法让我们看到，从客观角度来说，将员工的工作结果和为公司所做的一切奉献都客观列出来，让员工看到；从公正角度上来说，员工看到了自己的劳动成果和不足之处，然后通过确认，由此确定自己的薪水。这两个方面缺一不可，共同组成了考核的客观和公正性。

事实上，这样客观公正的考核制度十分有助于调动员工的工作积极性，也能够在很大程度上提高企业的效益。这也正是印证了石油大王约翰·戴维森·洛克菲勒当年的那句"公正才是让你的工人为你工作的前提"。在洛克菲勒的创业中，虽然没有如今发达的考核制度和程序，但是他对员工采取的考核制度却依然十分公正和客观，而这也是他为什么能成为石油大王的重要原因。

但有些企业却仍然不能做到公正客观地考核，最终导致员工产生一种不公平的抱怨心理。甚至还有些企业管理者不但没有做到公正考核，而且还利用管理者的地位来创造与员工的关系。因此长久下去，员工内心就会产生一种"只有与领导搞好关系，才能有好的收益"的思想。这种心理一旦产生，那么该企业将难成大气候。所以，管理者想要改变这种现状，就必须要做到在考核的过程中保持一碗水端平的姿态，充分保证考核的客观性和公正性。

而要想制定一种公正客观的考核制度，首先就要弄清楚管理者没有保证考核公正客观的重要原因，从这些原因中找到相应的对策，才能真正保证考核制度做到客观和公正。

原因一：管理者对员工隐瞒绩效成绩，考核过程变得十分模糊

企业管理者在评估员工工作的时候，往往十分模糊。更为重要的是管理者隐瞒员工的绩效成绩，员工不知道自己到底在一段时间内获得了多少成绩。而管理者只是根据一个笼统的方式标准来发放薪酬。

有这样一家玩具制造厂，员工的心里愤愤不平，而这种情绪也导致产业效益迅速下降，甚至影响该厂的生存。原因就是该厂规定员工加班，管理者口头上说按照每小时20元钱的加班费给予薪酬，但是员工每次在月底发工资的时候，却并不知道自己的考核成绩到底是多少。时间久了，员工发现自己加班时间越来越长，但是工资却依然没有增多，于是员工纷纷离开这家工厂。

对策：制定一种合理公正的考核制度，并且要让制度高度透明

管理者要想让员工清楚自己的绩效考核，就要制定一种公正合理的考核制度，并且要做到制度的高度透明化。具体的做法就是在每次考核的前一个星期或者前3天，管理者一定要下发一个通知，让员工知道考核的时间和内容。与此同时，管理者还要提前制定一种具体的绩效方案，以此来达到对员工考核的公正和合理性。

原因二：没有制定一个健全公正的考核机构

企业管理者为什么没有保证对员工考核公正客观？很大原因在于管理者没有制定一个健全公正的考核机构。因此，管理者才会对员工的绩效考核有疏漏，才会造成对员工绩效考核不够公正客观。

在日本有这样一家漫画开发公司，该公司的老板工藤先生为了扩大规模，便积极扩招人员。虽然工藤先生在这期间获得了大量的利益，但是他却忽视了对员工的绩效考核。因为工藤先生一味地沉浸在日本各大漫画开发比赛中获得的成就，而忘却了对员工的厚待。从公司扩大规模以来，工藤先生不但没有制定一个合理健全的考核机构，而且对员工总是不够诚恳。具体表现在，有些员工在工作中取得了巨大成绩，但却没有得到一点儿奖励，而工藤先生却一直用"公司利益高于一切"的说法来搪塞员工。可员工也并不是案上鱼肉，所以纷纷离职。这些离职员工的共同心声是："原本想要在这家很有潜力的公司好好发展，但是老板却只想着自己的利益，没有制定一个合理的考核机制，我们得到的报酬与我们付出汗水的根本不成正比。"

对策：制定公正客观的考核制度，并且严格遵守

管理者在企业发展中一定要制定一种合理的考核机制，并且为了保证机制的公正和客观性，还要设立一定的考核人员，让这些人员在执行考核的时候严格遵守机制，这是保证考核能够顺利进行的前提条件。如果考核人员有不公正的地方，那么考核人员应当承担一定的责任，这才能充分保证考核的客观和公平性。

原因三：考核制度中缺少员工的建议，因此失去客观和公正性

很多企业管理者尽管制定了相关的考核制度，也有对应的考核人员对其考核。但是，在这个过程中，考核人员也好，管理者也好，都忽视了一点：让员工提建议。如果缺少了员工的建议，那么这个考核制度即便再华丽，也不能体现出客观和公正性。

一家中型保险公司在对员工考核制度上花费了很多心思，管理者特意安排了几名考核人员对员工的成绩进行考核。而这看似是十分合理的一个制度，但是该公司的员工还是对考核人员有一定的意见。原因在于该公司的考核人员虽然对员工每月进行考核，但是在这其中所遇到的一些问题却不能及时解决，尤其是管理者更是对那些考核中出现的问题不加理睬。有一次，一个员工向管理者亲自反映一些在考核过程中遇到的绩效提成问题，但是该管理者却对他说："有什么事找考核制度相关人员反映就行了。"可考核人员却并不听取员工的意见。所以，该公司的考核制度依然存在很大问题。

对策：完善考核机制，多接受底层员工的反映，保证考核制度真正达到公正

管理者首先必须要在考核过程中保持一个公正的态度。主要表现在对考核人员和被考核的员工两方面。对考核人员以及考核机制方面，要做到完善考核机制。管理者不能因为制定了考核制度和设立了考核人员就不管不顾，管理者首先要严于律己，以身作则，亲自对考核把关，这样才能让考核机制做到客观和公正。其次，在面对底层员工方面，管理者要勇于接纳员工的不同意见，这样不但能够继续完善考核机制，还能够激励员工的积极性。

第三节　实行考核要有下属的参与

管理企业的根本所在是让员工得到一种企业归属感，而这就要求管理者在实行考核的时候，要有下属的参与。

美国吉列公司的创始人金坎普·吉列曾经在 1861 年的时候辍学，并且找到了一份推销员的工作。而也正是这次推销工作，才让他在后期创立公司的时候具备了一些与众不同的先进管理理念。

吉列一开始在巴尔摩的一家瓶盖公司做推销员，然而这个一开始只是个小推销员的小伙子，在一次对公司老板的建议中获得了老板的信任。当时，这家瓶盖公司的雇员有几十名，而吉列也是其中一个，大家每天来到公司之后，领到一定量的产品就开始一天的推销工作。当时的美国，很多机制都不健全。所以，该公司并没有合理的考核机制。老板只是根据员工上班的时间来发放薪水。这样一来，很多员工总是领到产品后就出门，当时市场并不怎么繁荣，所以员工每天卖出去的产品并不多，而且更重要的是员工往往为了打发时间而偷懒不去推销，甚至有员工出了公司之后便钻进了酒馆里喝酒。这种现象被吉列看到了，于是便向老板提出了一个建议。

吉列向老板建议要根据员工们每天卖出的产品多少来发薪水，当然因为市场不济，可能有些员工一天都卖不出一个产品，所以，还应该给员工一定数量的底薪。吉列的这个考核建议很快得到了老板的认可，一段时间之后，该公司的效益便得到了飞速的发展。

　　而正是这种肯听取员工建议的管理方式，才让这家公司持续了很长时间，而吉列也在这家公司工作了很多年。后来，吉列发明了高端剃须刀，自己成立公司之后，他依然实行让下属参与到考核机制中的管理方式。他认为唯有让下属参与考核，考核机制才能公平，那么公司效益也才能提高。

　　从吉列的个人事迹中，我们可以看出，要想让企业做的长久且有信誉，就必须在实行考核的时候让下属参与其中。

　　管理者在绩效考核中一定要做到一碗水端平，切忌一人说了算，或者偏袒某些人。管理者还应该想到，每个员工的想法都有可能成为至理真言。而从公平的角度来讲，每个员工对考核的理解都不一样。例如，那些工作能力差的人可能会认为按照人头来考核，计算薪酬比较合理；而那些工作时间长的员工则会认为，按照工作时间的长短来考核绩效，计算薪酬十分合理；工作认真，注重效率的人则认为，按照工作效率和质量来核算绩效更为合理。所以，各个类型的员工要求的考核制度也有所不同。因此，管理者要想制定出合理的考核制度，就要悉心听从这些不同心声，让员工参与到考核机制的制定中来。只有做到了这些，管理者才能制定出一个既合理又公正的考核机制。

　　熟悉日本企业管理制度的人大都对松下幸之助的管理方式并不陌生，松下电器的创始人松下幸之助就是善于听取员工意见的管理者。他在制定考核制度的时候，一定会让一些职工代表来参加会议，在会议上让职工代表提出自己的想法。他曾经根据员工的意见，制定出了一种以工作业绩为主，以工作质量、时间、态度为辅的考核制度。这不但符合了员工的想法，还有效促进了企业的大力发展。

　　管理者在做到合理有效听取员工意见，让员工参与考核制度之前，还要认真分析很多失败或者没有成功的管理者为什么不能做到这一点。根据这些原因我们才能真正得出相应的对策，从而让企业管理得到进一步升华。

原因一：按照岗位来进行考核，发放薪酬

管理者之所以没有让下属或者员工来参与考核，往往就是因为管理者只按照岗位来进行考核，以及发放相关薪酬。而对于在这个过程中的一些问题或者员工是否满意管理者的行为，管理者总是不予理睬，甚至有些管理者还会以岗位的悬殊来平息员工的愤怒。这种做法是非常不合理的。

一家日用品销售公司的老板每次发放福利或者薪酬的时候，总是按照岗位的不同来作为考核标准。然而最近却出了这样一件事情。财务部助理发的薪水要高于销售助理的薪水。因此，销售助理十分有意见，他的想法是："作为销售助理不但要协助销售员来销售商品，而且还要外出谈业务。而财务助理只是负责帮助财务经理负责一些琐碎的事情。无论从付出努力还是从做出的贡献方面，财务助理都不能拿比销售助理还要高的薪酬。"但是，这个意见虽然被反映到了管理者那里，但是管理者却认为，财务助理虽然所做的事情不多，但是却十分关键，关系到公司财物方面的重大问题，所以其薪酬要相对高一些。

对策：对岗位要进行详细的分析，合理规划岗位考核

管理者应该意识到每个岗位对员工要求都不一样，而且每个岗位所承担的责任也是不同的。因此，管理者要对岗位进行详细的分析。在这期间，管理者还要让下属或者员工参与到考核中来，并且对他们提出的问题及时做出恰当回应。

原因二：认为考核是管理者的任务，与下属员工无关

很多企业内部的等级分化很严重，甚至在公司餐厅你会发现，有些上层管理者都不与下层管理者在一起用餐。这样等级分化的公司，其考核制度显然也是非常严格，但等级制度却更为突出。高层管理者往往聚在一起开会商议员工考核的问题，这期间并不要求下属参与。他们认为考核制度的制定与否，都是上层管理者的事情，与下属无关，下属员工只需要执行即可。

柯达公司之所以会在 2012 年 1 月 19 日宣布破产，很重要的一个原因在于柯达公司多年来奉行的等级制度。在柯达公司的考核制度中，很少顾及下属以及员工的利益。尤其是柯达公司的高层管理者总是一意孤行，在制定考核制度时，总是几个高管在商议，然后便推出并实行。正是因为这样森严的等级制度和顽固的考核，才让柯达公司这个世界上最大的影像制造产业遭遇了破产。

对策：在制定考核制度的时候，要充分考虑到员工的意见，要让员工参与

高层管理者尽管是决策者，但是在制定考核制度的时候，不应一意孤行，因为这关系到员工的利益和公司长远发展，所以管理者应当十分注重员工下属的意见。只有让员工参与制定考核，才能让制度得到有效实施。

原因三：下属参与，但落实却不到位

肯德基创始人哈兰·山德士曾经说过："想要做出真正符合员工意愿的考核制度，就要让员工从始至终参与进来。"这种考核制度制定的方式也促使肯德基一直深受人们喜爱。但是很多管理者却并没有这样的思想，他们总是表面上让下属或者员工参与考核，但真正落实的时候，却并非如此。

一家餐饮业每次在进行考核制度研究或者商议的时候，总是会让几个基层的员工代表参与其中，也很开明地让他们提一些意见和问题。这从表面上看似十分开明和民主，但是，每次真正落实时，低层员工却发现自己的提案并没有得到高层的认可。于是，这些员工开始持有抱怨和消极心理，而这也迟早会影响到公司利益。

对策：不但要让下属参与考核，还要让下属监督考核

公司管理者既然让下属参与考核，那就应该表里如一，将员工的思想放在心上。具体的做法是，建立一种员工考核小组，不但让下属员工参与到考核中，还要让下属来监督考核制度的实行与否。

第四节　考核要与利益挂钩

一个公司制度的实施与否取决于对员工的考核制度，而考核制度则取决于员工的利益关系，因此管理者要想让考核制度更加合理完善，就必须将考核与利益挂钩。

日本有"推销之神"称号的原一平其实不只是一个推销家，更是一个出色的管理者。从他23岁来到东京进入明治保险公司的那一刻起，管理的光环就已经照耀在他的头上。当时同事们都看不起这个身材矮小的小伙子，但是后来，原一平却凭借自己出色的智慧获得了"推销之神"的称号。

原一平不但被称为"推销之神"，还被他的下属称为"管理之神"。因为他的很多做法包括绩效考核等都能做到让下属满意。他有几名助手，这些助手会根据他分析出的一些客户来做一些辅助工作。然而，由于助手们工作很辛苦，而且原一平有时候还要让他们加班，下属一开始都有些意见。

原一平发现了这一现象，于是找来了所有的助手一起开会。在这个会上，主要探讨的问题就是考核制度。他提出：自此之后，所有的助手在联系客户的时候，如果能够说服对方继续签约，那么将会得到一笔报酬。此外，下属每开发到一个新的客户，也会给予一定的奖励。

自此之后，原一平的下属就更加努力地挖掘新客户，联系老客户。正是因为这种考核与助手的利益直接挂钩，所以助手才会倍加努力，而原一平的业绩也是随之飞速增长。

由此可见，在考核的时候，只要将考核与员工利益紧紧相连，就一定能够促使下属积极工作，从而企业发展也会更有效益。如果原一平不懂得这个道理，那么"管理之神"的称号或许并不会降临到他头上。

在管理上，考核是一项很重要的工作，也是影响整个公司制度是否得以有效实施的重要因素。所以，管理者应该向原一平学习，在对员工绩效考核的时候，将考核与利益紧紧挂钩，这样才能让企业高效运转。

也许你是一个从未进入过车间的董事长，也许你是从不关心员工利益的老板，或者你只是一个奉命行事的主管，但是你是否听得见，很多员工或者下属正在抱怨为什么付出的很多，却得不到提升或者奖励的心声？管理者要明白，这些下属口中的"不公平"，其实恰恰与你的考核制度息息相关。所以，管理者必须要将考核制度与员工利益挂钩。

在做到这些之前，管理者首先更要找到自己做不到这一点的原因，从自身找到答案，然后改正，只有这样才能真正让制度得到有效实施。

原因一：考核中只提到激励，没提到奖励

很多企业管理者为了促使员工加强工作积极性，所以设立了很多奖励性质的考核。比如提出如果员工做出了某些贡献和努力之后会获得一定的激励。但是管理者却只是对员工进行口头上的激励或者一些非奖金式的鼓励，而没有提到相关的物质奖励措施。这种没有与利益挂钩的奖励方式最容易降低员工的积极性。

刘芸是一家广告公司的职员，一次，她代表公司设计的一组广告作品在全国大赛中获得了优胜奖。上司总是说要奖励刘芸，但是几个月过去了，刘芸既没有升职，也没有得到一定的奖励。于是，她向上司反映了这件事情，可上司却对她说："这几天财务资金有些紧张。这样吧，这周六晚上，我们部门一起去KTV唱歌，为你庆祝一下。"刘芸当时十分失望。

对策：将及时奖励纳入考核之中

管理者必须要将"及时奖励"这一内容纳入考核之中。因为只有让员工得到一定利益薪酬，员工才会遵守考核制度，也才会提高积极性，努力工作，最终推动公司发展。

原因二：考核中只有降职没有升职

许多的管理者似乎总是很吝啬公司的一些管理职位，甚至舍不得给下属一个升职机会。其实这主要在于管理者在考核的时候规定，如果员工做得不够好或者失职，那么根据考核会对该员工采取降职措施。但是如果员工做得好，却并没有表示给以升职。

　　唐慧在一家医院做了3年的医师助手，在这期间，她对医师的帮助十分大，不管是大病小病，还是重要手术，她都在场。3年以来，她也学到了很多东西，甚至掌握了很多大型手术的做法，然而医师就是没有向上级推荐她。在每次的考核中，唐慧都看见自己曾经因为一些错误而得到的惩罚，但却看不到自己多年辛苦换来的升职和奖励。唐慧想想自己是名牌大学毕业，而且又有多年经验，自己不必一定要在这里委曲求全，于是她辞职了，去了一家民营医院。幸运的是，这家民营医院的院长十分赏识她，只过了半年，唐慧就被晋升为了科主任。

对策：对员工的晋升要及时

　　管理者在考核过程中，一定要顾及员工的利益，在必要情况下，对员工的降职要拖后，但对其升职尽量要及时。这种关乎员工切身利益的考核制度十分有必要。之所以这样做，就是因为当管理者在准备降职某员工的时候，如果能给予员工一个机会，拖后降职员工，这如同是对员工的一种信任和期望。由此一来，员工就会加倍努力地去工作，来弥补自己的过错，因此公司的发展又会多一份强劲力量。

原因三：管理者太过"抠门"

　　很多管理者往往十分"抠门"，对员工考核时，往往不舍得予以奖励。管理者的这种行为不但让员工心寒，而且还会打消员工的积极性。因为不论是物质奖励还是其他奖励，这都关系到员工的切身利益问题，而切身利益如果没有得到保障，那么谁还会"费力不讨好"？

　　郑天是一家出版社的主编，他有一个十分有活力的团队。在这个团队的努力下，郑天主编的书籍往往会销售很好。郑天底下的一名叫作黄玫的编辑对女性心理方面的书籍十分有建树，最近由她主编的《女性的乐与苦》在各大书店和网站上十分热销。这为郑天赚足了名头和利润。然而，就当人们以为黄玫会得到一笔奖金的时候，郑天却只是给了她几本成书，让她珍藏。黄玫内心当然恼火，将书甩在桌子上就离开了该出版社。

对策：管理者应当在考核中"出手阔绰"

在一个企业的运作中，毫无疑问，占据最大利益的就是管理者，而管理者如果在对下属的考核中还要要"抠门"把戏，那么这样的管理者在员工心中未免太过"小气"，长久下去，员工工作积极性会全然消失，企业发展也会怠慢下来。所以，管理者在对员工考核的时候一定要"出手阔绰"，该奖励的时候就要大力奖励，让员工得到一定的利益。唯有这样，才能保证企业制度有效实施，让企业稳健发展。

第五节　按照固定周期进行考核

一个企业想要留住员工，且让员工发挥出最大潜力来工作，让企业制度得到有效实施，就应当制定一个合理的考核周期，按照固定周期进行考核有助于企业稳健发展。

被称为"传媒巨头"的罗伯特·默多克是当今世界上著名的高级商人。这个来自澳大利亚的报业巨子在自己的管理生涯中可谓是画下了一笔又一笔的色彩。

默多克22岁就接下父亲遗留下的巨大产业。俗话说"创业难，守业更难"，可是在默多克的眼里，这似乎不算什么。尽管默多克是一个不折不扣的成功家，但却也历经了众多的管理坎坷。在他29岁的时候，他成功地买下了《镜报》，并且将它改办成了澳大利亚的《每日镜报》。后来他决心要创建澳大利亚的《纽约时报》，然而这时他遭遇了管理上的瓶颈。

公司的很多员工，包括发行部、策划部、销售部、编辑部等都出现了很多问题，而最主要的问题在于员工的薪酬问题。一开始，默多克要求的是对员工进行以一个季度为周期的考核。但是，很快问题出现了。由于报纸行业是一个稳健行业，具有持续性特点，如果以一个季度为周期来对员工考核，员工就很难坚持下来，而且等到季度末对其考核的时候，考核人员恐怕只能凭借很多主观因素来评定成绩，这就造成了一些误差。时间长了，这些工作人员的积极性也就会有所下降。

后来，默多克决定将考核周期改为一个月。默克多认为在较短的时间内，考核者对被考核的人在某些方面的工作将有一个较清楚的记录和印象，这样就能避免长时间以来的模糊状态和主观感觉。另外，考核人员还能及时对员工的工作做出评价和反馈，让问题及时得到解决，避免积攒棘手问题。

就是凭借着这样的以一个月为固定周期的考核方式，默多克的报业得到了突飞猛进的发展，而且在这个过程中，《澳大利亚人报》也相继推出，成为澳大利亚国民手中的正统报纸。

从默多克的这个案例中，我们不难看出按照固定周期进行考核的重要性。有些企业管理者为了能够让企业的各项制度都快速发展，而对员工进行短期考核，比如每天都要对员工进行检查和评估成绩。然而，英特尔总裁安迪格鲁夫曾经说过："具有高度紧迫感的考核，对员工的工作积极性并不会造成好的影响，反而还会影响企业发展。"所以，企业要想稳健发展，就应当找到一种恰到好处的考核周期。

然而，不同企业有着不同类型的工作方式，即便是同一个企业的不同部门也可能会有不同的工作方式。所以，有关考核制度的专家将企业工作分为了两种方式：一种是流程式的工作，另一种是项目工作。而流程式就是指按部就班，有依有据的工作方式，因此其考核方式也会很有规律性，大多数企业都是按照这种考核方式来进行考核，而这样的企业大都是以一个月为周期来对员工进行考核。而项目式的考核方式，比如一些房地产公司、IT项目开发公司等是按照不同阶段的工作内容来考核的。这样的考核周期相对长一些，甚至没有固定考核周期，而且不稳定，是少数企业采取的考核方式。

对于流程性的工作方式，其考核周期一般情况下比较规律，通常是按照"月度+季度+年度"的混合方式来进行考核，而且对职员的职位等级也进行相应考核。而项目式的工作考核周期则没有规定，往往是按照一个项目的结束作为考核周期。在这期间，管理者还会将一个长期的项目分为几个阶段，从这些阶段上来进行相关考核。

由此可见，无论是哪种考核方式都会有一个周期。然而很多企业却并没有固定周期考核，造成这种现象的原因是什么呢？我们来详细分析一下，从中找到答案。

原因一：年度考核只关注最后几个月

许多企业管理者往往对员工实行一种较为宽松的考核制度。例如，有这样一家企业对员工实行每月发放基本工资，但是每年的年末才会对员工实行一种年度的绩效考核。往往这时，员工会比较注重最后几个月的表现，他们会在这几月里努力工作，表现积极。其实，这会严重影响企业的整体发展规划。

一家大型企业单位，由于管理者设立了年度考核制度，因此，员工们平常工作十分散漫。在员工心中，只要按时来坐班就有固定工资。所以这种制度养成了员工的"官僚作风"，严重影响了工作进度。而每次到年尾时，员工们才开始急急忙忙地真正工作，好让考核人员看到自己的表现。

对策：按照固定的月度来进行考核

其实大多数企业都是按照绩效指标来对员工进行考核的。因此，不同指标绩效需要不同的考核周期。然而一般企业都是需要在短期内进行考核，而这个周期的恰当时期为一个月。

原因二：管理者对下属考核时间不定，导致下属无法稳定工作

很多企业管理者往往会采取这种考核方式：不定期突袭考核。有时候，下属在不知情的情况下就被考核人员纳入了考核之中。而有的时候，较长时间的放松也让工作人员的心理形成了怠慢状态。这样阴晴不定的突袭考核不但不会让考核顺利进行，而且还会导致下属无法安心工作。

赵昀是一家公司的财务主任，本来他的工作就是每天来上班，然后做好财务方面的工作。但是，赵昀自从上班之后，就没有一天的安稳状态。因为，公司有个规定，每位工作人员都要做好时刻被考核的准备。赵昀有时候一个月就会被考核人员检查三遍财物工作报表，而有时候半年也不会被考核一次。但是，不管是一个月被突袭几次，还是半年不接受考核，他都要提心吊胆地工作，生怕自己哪个地方出了差错，遭到严重惩罚。但越是这样紧迫感的考核，越容易让人出错，赵昀就曾经因为过度紧张而出了几次错误，被发现之后，克扣了几百元奖金。

对策：按照一个固定周期来进行考核

管理者必须要找到一个合理的周期来对员工进行考核成绩，不能让员工在又紧张又害怕的情况下工作。

原因三：按照任务完成与否作为考核基准

企业管理者有时候为了让员工发挥出高效执行力，往往会按照任务的完成与否来作为考核基准。如一个业务员，考核人员会按照他完成了几单生意或者促成了几个意向客户为基准考核成绩。然而这种做法却很不妥，下面我们来看一个实际案例。

刘军和陈天胜是同一个营销部门的员工，他们两人都在同一个营销总监手下工作，长时间的工作和较量之后，人们发现这两个人的实力不相上下，因此两人拿的工资都差不多。然而上司被调走之后，新上司的上任，让他们的工作产生了一定的问题。这位新上司的考核制度与上一位大不相同。这位上司的考核制度根本没有固定周期，只是按照任务的完成与否作为参考。一个季度下来，刘军和陈天胜的工资悬殊十分大。刘军主打老客户，陈天胜主打新客户。因此，刘军的交易完成量就相对大一些。而上司却只是按照一个季度的任务来考核。这样一来，两人的工资都有了变动。而到年度总结的时候，两人获得的薪酬都比之前少了很多。于是，两人决定辞职跳槽。少了这两位营销主力的公司，在营销方面很快便出现了巨大问题。

对策：根据工作性质来规定周期考核

管理者应当按照员工工作方式来设立一个考核周期，毕竟考核是对员工在一段时间内的工作督导和评价。而对于大部分的部门或者企业来说，按照季度来考核是一个正确的方式，这样既可以避免因为短时间考核而带来的工作量问题，又能很好地督促员工好好工作。而对于一些业务类或者营销类的工作而言，季度的考核就显得有些不妥，因为它不能恰当地适应企业的发展趋势。

下篇

制度范本工具箱

第六章
行政管理制度范本工具箱

为了加强公司行政事务管理，让公司内部关系更加和谐，让各项管理更加标准，公司往往会制定一系列的行政管理制度。

企业的行政管理手段通常包括日常行政方面的管理、会议事务管理、公关事务管理、文书档案管理、后勤总务管理等，通过这样的行政指示和规定来对员工和各级部门的负责人做出相关的奖惩，从而能够更加有利于企业全面发展，保证企业内外平衡和协调。而管理者对各种各样的行政管理制度规定和表格也应做到熟记于心。本章针对所有的行政管理制度进行了统一的规划和整理，为管理者做出了详细的明细单，从而让行政管理更加简单和方便。

第一节　日常行政管理制度

一、日常行政管理概述

1. 日常行政管理的含义以及内容

企业各部门的日常内部管理需要有规有矩地来进行，而且任何部门都需要一种严格的规定来维持企业日常运营，因此，日常行政管理便应运而生。日常行政管理的内容主要是针对监督企业工作人员的行为，起到指导、实施、规定和监督的作用。日常行政管理包括两个方面的内容：一是协调公司内部各部门的关系。在这个过程中，该行政部门要对各个部门的计划和日常事务进行协调，以此来调整好企业整体的发展和规划。同时，还要对在这个过程中发生的一些日常事务矛盾进行协调和解决，确保企业正常运营。另一个内容是协调企业与外部企业、机构的非业务上的关系。这也有利于企业稳健发展，处理好外部关系。因此，企业员工必须要正确地对待和严格执行。

2. 日常行政管理的目的

日常行政管理的目的其实很明显，对内就是要维护好企业内部的各种事务正常运营；对外要协调好企业与外部环境的关系。主要表现在以下几个方面：

（1）保证企业员工的一些工作需求。比如各部门之间的矛盾，这些在日常行政制度中要有所体现。员工必须要遵守这些制度，以此来保证员工、部门之间和平相处。

（2）让企业员工有一个良好的工作环境。很多企业往往由于日常管理不到位，导致企业各部门的日常管理不够清晰，分工不明确，办公环境也很糟糕。这样就会造成员工工作不顺心，无法集中精力。因此日常行政管理制度的这个目的也是很明显的。

（3）让企业与外部形成一个好的互动，为促成与外部的合作创造条件。例如，在日常行政管理制度中，可以提到在与外来企业沟通时，要将企业素养和文化放在首位，这样会保证与外部形成一个好的互动，有利于企业全面发展。

3. 日常行政管理的意义

在现代企业中，日常行政管理对企业整体发展和员工素养来说都是一个很好的协调制度。有了这个管理，企业将会从内而外散发一种健康的活力和状态。这对企业未来发展也是有很大推动作用的。

众所周知，企业内部的工作相对综合，很多工作秩序和规章制度都会在工作期间被激活。而日常行政管理制度也是如此。这种制度不仅制约着员工来更好工作，更是对企业发展起到一种保障作用。工作人员可以通过这种制度来搞好工作关系，做好自己的工作，而且对很多行政上的处理也将得心应手。可以这样说，日常行政管理为企业顺利营运提供了良好条件。

通过这种日常行政管理制度可以让企业内部事务得到更清晰的规划，并且它还起到承上启下的作用，协调内部，联系企业与外部的关系，沟通各个部门之间的关系，让公司员工之间、企业与客户之间促成友好关系。

二、日常行政管理制度范本

◆范本：某化妆品公司策划部的日常行政管理制度

第一条　作息时间

（一）策划部实行每周 5 天的上班制度。每天上班时间为：早上 8 ∶ 30 ~ 12 ∶ 00，下午 1 ∶ 00 ~ 5 ∶ 30。

（二）每周迟到一次 10 分钟以内者，罚款 10 元，迟到 30 分钟以上按照旷工处理。

（三）请假必须提前一天通知，严禁无正当理由请假。

（四）需要出差的人员必须要进行登记，违反三次以上，罚款 50 元。

第二条　办公环境

（一）办公室内要保持整洁，办公桌面上的物品要摆放整齐。

（二）办公室内不能吃零食。

（三）下班之后必须要关闭所有的电源开关。

（四）工作人员需要在上班时间佩戴好工作证，严禁穿着邋遢。

（五）公共办公设施要共同爱护，养成自觉保护的习惯。

第三条　例会制度

每周一早上 9 ∶ 00 是策划部的例会时间。另外，每周例会内容以及提议要上交策划部主管。

第四条　试用期员工以及转正制度

策划部员工试用期是两个月，在这期间，工作能力表现突出者可以得到提前申请，并由相关小组的组长对其工作能力和态度做出评估，最后由主管批准，再由总经理通过，即可转正。

第五条　工作效率要求

工作任务由主管签字之后，必须按照主管要求的时间来完成，逾期者要适当做出惩罚。

第六条　加班规定

如果公司有需要加班的情况，则按照人力资源部相关规定来执行。

第七条　年终奖

年终奖的发放按照公司的效益和员工的工作价值等方面的标准来发放。

附注：希望策划部的各位同仁按照上述制度中的规定来执行。策划部也需要有志之士及时提出意见，以求该制度更加完善合理。

三、日常行政管理制度表格范本

◆范本：某公司办公室的日常行政管理制度表格考评表

序号	日常行政办公管理制度内容	考评结果				
		优秀	良好	中等	低等	差评
第一条	协助总经理日常工作					
第二条	通知工作情况和报告					
第三条	遵守会议制度规定					
第四条	新员工的试用情况					
第五条	办公室内的组织协调					
第六条	员工守则					
第七条	考勤					
第八条	请假					
第九条	完成工作任务量					
第十条	出差规定					

续 表

序号	日常行政办公管理制度内容	考评结果				
		优秀	良好	中等	低等	差评
第十一条	公文处理制度					
第十二条	服务保障管理制度					
第十三条	办公用品管理					
第十四条	档案管理					
第十五条	车辆管理					
第十六条	计算机设备管理					
考评结果计分						

第二节　会议事务管理制度

一、会议事务管理概述

1. 会议事务管理的含义以及内容

会议是一个企业在行政办公管理中的一种重要存在形式，也是一种有组织和有目的性的聚集商讨仪式。会议事务管理就是一个公司处理重要事务，实现正确决策的重要保障，也是进行人员沟通和协调各方面关系的良好前提。

会议事务的重要内容包括：会前、会中和会后过程的一些统筹规划；会前要注意准备会议工作是否充分；会中时应该注意会议服务制度是否周到、是否认真听取和沟通；会后要做好追踪会议事项以及是否得到落实。而且根据会议大小和内容不同，还必须要给出不同会议章程管理，包括会议的一些细节方面进行审核。务必让各个方面都做到井然有序，还要对可能会影响会议的一些事情进行管理。

2. 会议事务管理的目的

具体来讲，会议事务管理的目的具体分为以下几个方面：

（1）为了规范开会人员的素养。很多企业工作人员，尤其是一些中高层管理者对待会议的态度往往十分恶劣。他们甚至迟到、早退，在会中出现打电话、看其他报纸、发短信、睡觉等小动作。为了规范开会人员的企业素养，让会议起到一定的作用，会议事务管理章程就显得格外重要。

（2）为了保证让会议主题深入人心，做好会中商讨。管理者或者各部门主管召开会议的目的其实就是为了更好地针对会议主题展开讨论，共同商讨主题的方案。

（3）加强与会人员的沟通和联系。一些大型企业由于分工比较明确，很多部门之间除了工作上的联络，现实中很是陌生。而开会也是为了能够更好地让与会人员加强沟通，有利于形成企业凝聚力。而如果没有会议事务管理的约束，那么与会人员可能依然不会与其他的部门负责人在会上形成沟通。而会议事务管理的出台，则会让与会人员在一定程度上产生交流和沟通。

（4）为确保会议结束后，与会人员做好后续工作。众所周知，中高层管理者往往在开完会之后便将会议内容置之不理。然而，会议事务管理制度出台之后，将会让这些与会人员按照管理制度做好会议笔记工作和意见，这样就能让这些企业人员在会议结束之后，消化会议内容，提出正确见解，从而也就确保了会议召开的价值。

3. 会议事务管理的意义

会议对每个企业来说都是非常重要的事情，即便是中小型企业，也离不开会议决策。正是因为会议，才让企业高层管理者有了正确科学的决策，因此仅从这一点上来说，企业行政管理部门做好会议事务管理就有十分重大的意义。

从另一方面来讲，做好会议事务的管理还能够从整体上提升企业人员的素养和企业整体的文化。管理大师彼得·德鲁克曾说过："从一个小小的会议上，足以看出员工的千姿百态。"这说明，会议上员工素质对企业文化的发展很重要，而做好会议事务管理，便能够将员工以及管理者在会议上出现的一些"千姿百态"改掉，会议事务管理将会对他们的行为做一个约束。

此外，做好会议事务管理还有助于企业做出正确决策，让企业从整体上得到较大进步。所以，做好会议事务管理对企业发展来说势在必行。

二、会议事务管理制度范本

◆范本：某公司会议管理规定制度

第一条　公司会议由办公室例会和日常工作会议组成。

第二条　公司例会中的最高会议通常会每月至少召开一次，主要针对某段时间的工作事情进行研究和做出决策。此会议由公司董事长主持，主要的出席人员有公司总经理、副总经理以及各部门的领导班子。

第三条　公司办公室例会目的主要是要贯彻和执行高级会议做出的决定。参加会议者由公司总经理主持，各部门的负责人以及有关人员组成。

第四条　公司会议要由公司行政部来做好会议准备和相关事项。具体在三天前要将会议的内容通知各位与会人员。并且还要做好会后工作，在会后二十四小时内要整理和发布会议纪要。

会议纪要：

（一）会议纪要的形成与发布：

（1）公司办公例会的会议内容及形式要由行政管理部门整理。

（2）根据会议内容需要在既定时间内做好会议整理任务。

（3）会议纪要和会议决议在会议之后要经过各与会人员签字确认。

（4）会议纪要要有一定的发文号，然后进行存档，确保妥善保存。

（二）会议纪要要一一发至与会人员的手中，以便核查。

第五条　日常会议召开由会议发起人填写相关会议申请，然后经过副总经理批准方可召开会议。另外，行政部门还要负责做好会议的准备和后续工作。

第六条　各部门的管理人员还要在每周至少召开一次办公例会。由部门主管主持，各部门工作人员参加。

第七条　各部门办公例会的内容：

（一）部门主管传达上级文件和一些决策。

（二）部门主管汇报一周工作状况，提出相关需要解决的问题。

（三）部门主管对本部门工作的进度、态度等做出总结，提出未来的规划和任务，并进行详细分配。

（四）解决部门其他事务问题。

第八条　凡是参加会议的人员在大会上都要积极畅所欲言，各抒己见。

第九条　与会人员要严格保秘会议内容。在会议形成决议并且未经公开之前，与会人员不能向外部泄露会议内容。

第十条　会议中的禁忌事项：

（一）与会人员发言不能长篇大论，没完没了。

（二）不能针对某人或者某部门进行言语攻击。

（三）不能打断他人发言。

（四）不能中途离席。

（五）不能心不在焉、搞小动作、吃东西、睡觉等。

（六）不能携带发出声响的电子设备。

第十一条　爱护会议室设施。

附注：以上规定希望全体员工都要自觉遵守，违反者给予相关处罚。

三、会议事务管理制度表格范本

◆范本：某公司高级例会的会议计划检查要点表格表

项目	检查备注
会议名称	
会议地点	
会议时间	
会议主题以及宗旨	
与会部门及人员	
人数	
会议主持者	
会议发起部门	
会议主要工作人员	
与会者需要准备的会议资料	
会议室资料	
会议发起人拟发的会议内容	
附注	

第三节　公关事务管理制度

一、公关事务管理概述

1. 公关事务管理的含义以及内容

公关事务主要是指一个公司的公共关系事务方面的内容。而按照专业术语来讲，公共关系管理就是公关人员根据组织形象的现状和面对公司目标的需求，来充分进行公关调查和协调对外事务。公关事务管理主要是对公关人员以及公关战略的一种提前谋略、计划和管理。

公关事务管理内容主要包括对内和对外的公共关系管理工作。具体内容分为：负责策划和执行协调公司对外公关实施工作，并且开展相应的公关调查和宣传；做好市场开拓、展会、联盟等攻关支持；对外宣传公司的文化；协调公司与外部的纠纷和矛盾；制订媒体计划；处理突发事件；做好外部来客的接待和采访工作；拓展公司对外信息等内容。

2. 公关事务管理的目的

公关事务管理的最直接目的就是有效帮助公关人员按照一定规则和管理来办事，切实为公司解决公关危机和更好地宣传公司。具体来说，主要有以下几个方面的目的：

（1）为了能够更好地约束公关人员，以确保公关人员遵纪守法，正确合理做好公关工作。很多企业的公关人员十分"自由"，而且由于是公共关系人员的关系，所以经常仰仗公司的名义来对外做一些事情。当然这些事情大多是为了公司的利益着想，但是也不能排除公关人员为自己私利而做出对公司无益的事情。而有了公关事务管理，那么公关人员的工作就受到了一种管理的约束。因此，这个目的十分明确，也很有必要。

（2）为了让公关人员及时处理企业公关危机。企业在管理运营中，经常会出现一些重大不利影响和突发事件。比如一些工伤事故、质量问题、火灾、冲突等问题。

（3）为了给公司正常发展和运营提供一个良好的对外环境。一个企业发展离不开公关人员的协调，公司很多对外活动和媒体参与都需要公关人员来进行处理。而公关事务管理出台的目的之一就是为了保障公关人员及时正确地做出相关公关处理，保证公司稳健发展。

3. 公关事务管理的意义

英国经济学家弗兰克·杰夫金斯曾经说过："公共关系是为了达成企

业之间相互理解和相互吸引的一个有计划的沟通联络组织。"这充分说明企业公关的重要性。

（1）对内能够让公司各部门相互了解、互相沟通。大多数人对公关人员的理解都是对外协调公司发展，其实，公关人员对内也有着一定的作用。而公关事务管理也能够在一定程度上帮助公关人员更好地来处理内部的一些公共关系，如组织各部门之间的联谊会等，这都需要依靠公关事务管理来完成。

（2）对外让公司无忧患。公司对外的一些活动和市场竞争都离不开公关人员的协调和联络，而公关事务管理此时就能恰到好处地起到保护公关人员不做一些出格的事，也保证公关人员能够按照规矩办事。这将有效地维护公司对外利益和形象，让公司对外发展可以无忧患。

因此，公关事务管理不仅对公关部门和公关人员有一定意义，更是对企业整体发展有较大意义，所以公司管理者切不可忽视了行政管理中的公关事务管理。

二、公关事务管理制度范本

◆范本：某公司公关事务管理制度

第一章　总则

为了树立良好企业形象和维持企业对外关系，保证企业与政府机关、社会群众以及公司员工的沟通，特此规范一下公关事务的行为，望广大公关人员严格遵守。

第二章　公关管理

公司总经理负责公关决策和整体协调，对外公关部门是公司公关活动的管理和知性部门。

第三章　公关对象和目标

第一条　公关对象：社会公众、政府机关、新闻媒体、各位股东、竞争对手、公司内部员工等。

第二条 公关目标：树立公司有序形象，打造公司良好信誉，并做到监督公司运营程序以及联络外部媒体，传递公司信息，最终达到提高公司经济效益和社会效益的目的。

第四章 公关准则

公关准则：公关部主要以对外公关为主，对内为辅。根据企业的特点确立公关的对象和任务。

第五章 公关方式

公关方式：公关部门要以媒体宣传、广告为主要方式，并且展开相应的展会、庆祝、联欢会等活动。另外，必要时还要参加一些民意调查等问卷活动。

第六章 公关媒介

公关媒介：以报纸、网络、电视、杂志、广播、展会、发布会等为公关媒介。

第七章 公关流程

第一条 调查并且收集信息，以此来判断出形势。

第二条 通过公司内部信息和对外部的调查，充分地了解社会公众对本公司的看法，由此而判断出本公司在社会中的形象、信誉、地位。

第三条 正确选择一定的公关对象和群体。

第四条 选择正确的公关媒介，确定公关形式。

第五条 制订出公关活动的策划书，做出相关的公关预算，并向总经理提出申请。

第六条 制订公关具体活动方案，并组织计划实施。

第八章 新闻发言人

第一条 公关对外事务部的负责人就是该新闻发言人。并且经过总经理允许之后，才能召开新闻发布会等形式。

第二条 新闻发言人要负责检查对外发言稿，确定发言途径。

第三条 新闻发言人还要对此活动有所记录，便于存档。

第九章　对外公关事务部

第一条　对外事务部是公司负责对外的一个部门。主要负责的内容有：公司对外宣传和经营网站；负责一系列接待工作；应对对外公关危机；负责对本企业和竞争对手的对外活动；汇报企业媒体动态；建立公司网络宣传、负责接待各位商业来宾和各种社会机构等。

第二条　对外事务部还要定期对企业分公司的一些公关部门进行业务培训。

第十章　公关活动

第一条　对一些重大公关活动，公司应当成立一个直接公关领导小组。

第二条　对外事务部要负责这些公关活动的策划和执行。对活动中出现的一些问题要及时反馈和改正，保证活动达到最好效果。

第十一章　公关与广告

公司一切宣传广告都要与公关部门相互配合来实施、各分公司和部门对外发放的一些广告均需要向公关部门备案，对外事务部要对此给予支持。

第十二章　危机管理

第一条　企业危机事件主要包括企业信誉危机、重大工伤事故、自然灾害等不可抗力的事情，对此，公关部门应当及时且迅速地做出回应。

第二条　面对公司危机，公司应当立即成立危机公关小组。时刻保持应对危机准备状态。

第三条　公关危机处置的注意事项：只能由危机公关小组来对外发布消息，不能有多个声音对外发布公司消息；危机公关小组不能用沉默的方式来回避危机，要公正合理地来解决，给全体员工和外界一个合理的答复；不能推卸责任。

第十三章　附则

本公关事务管理制度是由总经理批准并且颁发，并且由公关部进行补充，但仍希望各位员工积极提出宝贵建议。另：此公关事务管理制度已纳入公关人员的相关考核范畴。

三、公关事务管理制度表格范本

◆范本：某公司公关部的对外商务接待制度表格

来宾公司名称						
负责接待职员			接待员职务			
随行人员名单						
到达时间			停留时间		人数	
考察内容						
接待计划						
车辆使用						
相关事项	摄影		礼品		音响	
	标语		用餐		鲜花	
	宣传材料		礼仪		引导	
	主题				其他	
负责接待公关部门意见	签字：					
总经理意见	签字：					

第四节　文书档案管理制度

一、文书档案管理概述

1. 文书档案管理的含义以及内容

文书档案管理，顾名思义就是对企业的一些文件档案等书面资料进行的一种管理。这项管理是一个企业不可或缺的必要制度。主要内容包括对文书的保管和存放、提高办事效益、达到有效利用空间、防止文件丢失并且给客户留下一个好的外在形象。

2. 文书档案管理的目的

文书档案管理其实看似简单，但却是一个企业行政部门的重要环节。因为这关系到企业各种文书档案的存放和合理的归置，让企业从内部结构上十分清晰。文书档案管理的具体目的有以下几个方面：

（1）将存放在公共区域的一些资料进行归档归置，达到档案有可利用空间的目的。公司文书档案很多都是存在公共区域，而由于公共区域人来人往，所以，文书大都十分混乱。因此文书档案管理的目的就是为了让这些区域有可利用的空间，让公司员工可以更好地利用公共区域和公共文件。

（2）提高档案管理人员的办事效率。文书档案管理人员经常以为文书档案的存放和归置是一个小事情，所以很难集中精力去做这件事情。但是，企业的内部发展离不开这些小部门和组织的共同缔造，因此，文书档案管理条例的产生就能提高文书档案管理者的效率，对他们起到约束作用。

（3）为了让办公室环境得到清洁，丢弃不必要的文件。很多办公室由于堆放资料过多，经常造成找资料麻烦、找不到资料的状况，而且长时间堆放的资料和混乱的场面容易让办公室的环境不好，影响员工办公效率。

3. 文书档案管理的意义

文书档案管理有助于企业内部有一个清楚的可视环境，能让员工在固定时间和环境下找到需要的资料。这不仅为办公人员减少了一些麻烦，更是对文书档案的一种保护。现代企业虽然大都是以网络来作为信息平台，但是关于公司的很多重要的档案还都是以文书的形式来保存的。如果不加以保管，那么企业的文化和商业决策也容易泄露。

再者，文书档案管理还十分有助于提高企业的文化和形象。虽然文书档案管理是企业内部行政管理的一个机制。但是，当外来客户或者商业来宾对该企业进行考察或者寻求合作时，如果该企业的文书档案十分混乱，那么在那些客户面前，企业将会丢失最基本的颜面。所以文书档案管理的任务不可忽视，由此也可见，文书档案管理意义十分重大。

二、文书档案管理制度范本

◆范本：某房地产开发公司文书档案管理制度

总则

为了完善本公司的文书档案管理，加强公司文书档案的工作，特此制定下列制度。

第一条　归档的文件材料必须要按照年度来立卷，本公司内部机构在工作中形成的各种具有保存价值和意义的资料都要按照本规定来分类归档。

第二条　文书档案管理原则：文书档案管理部门对该公司的所有文件都要妥善保存。工作结束之后，不得擅自带走或者销毁文档。

第三条　本公司实行部门收集和管理材料的制度。这就要求各个部门应该有专门负责文书的人员。该工作人员的工作性质要保持稳定，一旦有人事变动则及时向公司文书档案管理部门通知。

第四条　主管部门的材料收集

（一）如果一项工作由几个部门工作人员参与，那么在这个过程中形成的文件材料，则由主办部门主管收集归档。

（二）参加外部环境学习、考察者必须要将会议和学习的主要文件向档案室办理归档手续。档案部门人员签字之后才能给予相关审批。

第五条　各部门的文书管理者职责

（一）了解本部门的工作流程，清楚本部门文书材料的归档范围和形式，并收集管理该部门的一些材料。

（二）认真执行日常工作的档案管理制度，对本部门承办的一些材料及时收集并且归档。每年一月份要将各个材料进行全部归档，且向总文书档案部门移交，并办理相关手续，最终得到文书档案部负责人的签字方可。

（三）部门员工借用文件资料时，应当及时提供，且做好登记等手续服务工作。

第六条　文书档案归档范围要求

（一）重大会议或者通告、决议、讲话等活动的一些会议记录和发言稿等。

（二）上级发放的与本公司有联系的一些条例和规定计划。

（三）本公司对外正式公开的一些文书。

（四）本公司发展决策得到上级的批复文件。

（五）本公司的各种发展计划、总结、报告、报表等。

（六）本公司与其他公司合作的一些合同资料。

（七）本公司关于奖励和惩罚处分等人事部的文件。

（八）本公司的一些庆典、大事件的一些照片、影像等资料。

第七条　日常归档工作

各部门要建立统一的归档制度。对处理完毕的文件材料由各部门的文书档案管理者统一保管。

第八条　各部门要按照部门工作计划和任务对平时文件进行归类，并做好资料目录和编号等工作，以便工作人员对资料一目了然。

第九条　各部门文书管理以及文书档案部门负责人要及时做好文档管理的登记工作。

第十条　为了保证文件的质量，文书档案管理者还必须要配合工作人员，对文书档案进行组卷。遵循文件的形成和特点，保持各个文件之间能够相互联系。另外，根据文件档案的不同形式应对其分类保管。

第十一条　文书档案管理者要对文件和档案做好记录，统计出数量。

第十二条　文书档案管理者要对档案和文书进行定期检查，确保文档质量。对于那些没有标注日期和格式不正确的档案要及时予以改正并保管。

附注：本文书档案管理制度的规定由本公司高层经过研究并做出，且由文书档案管理部门解释做出补充，希望大家能够严格遵守。

三、文书档案管理制度表格范本

◆范本一：某广告公司文书档案明细表

文件编号：【****】

保险库号			柜号		保存至何时			
公司	部门	文件名称	类别	入库日期			出库日期		收件人签字
				年	月	日	年	月	日	

◆范本二：某公司文书档案处的调阅登记表格

文件编号：【****】

序号	文件编号	文件名称	调阅人	调阅时间	归还时间	附注

◆**范本三：某企业文书档案处的档案目录卡**

文件编号：【****】

序号	档案名称	类型	从属	归档位置	归档时间	注销时间	备注

第五节　法律事务管理制度

一、法律事务管理概述

1. 法律事务管理的含义以及内容

公司的法律事务对公司的健康科学发展有很大帮助。公司法律事务主要就是公司运用法律手段来管理公司的一种方法。

公司的法律事务内容主要包括：为公司重大经营决策提供法律上的意见；起草公司各种与法律有关规定；负责各种合同在法律方面的审查；承办企业各项与法律相关的事项；组织公司员工进行法律培训，提高员工法律意识；处理公司的一些法律清欠事务。

2. 法律事务管理的目的

做好法律事务管理能够更好地让法律事务部门严格按照法律来办事，

为公司提供健康发展的保障。确切来说，做好法律事务管理的目的有以下三个方面：

（1）让企业法律事务人员更好地做好本职工作，引导公司走上健康有序的道路。这也是法律事务最重要的一个目的。公司不但要抓生产，还要积极地抓经营和管理。那么在经营过程中，难免会遇到一些与法律有关的事项。所以法律事务管理就是在一定程度上约束法律事务人员。

（2）让公司员工形成法律意识。公司制定好法律事务管理之后，不应只是针对法律事务的相关专业人员，还要让全体员工都耳濡目染，让他们形成法律意识。

（3）保障公司内部人员遵守法律法规。做好法律事务管理其实也是对公司内部人员，包括高层管理者的一种警醒，能让他们更好地遵守法律法规，不做一些违法违纪的事情。

3. 法律事务管理的意义

首先，做好法律事务管理，就是公司提供一个安全的法律咨询，促使公司依法办事，降低风险。这包括公司产品在研发制造过程中与法律事项的息息相关内容。如果不按照相关法规，那么将很有可能造成公司生产失误。

其次，有利于公司顺利解决一些行政手法解决不了的经济纠纷事项。经济上的问题直接关系到公司发展的最终根本，因此做好法律事务很有必要，可以对那些不必要的纠纷及时采取法律手段解决。

最后，有利于加强公司的合同管理，保障公司的合法权益。每个公司都离不开法律的保障，每个公司也都不能违反法律。因此，法律事务在公司发展中就有很大的作用。而做好法律事务管理，不但能够让公司法律事务部门为公司营造一个良好的法律环境，还能够为公司员工普及一定的法律意识，最终让公司健康有序发展。

二、法律事务管理制度范本

◆范本：**某建筑公司的法务管理制度**

总则

为了加强我公司的法律管理工作，确保能够依法办事和管理，明确公司法务人员的重要职责，提高公司整体的经济效益，保障公司生产安全，特此制定该管理制度。该制度遵循"人人参与"的原则，希望各位法务人员和项目组的员工严格遵守。

（一）法务机构设置及其职责

本公司的法务机构主要是针对处理公司法务清欠工作的一个职能部门，并且该机构还统一管理公司的法律事务和清欠工作。其职责有以下几个方面：

（1）为公司做出重要法律决策。

（2）起草公司依法管理的制度章程。

（3）负责各种合同协议的法律审查。

（4）对各部门以及项目部的一些法务清欠工作进行督促和检查。

（5）负责企业对外的一些法务清欠。

（二）法务管理

（1）公司法务部门统一处理需要请求诉讼、仲裁的一些经济事项。

（2）法务部门要按照公司规定来处理一系列合同问题。比如建设工程施工合同、工程分包合同、劳务合同、物资买卖合同等都必须严格按照公司的《合同评审程序》来审核。

（3）各个项目部要加强合同管理，法务部会对其进行定期抽查。

（4）公司在对法务部进行一些合同交底时，要具体指出存在的风险隐患。在施工过程中，法务部门还要根据实际情况来与法律结合，进行相关调控和工作。

（5）对于发包人没有按照合同来提供原材料和场地等工程，各项目部要在法律法规的前提下及时办理签证或者办理延期手续。加强后续索赔和反索赔管理。而法务部则要按照合同规定向发包人提出索赔通知。

（6）因为发包人的原因不能让工程顺利进行的，项目部以及法务人员要及时与发包人办理书面上的一些手续，确保公司在法律法规的保护下进行运营，降低公司风险。

（7）对缓建或者停建的工程，法务部和项目部应当与发包人签订补充协议。在解决好这些事项之后，对复工无望的工程应按照合同约定，在竣工时间满半年以内与发包人协议将该工程折价，如未能达成协议，则由法务人员向法院申请处理。

（8）对所有合同、预算书、结算书以及施工、竣工报告等原始资料，法务部都应当予以整理和存档。

三、法律事务管理制度表格范本

◆ 范本一：某公司法律事务管理相关数据库表格

风险模块	法律风险等级	详细风险行为	涉及法律法规	法律责任	对应案例	法律提议	设计项目部门	业务管理活动

◆范本二：某公司在法律事务管理制度下设立的项目成果表

序号	名称	
1	法律风险数据库	
2	法律风险明细表	
3	法律意见表	
4	案例表	
5	参考法律法规	
6	项目部的法律风险清单	
7	法律风险评估指数	
8	法律风险控制状况报告	
9	年度分析总结	

第六节　安全保卫事务管理制度

一、安全保卫事务管理概述

1.安全保卫事务管理的含义以及内容

企业安全保卫事务主要就是为企业安全生产和运营提供条件的一项管理事务。其主要含义就是在企业的生产运营过程中，为了防止和杜绝一些事故以及减轻员工的一些繁重体力劳作而采取的一种组织和管理工作。主要针对点就是保卫企业运营安全。安全保卫事务的主要内容包括：员工出入保卫、企业财产保卫、巡逻保卫、安全检查、意外抢救等。

2. 安全保卫事务管理的目的

企业为了更好地做到安全运营，必须要成立相应的安全保卫事务。其主要的目的是：

（1）确保企业财产不受损失。这是安全保卫事务的重要目的之一，一个企业的财产安全包括很多方面，如生产设备、厂房、车辆、生产仪器等重要设施。

（2）保障员工的人身安全。员工是企业的重要一部分，因此，员工的个人人身安全至关重要。

（3）保护企业安全环境。如果一个企业内部环境十分混乱嘈杂，那么企业员工无法安心工作，企业的生产效益就会下降。所以安全保卫事务的目的就是为企业运营提供一个安全环境。

（4）让企业员工形成一个好的安全意识。企业安全保卫事务其实还能对员工进行适当的安全意识培训，让员工形成安全意识，这有助于企业的整体发展。

3. 安全保卫事务管理的意义

企业的安全保卫事务首先让企业有一个安全的运营环境，这是安全事务的最重要意义所在。可想而知，如果企业没有安全保卫事务，那么企业的发展将失去秩序，失去安全，最终还会失去效益。

企业安全保卫事务不仅能够保卫企业财产安全，让企业顺利经营，而且还能够为企业员工提供一个安全的环境，保障他们的安全，这也是安全保卫事务的重要意义。此外，安全保卫事务还将大力促进企业健康有秩序发展，让企业树立一个外在良好形象，在必要时期还能够促成一些重要合同和协议。因此，从外部环境来说，安全保卫事务的意义也十分重大。

二、安全保卫事务管理制度范本

◆ 范本：某玩具厂的安全保卫管理制度

第一条　员工出入保卫

（一）凡是本工厂员工都要熟读"员工纪律"，自觉遵守各项内容，维护工厂正常生产和工作。

（二）不能携带任何危险品等进入工厂工作间和生活场所。

（三）未经批准，不能擅自带领非我厂人员进入生产区。

（四）不能将工厂的公物带出工厂。

（五）上下班要按时打卡，并接受保安人员的安全监督。

第二条　接待外来人员

（一）执勤保安对外来人员要保持微笑，礼貌待人，树立企业的良好形象。保安还应主动为来访人员提供必要的服务，做好接待工作。

（二）保安人员首先要礼貌询问宾客的来意，并让其填写"来访人员登记表"，然后将其引荐到接待处。宾客回程之后，要做好存档备案记录。

（三）如果来访人员需要进入工厂进行学习或者考察，那么接待处要让其填写申请表，经过工厂经理批准之后，方可进行考察。未办该手续的来访人员，接待人员有权制止其进入工厂车间。

第三条　工厂财产安全保卫

（一）凡是工厂员工都应自觉遵守工厂的相关安全准则。

（二）员工要做到：自己的机器自己勤护理、下班之后要关掉电源、锁门之后方可离开。

（三）由于玩具厂容易引发火灾，所以员工要形成防患于未然的思想。

（四）仓库和车间以及办公区域内严禁吸烟或者携带易燃易爆物品。

（五）库房存放的一些日物品要保持时常通风。

（六）灭火器等设备要存放在比较明显的地方，并且定期进行检查。

第四条　巡逻安全

（一）执勤保安要做到坚守岗位，不得擅自离职。对工厂的仓库、员工食堂、财务室等重要区域要实行二十四小时监控。

（二）执勤保安在巡逻时不应与他人闲谈。

（三）在巡逻时遇到意外事故时要及时通报或者报警。

（四）执勤保安巡逻时要特别注意：厂房内外有无盗匪潜伏、厂房的门窗是否关好、突发恶劣天气时要格外注意检查、有无火种迹象。

附注：以上是本工厂安全保卫事务的相关管理规定，希望各位员工熟记于心，严格遵守。

三、安全保卫事务管理制度表格范本

◆范本：某公司安全保卫检查记录表（附：检查具体情况一栏内，如果正常请打"√"，有异常则打"×"，特殊情况需要备注说明）

值班者			检查日期			
序号	位置	检查内容	具体情况			备注说明
1		是否有陌生人进入				
2	办公大楼	电路、门窗是否有异常现象				
3		安全通道是否通畅				
4		车辆是否存放有序				
5	停车场	垃圾池是否清空				
6		电源线路是否有异常现象				
7		监控设施是否良好				
8		运输工具是否异常				
9		门窗是否安好				
10	库房	物品是否按照分类放置				
11		安全通道是否正常				
12		是否有易燃易爆危险品				

值班者				检查日期			
序号	位置	检查内容		具体情况			备注说明
13		是否有异味					
14		门窗是否有异常现象					
15	原材料库房	监控设施是否良好					
16		管道阀门有无异常					
17		电源是否有异常					
18		是否做好安全上锁					
19	大门	是否有所损坏现象					
20		相关电子设备是否异常					

第七节　总务后勤事务管理制度

一、总务后勤事务管理概述

1. 总务后勤事务管理的含义以及内容

企业的总务后勤事务主要就是指负责企业员工宿舍、餐厅、医疗以及各种杂物的后勤保障和服务工作。企业为确保后勤工作有序进行，为员工提供优良环境，特此设立总务后勤事务部。

具体的内容包括：拟订各种后勤总务的管理规定，并审报经理通过并执行；负责员工宿舍、餐厅等管理工作；负责监督和管理公司保洁工作、负责公司各项项目的监督和管理，包括物业、工具维修等工作。

2. 总务后勤事务管理的目的

企业的后勤工作看似与企业的生产效益没有直接的联系，但是这却恰恰是保障企业正常发展的后盾，因此它的目的也就很明显：

（1）为保障企业内部健康有序。总务后勤事务管理是一项十分繁杂的工作，在一个企业内部，从员工宿舍、餐厅到企业物业管理等大大小小的事务都要总务后勤来处理。企业正是有了这些保障，才能健康有序，所以这个目的也是总务后勤事务最重要的目的。

（2）为企业员工塑造一个优美环境。总务后勤事务管理关系到员工切身利益。从衣食住行基本上都与后勤有关。员工的工作服装、员工的餐饮、员工的住宿条件和设备、员工集体外出的一些交通设备等，这些都是总务后勤的管理工作。所以，为员工塑造一个优美健康的环境也是总务后勤事务的又一重大目的。

3. 总务后勤事务管理的意义

企业想要得到一个健康有序的发展环境，需要的不仅仅是做好安全保卫，还应该做好后勤管理。

企业总务后勤工作是企业管理工作的重要组成部分，所以它意义重大。客观来讲，做好后勤管理工作，能够不断提高后勤人员的工作高效性。而且这也是让企业正常发展的一个条件。企业后勤工作既是一项复杂的物业管理工作，又是一项原则性很强的工作。因此，做好后勤工作的意义不容小觑。

二、总务后勤事务管理制度范本

◆范本：某皮包厂的职工宿舍管理制度

第一条 为了让职工宿舍保持一个清洁整齐环境，保证职员在工作之后得到良好休息，总务后勤事务处特此制定下列职员宿舍管理制度。

第二条　住宿条件

（一）在本市区没有合适居住房或者交通不便的职工可以申请住宿。

（二）下列情况者不能申请住宿：患有传染病患者、有吸毒和赌博行为者带领家属入住者。

（三）申请住宿者要保证遵守本住宿制度。

第三条　职工离职后三天以内必须要搬出宿舍，不得借故拖延。

第四条　宿舍要设立固定管理员。以下是宿舍管理员的职责：

（一）监督并且管理宿舍楼内一些内务，保证宿舍环境整洁，秩序健康。

（二）宿舍管理人员要负责宿舍的水电气的管制。

（三）保管好住宿者的一些档案和资料，以备急需。

（四）对违反住宿管理制度的职工要对其批评，情节严重者要通报总务后勤部。

（五）宿舍内不能留宿非工厂员工。

（六）员工若有身体不适应及时发现并送往医院。

（七）宿舍内若发现不法行为要及时通报。

第五条　职工对宿舍环境要爱护，不能随意改造或者变更格局。

第六条　严禁职工将宿舍外租，一经发现，应立刻停止其居住权，并且通报批评。

第七条　工厂总务后勤人员要及时对职工宿舍监督和检查。

第八条　职工宿舍内所有设施，包括电视、床、桌、厨卫等设备，住宿人员有责任维护其完好，不能蓄意破坏。如有损坏，应担负相应维修费用。

第九条　住宿职工要遵守下列制度：

（一）服从宿舍管理人员的管理和监督。

（二）严禁在室内做饭、私自安装电器设备。

（三）严禁在室内存放易燃易爆等危险品。

（四）职工起床后要将被子叠整齐。

（五）严禁在室内乱丢垃圾。

（六）换洗衣物不能堆积在室内。

（七）熄灯之后不能影响他人休息。

（八）职工不得带领家人、亲属留宿。

（九）外人拜访要及时登记。

（十）房屋清洁工作要由住宿人员轮流打扫和保持。

（十一）节约用水和电，要自觉养成良好的勤俭节约习惯。

（十二）严禁在床上抽烟。

（十三）夜间职工务必在23点之前返回宿舍，否则应当向宿舍管理者说明情况，并做好登记。

（十四）严禁聚众赌博等不健康生活。

第十条　职工如果取消入住，则应及时将床位、物品等清理干净，带出物品要经过管理者检查。

第十一条　宿舍管理人员要按照规定时间向公司总务后勤部门报告住宿情况。

第十二条　本管理制度是经过总务后勤部和公司总经理批准后公布实施的，望广大住宿人员和管理者严格遵守。

三、总务后勤事务管理制度表格范本

◆范本：某公司餐厅管理情况考核表

考核项目		评分基准	满分	得分
仪表装束	制服	着装整齐、得体		
	胸牌	胸牌佩戴整齐		
	日常	文明礼貌		

续 表

考核项目		评分基准	满分	得分
工作表现状况	米饭	米饭需蒸熟，软硬适中		
	食材	食材安置妥当，需冷藏的食材需要冷藏，其他分类		
	分餐	按时做好饭，分餐及时		
	卫生	用具器皿消毒洗净、桌面整洁		
	菜单	不能私自更改菜单		
	用具	爱惜餐厅用具，用完摆放整齐		
	工作纪律	严格遵守《餐厅纪律手册》		
	服从领导	服从总务后勤的安排		
合计				
总评				
总务后勤主管				

第七章

人力资源管理制度范本工具箱

人力资源部是一个企业重要的内在机制，所以，企业管理者要对人力资源进行科学有效的管理。

人力资源管理包括招聘、面试、培训、考核、出差等方面，每个环节都直接关系到人力资源这棵大树的繁荣。因此，本章着重从这些环节的细节方面详细布局，让企业管理者在人力资源管理方面不再迷茫，有一个正确方向。

第一节　招聘管理制度

一、招聘管理概述

1. 招聘管理的含义以及内容

企业招聘是企业人力资源管理的一个基础，也是前提条件，而招聘工作的质量直接影响着企业人才的输入和企业的效益。招聘管理则是对企业招聘的一项管理，让招聘能够更加合理和科学，为公司提供一个良好的人力资源甄选平台。

招聘的内容包括两个环节：一个是招募。也就是通过各种方式和宣传来达到吸引应聘者的目的。另一个就是甄选，即采用一定的技术方式来测评和考核应聘者的水平，最终科学合理地吸引到优秀人才。

2. 招聘管理的目的

招聘的目的主要包括以下六个方面：

（1）对企业人才的一种补充。

（2）保证企业所需的专业人才。

（3）保证企业有新的规划型人才。

（4）符合企业扩大规模的需求。

（5）公司内部人员调整的结果。

（6）为了让企业更加有活力，保持健康的姿态。

3. 招聘管理的意义

想要让企业招聘工作顺利进行，需要一个健全的招聘管理，因此招聘管理的意义是重大的，这关系到企业吸入人才的质量和活力程度，从而也就关系到企业的整体效益和未来发展状况。

首先，招聘管理的工作是企业生存和发展的首要。在竞争激烈的社会中，如果没有优秀的人才，那么企业将面临很大的危机。因此招聘管理要进一步完善，才能更好地保证招聘工作做好。所以，从这一方面来说，招聘管理作用和意义十分重大。

其次，招聘管理还能够确保招聘人员有一个良好素质。企业只有招聘到优秀人才，才能推动企业的良性发展。因此，招聘人员在招聘工作中的表现十分重要。一个好的招聘工作者能够吸引到更优秀的人来加入企业。所以，招聘管理的工作十分重要，一旦失误，将会给企业造成严重损失。

二、招聘管理制度范本

◆范本：某电器公司的招聘管理制度

公司招聘管理制度

总则

为了规范公司招聘管理制度，纠正在招聘工作中的一些不科学做法，让招聘工作者更加公正招聘，特此制定本管理制度。另：本制度同样适用于公司招聘的所有人员。

第一章　人力资源部的职责规定

第一条　根据公司发展要求，组织制定人力资源战略策划，参与公司重大的人事安排，了解和收集员工的建议和看法，定期组织和策划人事、招聘、培训等方面的内容。为公司的重大认识决策做出重要的依据和支持。

第二条　大力督促公司人力资源战略有效执行

（一）根据公司发展，制定招聘、培训、人事档案管理等制度，并且积极组织实施。

（二）负责招聘岗位的说明书制定工作，提出有效岗位职责设计方案，并且对公司人事组织机构提出改进意见。

第三条　负责建立有效的招聘渠道和有效的激励机制

（一）要负责建立公司的一些招聘渠道。

（二）了解职工想法，积极听取他们的合理化建议，并反馈给上级。

（三）负责受理员工的投诉，并做好调查落实工作。

第四条　全面担负起人力资源部的工作

（一）组织人员招聘过程，并通过各种渠道来寻求合适的人才。

（二）组织制订培训计划，评估培训结果。

（三）负责组织职工考核。

（四）审核公司职员薪酬。

（五）处理各种与劳动合同相关事项。

第五条　做好招聘预算

根据公司人事部相关规定和年度招聘计划，且对照以往在实际支出上的费用情况，然后拟订一个合理的招聘费用预算，经过总经理批准之后方可执行。

第六条　做出招聘周期计划

（一）本公司基层岗位的招聘周期一般不超过一个月，其他岗位的招聘周期则一般不能超过 45 天。

（二）有特别需要的岗位需要特殊的周期安排，但前提是经过与总经理沟通之后，可适当延期。

第二章　招聘主管职责

第一条　根据公司业务需求，首先要掌握各部门的招聘需求。

第二条　根据现有编制需求，做出招聘计划。

第三条　拟订招聘方案，并且实施方案的具体内容，保证招聘工作顺利完成。

第四条　带领招聘团队，对招聘职位进行深入分析和定位，并配合行政主管的工作。

第五条　维护招聘渠道，改进公司人事体制，考察行业人才状况。

第六条　完成总经理交代的其他任务。

第三章　招聘专员的职责

第一条　协助部门经理完成并且完善公司各种招聘制度以及政策，根据这些需要做出及时的修改和调整。

第二条　根据公司人力资源规划，协助招聘主管制订出招聘计划。

第三条　定期分析人力资源状况，进行深入研究，得到优良建议。

第四条　发布招聘信息。

第五条　协助招聘主管等上级展开招聘工作。

第六条　根据公司人力资源规划，及时更新招聘岗位。

第四章　招聘流程

第一条　各部门在招聘人员之前要先填写《招聘员工申请表》，需要经过总经理批准后方可进行招聘。

第二条　人力资源部根据招聘需求进行简历搜索和甄选。

第三条　通过电话等形式确定初选人员。

第四条　与初选人员进行沟通，确定面试时间。

第五条　人力资源部要确定好面试的方法。

第六条　在对应聘人员进行面试时，要先让其填写《面试人员测评表》。

第七条　根据上述表格进行正式面试。

第八条　根据各种标准来确定出录用面试人员。

第九条　为录用人员办理入职手续和其他安置。

第十条　新职员正式报到。

第五章　新职员入职和后续工作

第一条　新职员入职

（一）新职员需在入职当天办理面试的一切材料。

（二）提交由其原工作单位的证明书。如果是应届毕业生，则需要提交相关学院证书复印件。

（三）新职员要进行入职登记和相关手续的办理。

（四）领取所就职部门需要的办公用品。

第二条　人事部要定期对新职员进行在试用期内的考核和监督，并且与之做好思想交流工作，有效引导新职员更快融入公司工作环境中。

第六章　招聘原则

第一条　招聘专员一定要秉承"公平、公正、竞争、择优"的原则来进行招聘工作。所有应聘者都应该有平等机会。招聘专员不能根据应聘者的性别、民族、宗教等做出不同的态度。

第二条　对晋升的高管岗位，一定要优选公司内部平常表现优秀的员工，其次再考虑面向社会进行招聘高管人员。

附则：本招聘制度由人力资源部制定和解释，请各位招聘工作人员认真执行。

三、招聘管理制度度表格范本

◆范本：某公司招聘需求申请表

申请部门			申请日期		
需求岗位			需求人数		
具体要求	性别		年龄		学历	
	专业要求与工作技能					
	工作经验					

续 表

是否需要内调		部门		姓名	
需求说明					
审查	需求部门主管签字				
	人力资源部意见				
	总经理审批并签字				
备注					

第二节　面试与录用管理制度

一、面试与录用管理概述

1. 面试与录用管理的含义以及内容

一个企业最重要的就是人才，所以人才的甄选则是最重要的，如何选到优秀的人才是人力资源部的头等大事。所以，根据这些原因，企业人力资源部对此做出了相应的管理，而这个针对人才甄选的管理就是面试与录用管理。

面试与录用管理的内容包括，初试、复试、录用、试用期规定、正式上岗等方面的管理。这种面试与录用管理就是针对这些环节对企业人力资源部的面试人员做出相应的约束和规范，让企业面试人才和录用人才更加合理和科学。

2. 面试与录用管理的目的

面试与录用的目的主要是为了能够更好地引进人才，壮大企业内在力量。具体的目的主要包括下面几点：

（1）规范企业招聘面试与录用工作的公正性。一些企业在用人方面往往做得不到位，人力资源部的很多面试人员往往亵渎自己的职业，依靠自己的职权来擅自录用人才，导致企业面试和录用程序不够公正。很多应聘者明明很优秀，可却因为企业面试人员的一些不良作风导致没有机会进入公司，这对企业而言就是流失了优秀人才。所以，规范企业面试和录用人员的工作并保证其公正性，是面试和录用管理的一个重要目的。

（2）提高面试质量。面试人员的工作很重要，这关系到是否能够为公司面试和录用到合适的人才。为了提高面试质量，面试和录用管理将能在一定程度上约束面试工作人员的行为。

（3）为企业广纳贤才。企业之所以会设立面试与录用管理，就是为了能够更好地吸引优秀人才，因此这种管理在对企业人力发展方面来说，也至关重要。

3. 面试与录用管理的意义

面试与录用管理首先就是企业重视人才和渴望人才的首要体现，因此从企业本身的主观方面出发，面试与录用管理的意义十分重大。

此外，面试和录用环节是公司面试人员与应聘者面对面的直接交流，所以一个面试工作人员在这个过程中所表现出来的良好素质和企业素养是十分重要的。从这方面来看，面试与录用管理也有很重要的意义，这不仅能够帮助面试人员提高企业整体形象，还能让应聘者加深对企业的印象和向往。

二、面试与录用管理制度范本

◆范本：某广告公司的招聘管理制度

总则

本管理制度适用于企业招聘的面试和录用工作。本制度秉承公正、公平、平等的原则进行择优录取。希望各部门的面试和录用工作人员严格遵守。

第一章　面试管理规定

第一条　面试分工

（一）对普通员工的面试

人力资源部的面试人员负责对普通员工进行初试。用人部门的经理则需要负责应聘者的复试。人力资源部经理和用人部门的经理最终做出录用决策。

（二）中层管理者职位的面试

对中层管理者职位的面试需要人力资源部的面试人员和用人部门经理共同来对其进行初试。而中层管理者的复试则由公司总经理与人力资源部经理共同进行，确保录取优秀的中层管理者。

（三）高层管理者的职位面试

人力资源部经理负责面试高层管理职位应聘者的初试，而公司总经理直接对其进行复试。

（四）在必要的前提下，公司还可以聘请外部的人事专家来面试中高层管理职位的应聘者。

第二条　面试程序

（一）初试

通常情况下，初试是由人力资源部来负责。在这个过程中，会先淘汰掉一部分学历、经验以及技能差的应聘者。这个过程的时间大约在 20 分钟以内。

（二）复试

通常情况下，复试是由人力资源部的面试人员和用人部门的负责人来共同进行复试。这个测试时间大约为 60 分钟。

第三条　面试考官的条件

（一）掌握灵活的面试技巧。

（二）具备相关的专业知识。

（三）面试态度首先要友善，切实尊重每一位应聘者。

（四）秉承客观、公正的原则来面对每一位应聘者，并做出公平的评估。

（五）了解企业的整体状况，以及各部门的主要职责和协调关系。

（六）明确招聘的岗位和职责。

（七）有耐心。

第四条　面试规范

（一）人力资源部和用人部门的面试负责人员要确定好面试地点，面试地点需要安静舒适，最好安排在单独的房间内。

（二）面试过程中，要尽量保持专心和认真，不要与外界频繁接触，包括电话、邮件等。

（三）要尽量给应聘者提供一个轻松的条件。如果发现应聘者紧张，要采取一定的措施让其放松，因为只有在绝对放松的情况下，才能看到应聘者的最高水平。

第二章　录用管理规定

第一条　新职员上岗

（一）人力资源部要与用人部门对应聘者进行综合性评估，最终确定出最佳人选。

（二）人力资源部要负责通知录用者上班时间。

（三）新员工要按时到人力资源部报到，并做好入职手续。

（四）新员工与公司签订劳动合同。

（五）新员工要提供相关学历、身份证、工作证明等复印件。

第二条　试用期事项

（一）在试用期，用人部门要对其进行安排新员工的工作，并做好指导和考核工作。

（二）试用期，新员工享有试用期的薪酬。

（三）新员工的试用期被计入工作工龄。

（四）新员工在试用期内要听从部门经理交代的一切任务。

（五）新员工享受用部门的各种培训。

第三条　正式录用

（一）试用期满后，用人部门要对新员工的工作表现进行综合性评估，并做出考核成绩表。考核合格者，人力资源部会与用人部门一起为新员工办理转正手续，并做好登记。

（二）工资薪酬等事项要按照公司的《薪酬规划制度》来执行。

第三章　附则

本制度是由人力资源部负责制定并做出解释，且得到总经理批准。

三、面试与录用管理度表格范本

◆范本一：某文化传媒公司面试登记表

姓名		性别		民族		照片
籍贯						
现住址						
出生年月			婚否			
身份证号码			政治面貌			
毕业院校			专业			
外语水平						
学历						
应聘岗位				期望薪酬		
联系方式	电话（手机）		电子邮箱			
受教育情况						
起止时间	学校（院校）名称	担任职务	专业		获得证书	

续 表

工作经历					
起止时间	公司名称	职务	薪酬状况	证明人	联系方式

家庭关系			
姓名	关系	职业	电话

自我评价：	签字：

◆ 范本二：某公司面试评估表

应聘者姓名		应聘职位		应聘部门	
应聘者整体素质评估栏					
面试项目	面试内容		考核成绩 （差、一般、好、良好、优秀）		
外表仪容	着装是否得体				
言行举止	言行举止是否适度				
专业技能	专业技能的熟练程度				
人际交往	语言沟通能力				
团队精神	是否有较强的团队合作意识				
创新能力	是否有自己独特的想法和见解				
总评	考核人签字：				

◆范本三：某公司录用通知单

×× 公司录用通知单		
_____先生／女士： 　　您应聘本公司的_____职位，经过面试合格，本公司正式给予录用资格。请于_____年___月___日___时来公司报到。报到时请携带以下证件： （1）身份证及其复印件。 （2）毕业证书、工作证明及其复印件。 （3）录取通知单。 （4）两张一寸免冠彩色照片。 　　本公司新员工的试用期为____个月，试用合格后将给予转正。薪酬待遇等与人事资源部负责人面谈。如还有其他疑问，请按照下面联系方式咨询。 　　祝您工作愉快！ 　　　　　　　　　　　　　　　　　　　　　　　××公司人力资源部 　　　　　　　　　　　　　　　　　　　　　　____年___月___日		
公司地址		电话
乘车路线		

第三节　培训管理制度

一、培训管理概述

1.培训管理的含义以及内容

　　企业想要得到优秀人才，仅从招聘和面试这两方面是远远不够的，还需要做好培训工作。培训，顾名思义，就是对员工技能的一种强化和深造。是企业按照发展要求塑造员工技能和素质的一种方式。培训的内容包括对新员工的上岗培训、在职员工培训和职外培训等方面。

2. 培训管理的目的

企业为什么要花大力气和金钱来培训员工，主要目的当然是为了提高企业运营效益。比如谷歌、微软等大型企业每年花费在员工培训上的费用就占据了很大比重。而对员工的培训也确实能够起到一定的强化作用。其具体的目的包括：

（1）传授和塑造员工知识，提高员工的素质。传授和塑造员工知识成为企业竞争的核心内容，培训的目的就是为了让员工完成本职工作需求的知识，尤其是对那些新职员的培训。比如工作流程、操作方式、经营战略、规章制度等，这些都需要员工来真正了解和贯彻。而且对员工的培训还能够促进员工对企业的一种可持续发展意识，让员工综合素质有所提高。

（2）提高员工技能水平。这种为了提高员工技能水平的培训也称为技能培训。企业管理者都明白员工才是企业人力资源的主力，因此对员工的技能培训不可忽视，而提高员工技能水平也就成为企业培训工作的直接目的。如员工的决策能力、管理能力、创新能力、应变能力等，这些都是技能培训的内容和重要项目。

（3）引导员工有一个正确的职业理想。培训工作虽然在很大程度上提升了员工技能水平和其他知识，但是让其树立一个正确的职业理想也是培训工作的一个重要目的。在培训的过程中，企业可以通过传播企业文化和企业的成绩来为员工引导并树立一个正确的职业理想。

（4）提高企业综合竞争力。企业在花费力气培训员工的时候，其实也正是为自己建立强大的保护外罩。所以，为了提高企业综合竞争力，对员工进行技能等各方面的培训很有必要。

3. 培训管理的意义

企业做好培训工作的意义十分重大。从企业方面来说，培训工作能够改进员工素质，提高员工的技能水平，所以就能在很大程度上促进企业的发展。对员工来说，培训工作也是对其自身的一种提高和升华。不仅提高了技能水平，还锻炼了自己人际交往、管理方面的能力，让员工有一种优越感。企业培训虽说是为员工提供了更新、更强的技能，但却也让员工培养了对工作的责任感和挑战性，这对实现自我价值有很强的约束和意义。因此说，培训不只是让员工在物质上得到了满足，更是让员工在精神层面上找到了优越感。

当然，做好培训工作最主要的就是有利于企业获得竞争优势，而通过培训来改善员工工作质量，在绝大程度上更是为企业提高了强大的竞争力。

二、培训管理制度范本

◆范本：某著名鞋业品牌公司的培训管理制度

总则

为规范本公司培训管理工作，提高员工技能水平，为公司保障优秀的人才，提高公司对外竞争力，特此制定本培训制度。

第一章　培训说明

第一条　宗旨

本公司实行全员培训的宗旨，贯彻自我培训和传授培训相结合的方针。

第二条　培训原则

本公司对员工培训遵循系统性、制度化、多样化的原则和效益性原则来进行培训。

第三条　本公司的子公司也均按照本培训制度进行培训工作。

第二章　培训管理

第一条　人力资源部是本公司培训的主要管理部门，负责协调和审核培训管理工作。

第二条　人力资源部还要负责公司各部门所有管理人员以及分公司的品牌经理以上人员的培训组织管理。

第三条　分公司部门经理以及以下管理人员培训则由营销总公司的营销事务部进行组织管理，并将培训工作和相关资料汇报人力资源部进行备案。而代理公司、专卖店店长、导购的培训则由营销分公司组织策划，并对其备案归档。

第四条　生产车间工人的培训则由生产管理部综合管理部门的负责人进行培训组织和管理，并且将培训工作汇报人力资源部进行备案归档。

第五条　各部门负责人协助人力资源部对本部门的培训做出策划和设计。

第六条　公司人力资源部、生产管理部以及营销总公司要分别建立培训档案。

（一）部门培训工作档案。单位培训档案包括培训目标、内容、方式、师资、人数、时间、效果等内容。

（二）员工个人培训档案。员工个人培训档案包括培训项目、内容、方式、效果等。

第七条　培训活动的流程：

（一）培训策划和分析

（二）培训设计

（三）培训组织

（四）培训成果

（五）培训评价

第三章　培训策划和分析

第一条　培训调查

人力资源部、生产管理部、营销总公司事务部每年八月初要发放员工培训的相关调查表，各部门的负责人要根据本部门的工作和需求填写这个调查表。九月底前要一并交予人力资源部进行考核。

第二条　培训需求分析

人力资源部、生产管理部、营销总公司事务部要对各部门的培训调查进行整理和分析。在此基础上还要对有关部门进行访谈，最终结合公司发展战略和目标确定出公司总培训需求。

第三条　培训策划

人力资源部要根据各部门培训需求做出相关培训策划初稿。策划内容包括培训部门、对象、目标、师资、方式、费用等。这个初稿要首先发给各部门进行协商和修改，最终递交总裁办公室等待审批。

第四条　对那些临时提出的培训和进修项目要经过各部门负责人同意，并且填写临时培训申请表，最终由总经理审批之后，交由总裁审批，并且由人力资源部策划和组织

第五条　人力资源部负责培训的执行任务

第四章　培训设计

第一条　人力资源部、生产管理部、营销总公司事务部应当根据培训计划来进行各种培训项目的设计。设计内容包括培训的对象、目标、计划、师资、时间、预算等

第二条　培训内容包括知识、技能培训和创造力等

（一）知识培训。在这个培训环节中，包括培训公司的文化、战略、政策以及所在部门的员工知识。其目的就是让员工掌握公司的制度，具备完成所在部门的本职工作、提高工作需求中的一些高级知识水平。

（二）技能培训。在这个培训环节中，包括岗位职责、操作程序和专业技能的培训。其目的是为了让员工充分掌握技能理论，在此基础上，还要对其熟练地应用和发挥。

（三）创造力培训。在这个培训环节中，主要就是让员工参与一些新概念和新思维的运用。此培训主要针对本公司设计部门展开，力求培养员工的创新设计能力。

第三条　对高层管理人员的培训

高层管理培训对象主要包括集团总裁、总经理、营销总公司的总经

理、分公司总经理、品牌设计总监等。对此的培训内容为现代企业管理与发展理念、市场行业的发展动态、高级工商管理知识和技能、战略培训、行为学、人力资源管理、市场营销、科学运作管理、公共关系学等。

第四条　对中层管理者的培训

中层管理培训的对象主要是：各部门经理、科室经理、主任、厂长、营销部门经理、分公司营销经理等。培训内容包括：现代经营管理理念与发展、市场动态研究、工商管理知识与技能、管理学、人力资源管理、生产运营管理、公共关系等内容。

第五条　对其他人员的培训

培训对象为各部门的职员、设计员、生产车间主任、车间组长、员工、营销人员等。培训内容：岗位所需求的知识和技能、操作业务流程、业务内容等。

第六条　培训方式

本公司本着自我培训和公司内部的综合培训方式。

第七条　自我培训

自我培训主要是员工在工作时间之外，通过自身的学习和完善，不断塑造自身的素养，并且提高业务水平。主要的流程是，员工自己承担培训费用，利用业余时间来进行自我塑造。公司鼓励员工进行这种培训方式，并且对那些业绩突出，塑造成果明显的员工做出奖励，并参与优先晋升范围之内。

第八条　公司内部培训

公司内部培训主要是指本公司及各部门内部组织的培训。其方式如下：

（一）新员工培训。详见《新员工上岗培训管理规定》；（二）上司培养下属的上下级培训制度；（三）轮岗培训，为了让员工熟悉多个岗位的职能；（四）专家授课。

第九条　公司外部培训

（一）学历或者学位证书培训。比如 MBA、本科学历等培训；

（二）专题讨论研究会、展览会等培训；

（三）出国深造。

第五章　培训组织

第一条　人力资源部、生产管理综合事务部、营销总公司事务部根据年度培训计划和项目进行协调组织和管理

第二条　组织部门还要对培训过程中的一些考核结果进行记录、保存

第三条　负责监督培训员工的出勤情况

第四条　公司每年从销售利润中提取一定培训经费，而培训组织部门则可以根据公司的效益做适当的调整

第五条　公司内部培训费用全由公司来承担

第六条　外派培训人员的工资和待遇，要汇报总裁，经过批准之后可做决定

第六章　培训效果评估

第一条　培训效果评估的方式包括比较法、集体评估、个案分析、问卷调查等

第二条　比较法主要是对员工培训前和培训后的结果作比较；集体评估方法是采取集体舆论评估；个案分析主要是通过分析评估对象的一些典型案例来作为培训效果评估；问卷调查方法是通过培训师、培训需求等方面的环节进行结果调查

第七章　员工培训制度规定

第一条　员工的培训权利

（一）本公司员工有权利来根据工作需求和业务发展申请参加公司内部培训。

（二）经过批准后，参加培训的员工有权利享受公司提供的培训待遇。

（三）员工有权利向人事资源部提出培训的建议和计划方案。

第二条　员工培训的义务

（一）培训期间，员工要认真学习，努力达到培训的目标。

（二）培训期间，员工不能故意逃避培训，或者无故迟到。根据公司的考勤制度，员工在培训期间超过三次以上迟到者，取消当前培训资格。

（三）员工在参加完培训之后，应当将公司培训的重要资料交由有关部门保存管理。

（四）员工有义务将培训内容运用于工作过程中，并发挥出效果。

（五）员工在进行自我培训的时候，不能占用公司时间，如需占用工作时间则需提交有关证明，经所在部门经理审批后，方可通过。

（六）员工必要时还要与公司签订培训合同，其条件包括：外部培训在一个月以上者；公司承担培训费用在5000元以上。

第八章　附则

本培训管理制度由公司人力资源部申报总裁经过审批通过后执行，并由人力资源部做出解释。

三、培训管理制度表格范本

◆范本：某品牌公司员工外派培训申请表

申请人		年龄	
学历		性别	
职务		部门经理	
培训起止时间		培训项目	
工作职务：			
培训项目要求：			
申请原因：			
部门经理意见并签字：			
总经理意见并签字：			

第四节　薪酬福利管理制度

一、薪酬福利管理概述

一直以来，薪酬福利管理是人力资源管理中最为核心和敏感的问题。尤其是随着我国社会经济的全面发展和我国现代企业制度的改革，薪酬福利管理在企业管理中的作用越来越重要。因此，我们有必要全面了解一下薪酬福利管理的概念、内容和所起的作用，以便制定出与企业相匹配的薪酬福利制度。

1. 薪酬福利管理的含义以及内容

我们这里所说的薪酬主要是狭义定义上的薪酬，也叫直接经济性薪酬，主要指的是雇主或企业为获取员工所提供的劳动或劳务所支付的各种形式的酬劳。不包括各种具体的服务和福利。一般主要反映的是员工工作或技能之间的收入差别，为劳动者在固定时间和正常条件下能完成的任务而设置，不考虑员工个体的能力、业绩等差异。

直接经济性薪酬通常是由基本工资、工龄工资、职位工资、职能工资中的一种或者几种构成。一般会根据单位时间内的薪酬标准和实际工作时间的长短来计付。

相对应的，也有间接性经济薪酬，即福利，也是员工薪酬管理的一个不可或缺的部分。主要指的是雇主或企业为员工提供的各种与工作和生活相关的物质补助和服务。

福利主要包括员工法定的福利、集体福利和个体福利等。福利可以是货币性质的，也有非货币性质的。其本身的支付形式也非常灵活。

2. 薪酬福利管理的目的

（1）吸引人才：好的薪酬福利管理制度会让强者更强，鼓励弱者跟上强者的步伐。比如IT公司一个核心技术人员的市场水平一般是年薪20万元，自己公司设置5万元肯定是挖不过来的，所以，在设计员工薪酬时，尊重市场规律的机制才有利于吸引人才，这样才有利于公司发展。

（2）为员工提供基本安全保证：在员工和公司关系中，员工是相对处于弱势的一方，所以员工本身会有一种不安感，希望与公司签订合理薪酬合同，保证公司能及时发放工资，能为他买保险，这些都是安全保障的需要。公司管理者重视到这种需要，员工才会心甘情愿为公司打拼。

（3）给予员工价值肯定：在一个企业里，有高层管理人员、中层管理人员和普通员工等。这些人在企业中发挥的作用是不同的，对企业的贡献也是不一样的。如果企业给予他们的薪酬都一样，那么贡献大的那个员工心里肯定会不高兴，就会消极怠工，所以合理的薪酬要基于岗位价值，给予员工价值肯定，满足员工心理需求。

3. 薪酬福利管理的意义

对于公司来说，薪酬福利是公司不可减少的成本，但是公司不能为了自己的利益，就严格控制薪酬福利的支出。毕竟公司要想保持在劳动力市场上的竞争能力，就必须在同行业内保持一种相对较高的薪酬福利水平。所以，良好的薪酬福利制度可以帮助管理者很好地控制公司的成本付出。另外，通过薪酬福利管理机制可以把管理者的意图传递给员工，使员工的行为和工作态度与管理者期望的发展方向一致。同时，合理的、富有激励性的薪酬福利会帮助公司塑造良好企业文化，激励员工努力工作为公司创造更多的价值。

对于员工来说，薪酬福利制度是员工维持自身和家庭生活的主要收入来源，它对于员工及其家庭生活所起到的保障作用，是任何其他收入保障都无法替代的。而且，薪酬福利的高低会直接影响到员工的工作态度和工作绩效，对员工产生激励作用。另外，公司的薪酬福利的高低和员工流失率也息息相关。所以，设置良好的薪酬福利管理制度对于公司留住人才，激励员工为公司服务也有重大的意义。

二、薪酬福利管理制度范本

范本：某文化公司年终奖发给制度

第一条　本制度依据公司人力资源管理部门相关规定制定。

第二条　本公司员工年终奖的发给将依本制度的规定办理；本制度发放的对象为本公司编制内的人员，临时人员均不适用。

第三条　本公司从业人员的年终奖金数额依据其在公司当年的业务状况和个人业绩而定。

第四条　本公司从业人员在年度内有下列情形之一者，年终奖金按其该年度内实际工作月数的比例计算。在本公司工作未满半个月者以半个月计，半个月以上以一个月计。

（一）公司准给特别病假或工伤假者。

（二）公司允许的停薪留职人员。

（三）中途到公司就职的人员。

第五条　在公司发放年终奖前离职的员工或者因受处分而停薪留职的员工，不给予发放年终奖。退休人员、外派人员工作已满该年度者不在此限。

第六条　每年度公司年终奖金于翌年1月10日发给。

第七条　本公司员工在当年度曾受奖惩者，依下列标准加减其年终奖金。

（一）受嘉奖1次：多发1日份薪额的奖金。

（二）记小功1次：多发3日份薪额的奖金。

（三）记大功1次：多发10日份薪额的奖金。

（四）被惩戒1次：扣减1日份薪额的奖金。

（五）记小过1次：扣减3日份薪额的奖金。

（六）记大过1次：扣减10日份薪额的奖金。

第八条　本公司员工在当年度请假或旷工者，以下列标准扣减年终奖。

（一）请病假1日，扣减半日份薪额的奖金。

（二）请事假 1 日，扣减 1 日份薪额的奖金。

（三）请婚假 1 日，扣减 1/4 日份薪额的奖金。

（四）请丧假 1 日，扣减 1/4 日份薪额的奖金。

（五）请产假 1 日，扣减半日份薪额的奖金。

（六）无故旷工 1 日，扣减 3 日份薪额的奖金，旷工半日扣 2 日份薪额的奖金。

第九条　凡符合本制度第四条规定，工作不满 1 年者，其年终奖按照实际工作月数比例发放。

第十条　本制度规定扣除的款额应缴回公司。

三、薪酬福利管理表格范本

范本：某公司工资汇总表

姓名	发放部分			扣除部分				实发工资	备注
	基本工资	奖金	津贴	病事假	保险金	公积金	所得税		

续 表

姓名	发放部分			扣除部分				实发工资	备注
	基本工资	奖金	津贴	病事假	保险金	公积金	所得税		
工资合计									
部门主管签字：			财务签字：			总经理签字：			

填表日期： 年 月 日

填表说明：本表格用于财务部进行各部门员工的工资核算、汇总。

第五节 绩效考核管理制度

一、绩效考核管理概述

1.绩效考核管理的含义以及内容

所谓绩效考核就是人力资源部以业绩为主要依据，对员工的实际工作做出的考察和评价。通常情况下，是企业在既定战略目标下，运用一种特定标准来对员工的工作以及所取得的成绩做出评估。

绩效考核的内容包括两个方面：业绩考核和行为考核。即对员工工作业绩和日常工作表现进行考核和评估。许多企业还采取一种比较灵活的绩效考核方式，比如运用四种评估方式：主管考核、自我考评、同事考评和下属考评，这种考核方式也被称之为是"360度考核"方式。

2.绩效考核管理的目的

总体来说，绩效考核的目的就是为了使企业能够形成一支高绩效的团队，为公司打造超强竞争力，促进员工和企业共同发展。但具体来说，包括下列几个目的：

（1）肯定成绩，发现不足，及时改进。企业通过绩效考核可以知道员工在工作中遇到的哪些问题，受到哪些事情的影响。通过这些分析，可以制定出提高工作效率的重要方法。因此从这一点上来说，其目的性十分可观。

（2）为员工薪酬的发放提供一个科学依据。众所周知，员工在工作过程中每个月或者定期都会得到企业支出的一部分薪酬，这也是员工的劳动所得。但是，这笔薪酬分配的依据是什么呢？绩效考核正是为此提供了科学的依据。

（3）为招聘工作提供一个重要参考。人员招聘工作是企业重视人才和渴望人才的一个表现。而对人才招聘的时候，只有通过绩效考核才能对招聘的新人员做出合理的评估，以此来合理选拔人才。

（4）为员工积极工作提供动力。通过绩效考核，可以了解到员工的能力和各种素质水平。而从员工角度来讲，绩效考核不但为他们提供领取薪酬的依据，还能促进员工积极工作。

3.绩效考核管理的意义

从上述绩效考核的目的来看，无论是对员工还是对企业，绩效考核都有很重要的意义。而做好绩效考核管理工作更是意义重大。

首先，为了构建企业现代人力资源管理体系，健全和完善绩效管理的工作，更好地提高企业的管理水平，所以必须要做好绩效考核的管理工作。这将能有效地帮助企业来督促绩效考核管理工作者按照程序办事。此外，还能够提升员工的素质和积极性，进而提升企业的整体效益水平。

在此不得不提的一点是，绩效考核工作是考评者和被考评者共同努力的过程。其中考评者是处于一个主导地位。而绩效考核管理就能在一定程度上更好地约束考评者，让其发挥出考核工作的积极作用，使整个绩效考核工作顺利有序地进行。因此，做好绩效考核管理工作是十分有意义的一项管理工作。

二、绩效考核管理制度范本

◆范本：某销售公司针对销售业务员的绩效考核管理制度
总则

为了有效地促进员工之间的合作精神，对员工进行一种客观公正的评价，同时也作为员工薪酬的根据，公司人力资源部特此制定该绩效考核管理制度，来帮助员工改进自己的工作方式，提高销售业绩。

第一条　本制度适用于除了销售部门经理以外的所有销售人员

第二条　考核频率

（一）年度考核。这种考核期限为本年的 1 ～ 12 月，实施考核的时间为下年度的 1 月中旬。

（二）月度考核。此类考核制度主要是针对员工当月的考核来实施的。考核执行时间为下月 5 日之前。（注：遇到节假日时刻延后此日期。）

第三条　考核内容

（一）工作业绩

（1）销售额：设立业务员的销售目标及其相对应的提成比例。

（2）销售费用率：本公司规定销售费用额度为 $x\%$，最高的销售费用额度为 $y\%$。对销售费用低于 $x\%$ 的人，给予一定的嘉奖。对销售费用高于 $y\%$ 的，则取消其提成资格。

（3）贷款回收率：如果业务员超过了公司规定标准，那么将给予加分。

（4）客户投诉：规定业务员对客户投诉情况进行妥善处理，对于客户的投诉要求业务员在 __ 小时之内答复客户投诉意见。__ 小时之内要解决问题。销售业务员不能越过权限自行来解决问题。在解决完客户投诉问题后，应当在 __ 小时之内及时反馈到公司。

（5）市场信息考察：在这个环节内，主要考核业务员对市场行情的分析和收集的信息是否及时和准确。

（二）工作能力

工作能力主要是考核销售业务员对市场的认知情况，以及对产品业务等的熟悉能力和掌握能力。

（三）工作态度

在这个环节主要考核业务员对本工作的责任心是否强，对工作是否积极热情，是否注重团队精神，是否有纪律和服务意识。

第四条　考核实施

（一）销售部的相关负责人对销售部的业务员进行考核实施，人力资源部会对此进行相关配合。考核的结果上报总经理审批后生效。

（二）销售部经理组织相关人员根据实际工作状况对销售业务员进行全面评估。且将结果上报人力资源部。人力资源部进行审批之后的 5 个工作日内将考核的结果反馈给销售部经理及其考核人员，并且进行绩效合谈。

第五条　考核结果的运用

（一）月度考核结果主要用于业务员每月的工资发放。

（二）年度考核主要用于业务员的职务调整、奖金分配以及培训资格等。

（1）奖金分配实施方案

公司根据销售业务员工作表现和业绩做出评估，并且将这些结果分为几个不同的奖励点数，对那些工作表现优秀者进行适当奖励。具体内容按照下表：

考核结果	优秀	优	良好	一般	差
奖励点数	2.0	1.5	1.2	1.0	0

（2）培训资格

考核结果为优秀的业务员有资格获得公司安排的相关晋升培训；考核获得良好的业务员可以申请相关培训学习，经过人力资源部批准后方可获得参加培训资格，并且根据相关表现做出晋升计划。而考核结果为一般和差的人则没有资格获得晋升和培训。

附注：本绩效考核制度是由人力资源部做出制定和解释。具体的实施也由人力资源部进行相关监督，望广大员工积极遵守。

三、绩效考核管理制度表格范本

◆范本：某公司员工年终绩效考核表（主管级别）

附：主管的年度考核是由部门经理做出初评和调整，最后由总经理做出审核。

考核时间：_____年___月___日至_____年___月___日

姓名		编号		部门		职位		入职时间	
特殊记录	缺点	优点	小过	大过	嘉奖	小功	大功	年资	合计
加减分									

专项	考核内容	平分基准					自评	初评	调整	审核	说明
		4~5分	3~4分	2~3分	1~2分	0~1分					
业绩（40%）	目标促成额	超过目标	完成目标	一般	差	落后					
	工作质量	优秀	良好	一般	差	太差					
	工作方式	先进	强化	简单	一般	太差					
	工作效率	高	较高	一般	差	太差					
	改进方式	高	较高	一般	差	落后					
	业绩提高率	高	较高	一般	差	太差					
	总业绩	优秀	优	良好	一般	差					
能力（30%）	领导能力	优秀	良好	欠佳	差	太差					
	培养下属能力	强	较强	一般	弱	很弱					
	企划能力	优秀	良好	欠佳	差	太差					
	应变力	强	较强	一般	弱	很弱					
	执行力	强	较强	一般	弱	很弱					
	决断力	优秀	良好	欠佳	差	太差					

续 表

姓名		编号		部门		职位		入职时间	
品德（20%）	组织性	强	较强	一般	差	太差			
	工作态度	优秀	优	良好	一般	差			
	个人修养	高	较高	一般	差	太差			
	团队感	高	较高	一般	差	太差			
学识素养（10%）	学业知识	优秀	较好	良好	一般	差			
	发展潜力	强	有潜力	普通	欠佳	不足			
绩效总分		评级		得分明细					
初评人签名				调整人签名				审核人签名	

附：（1）本考核表中考分评定：凡是具有特殊记录和说明的员工，必须在特殊记录事项和说明中做出评分和意见。

（2）绩效考核的总分 = 特殊项目分数 + 考核成绩

特殊项目分数：特殊项目的分数总体为 10 分。

考核成绩分数：100 分为满分，共分为六个等级。A（90 分及以上）、B（80~90 分）、C（75~80 分）、D（70~75 分）、E（60~70 分）、F（小于 60 分）。

第六节 考勤事务管理制度

一、考勤管理概述

1. 考勤管理的含义以及内容

企业的考勤管理向来是企业发展的重要纪律和组织体，缺少了考勤管理，那么企业将很难顺利发展，也很难得到员工大力支持和同行赞许，考勤包括出差和日常考勤。

考勤的内容主要包括员工是否迟到早退、有无旷工请假等，还包括请假管理、加班申请、日出勤处理和月出勤等内容。

2. 考勤管理的目的

企业为了有组织和纪律性，而针对出差人员和全体员工做出相关考勤管理，这主要的目的就是为了让全体员工更有约束力，加强企业的高效运营，同时让员工能够合理地工作。但是具体来说又有不同的目的：

（1）为了让企业有更好的纪律性。企业的发展离不开组织和纪律。尤其是对员工来说，如果不对员工的上班时间和工作内容加以约束，那么员工很可能就没有纪律性，那么在工作的时候也就无法投入。

（2）为了让员工明确自己的工作意识。如果不对员工加以约束和纪律的要求，那么员工很难形成工作的意识。换言之，员工对本身的工作不够重视，也就不能对工作全身心地投入，那么企业的效益也会大打折扣。

（3）节约时间，提高效率。企业之所以会做出差、考勤的管理还有很重要的一个目的就是为了节约时间，提高工作效率。只有对员工的日常工作做出考勤约束和出差规定，员工才能在工作时间内节约有效时间，从而提高工作效率。

3. 考勤管理的意义

考勤管理是企业必不可缺少的一项管理。企业要想发展得更强更稳，离不开考勤管理，可见，考勤管理对企业发展和强化来说，是多么地重要。

做好考勤管理不仅能够让员工更加集中精力地来工作完成工作业绩，还能让企业员工形成一个良好的工作意识和形态，这有助于员工提高自身综合素养。而从另一方面来说，一个有规有矩，有制度的员工也能在很大程度上提高企业的整体形象，为企业树立一块信誉的广告牌。

而做好考勤管理最有意义的地方在于它能够让员工提高工作的觉悟性，做好本职工作，增强企业效益，促进企业高速发展。

二、考勤事务管理制度范本

◆**范本：某文具公司考勤、因公出差管理制度规范**

第一条　上班考勤制度

（一）公司员工每日按照考勤进行管理，管理人员需要由办公室负责核实。而生产车间工人则由车间主任来进行核实登记。

（二）员工因私事请假或者因病缺勤一天以上者，需要办理相关的书面手续，经过部门领导同意后，汇报总经理进行审批。审批通过后，交由办公室登记。在特殊情况下，员工不可口头请假，一定要回公司之后，补办请假手续。

（三）员工请事假的安排。7 天以内的事假工资会按照本人工资的 50%发放。7 天以上事假，则扣发基本工资。全年累计超过 45 天事假者，扣发年终奖金。

（四）本公司严禁无故迟到、早退、自行外出等现象。违反者应给予批评和教育。另外，员工每迟到或者早退 1 小时以上（含 1 小时），扣发半天工资，迟到或者早退 3 小时以上（含 3 小时）扣发全天工资。

（五）经过车间主任或者部门经理批准，早退时间在 1 小时以内者不扣发岗位工资，未经批准则严格按照规定办事。

（六）连续旷工 15 天或者全年累计超过 30 天，公司将开除该员工。

（七）办公室按照每个月的书面汇总来评审出该办公室的出勤情况，经过总经理审批之后可汇报给财务部。

（八）员工的病假一律按照公司的《薪酬福利制度》来执行。

第二条　员工加班规定

（一）因工作需求，公司员工在规定时间之外，如果仍需要值班或者继续工作，则需要部门经理批准，并且最终得到总经理同意方可加班。

（二）员工加班需要由部门负责人进行审核，经过总经理批准之后方可计发加班工资，否则不予办理。

第三条　因公出差

（一）员工如果因为工作需要而不得不外出的工作就是出差。公司规定员工出差一天以内必须向主管请示，并且做外出记录。外出办事一天以上，则要填写相关出差表单，经过总经理同意后，方可进行办公室登记。

（二）因为公务而延长出差时间，则要及时电话汇报。

第四条　出差开支规定

由于因公出差的重要性，所以要对工作人员在外地开支做以下规定。

（一）住宿费

（1）一人出差住宿费用每天的报销限额为：260 元 / 人 / 天，员工可根据合法的票据和凭证来进行报销，超过限额标准，则由个人负责。出差人员由接待处免费接待的情况，公司不予报销住宿费。

（2）公司高层管理者（只限董事长和总经理以及其随同人员），在外出差，如超出住宿费用额度，则公司按实给予报销。

（二）出差餐费补助

（1）出差人员每天餐费补助是每人 50 元，接待处免费接待的情况下，公司不予报销。

（2）对已经享受到免费接待的人员如果外出进行培训或者学习，则餐费补助按照出差餐费补助标准的一半发放。

（三）出差交通费用

（1）在外出差公务人员根据公交车、巴士、地铁票等票根来报销。因为工作需要陪同客户或者出现特殊情况时，应当向管理者说明情况，并且由相关管理者签字审批之后方可报销。

（2）如需乘坐飞机等高额交通工具，则需要向上级领导汇报，经过审批之后，方可执行。

（四）出差开支报销

（1）差旅费用报销，由财务部门按照相关规定来进行审核，报请有关领导批准之后方可报销。

（2）特殊情况下的差旅费用需要由总经理另行决定。

附则：

（1）如本制度与国家法律法规有所抵触，则以国家法律为基准。

（2）本制度由公司总经理审批，且做出解释。

三、考勤事务管理制度表格范本

◆范本一：某公司出差申请表格

部门_____　　　　　　　　　　　　____年____月____日

申请人		职务	
出差天数		费用	
出差具体路线		交通工具	
经理审批	部门负责人	主管	总经理
出差原因			
以上内容须出差前填写，以下内容须出差后填写			
出差结果			
遗留问题			
按时说明出差费用		金额	
非正常费用		金额	

注：（1）出差人员应当向财务出示此表单以及批准后的凭证方可支付借款。（2）此申请单只适用于长途、长时间出差任务。（3）填完此表之后

要经过总经理审核，并且由办公室存档。

◆范本二：某公司考勤登记表

姓名	所属部门	月日		月日		月日		月日		月日	
		星期一		星期二		星期三		星期四		星期五	
		上班时间	下班时间	上班时间	下班时间	上班时间	下班时间	上班时间	下班时间	上班时间	下班时间

第七节　员工关系管理制度

一、员工关系管理概述

1. 员工关系管理的含义以及内容

员工关系是企业员工之间的工作关系。而从广义上来说，员工关系管理是企业人力资源部的一大重要体系，也是各级管理人员和人力资源部的管理人员制定一种人力资源政策和管理的行为。主要是为了调节企业和员工、员工与员工之间的关系和影响，从而实现一种组织性强的体系。而从狭义上来说，员工关系管理也是企业实施的一种沟通管理，能够提高员工的工作积极性，让企业得到有效发展。

员工关系管理的内容涉及了整个企业文化和人力资源管理的体现，从企业最初的理想出发，运用沟通方式来组织和设计员工之间的关系。而且所有涉及企业与员工、员工与员工之间的关系和影响的事项都是员工关系管理的内容。具体来说，主要分为劳动关系、员工纪律管理、员工人际关系、员工工作岗位情况管理、企业文化建设等方面。

2. 制定员工关系管理规范的目的

制定员工关系管理的目的主要是为了让企业与员工、员工与员工之间搞好工作关系，共同促进企业发展，主要表现在下列几个方面：

（1）为了让管理者明确和清楚员工在工作中遇到的各种问题。众所周知，员工关系管理就是企业与员工、员工与员工之间的沟通管理。这是一种结合柔韧和激励特质的管理手段，以此来让管理者明确员工处境和工作内容。而经过这种管理和沟通，管理者才能真正明确员工在工作中遇到的问题。

（2）为了协调员工之间关系。很多企业由于不够重视员工与员工之间的关系，从而导致企业内部工作人员之间"不相往来"。甚至，因为很多部门之间的利益，而导致部门之间、员工之间"老死不相往来"的局面。这将严重影响企业整体发展和人力资源的团结。

（3）让员工满意是企业员工关系管理制度最重要的目的。

（4）让与企业有关的一切单位和人都得到满意。员工、顾客、客户、供应商，甚至是竞争对手，这些都与企业有息息相关的关系。员工关系管理制度的制定就是为了能够让这些与企业有关的单位和人都得到满意，这样才能让企业形象和信誉得到提升。

3. 员工关系管理的意义

首先，做好员工关系管理的意义之一在于它是实现企业目标的前提。企业内部一切工作都是从员工关系开始，而且这也是企业管理的主体。众所周知，企业目标的实现并不是管理者一个人的事情，它必须要靠全体员工的合作。而只有一个相互团结的企业才能提前实现企业目标。企业员工关系管理正是为企业员工做到了相互团结和凝聚，所以这在很大程度上提高了企业办事效率。

其次，做好员工关系管理能塑造企业形象和提高企业信誉。很多情况下，外界公众或者社会媒体都是通过企业内部的员工来了解企业的，甚至连员工的一言一行都关系企业的形象和信誉。所以，做好员工关系管理，有助于员工形成良好的素养，这样传递到外界的信息也就更加乐观和积极。

此外，做好员工关系管理工作还是企业获得成功的必要条件。员工关系的协调与否直接关系到企业的生存问题。因为员工关系和谐，必然就会产生巨大的内在凝聚力，员工的积极性也会得到很大提高，从而才能发挥他们巨大的潜能，为企业创造更多财富。所以，不管从哪个角度来讲，做好员工关系管理，对企业发展都百利而无一害。

二、员工关系管理制度范本

◆范本：东风日产某分店的管理制度规范

总则

为了规范本公司的劳动人事管理，明确人事管理工作的各种职责，促进员工之间的和谐团结，特此制定本制度。

第一章　入职流程

第一条　入职条件

符合本公司岗位需求，并且通过面试和培训合格之后的员工。

第二条　入职资料

各部门新聘用的员工必须由本人带着自己的相关证件来公司相关部门办理入职手续。

第三条　员工档案管理

新入职员工的档案包括东风日产专营店面试评估表、招聘登记表、身份证复印件、学历复印件、劳动合同、驾驶证复印件等，如果有职称和证书的员工也应当一并将复印件交归档案。

公司每位员工都有责任来确保自己的档案记录与现实相符，任何有关姓名、地址、学历等相关资料一经更改后须在一周内通知人力资源部。

员工档案应当为机密文件保管，不能复制、外带。如有特殊情况需要外带，则要向总经理说明，总经理做出审批之后方可执行。

第二章　试用、转正流程

第一条　试用与培训

新员工入职之后，试用期为 1~3 个月，具体转正时间根据个人工作能力和表现而定。入职后的新员工必须要接受全方位的培训和学习。

第二条　试用期请假

新员工在试用期期间如果需要请长假，则需要根据实际情况来告知。而公司根据员工请假的实际情况有权做出与之解除劳动合约的行为。

第三条 劳动合同的签订

新员工入职满一个月后，公司会根据其表现与之签订劳动合同。

第四条 转正

新员工在试用期内，各相关部负责人应当密切关注新员工工作情况。在试用期满前的一周内，新员工要填写《转正申请表单》，交由相关部门审批，最后由总经理、董事长审批之后，方可批准转正。与此同时，新员工档案和资料将转交人力资源部备案。

第三章 岗位调动流程

第一条 公司安排

因公司需要做出的人事调动，则由原来部门经理或者主管来填写《岗位调动申请书》，且需要当事人签字确认，并经过总经理、董事长审批之后，由人力资源部和行政部门办理手续。

第二条 个人申请

因为个人原因请求调动，则需要由部门经理、总经理和董事长审批通过之后，由人力资源部和行政部进行安排做出相关手续。其资料需要由人力资源部进行备案保管。

第四章 复职

第一条 符合条件

（一）曾经在本公司做出优秀表现，且为公司创造过良好业绩；

（二）离职原因是家庭、学业等个人原因，且申请复职时个人的一些原因已经得到充分解决；

（三）办理离职手续时资料齐全，且公司留有档案者；

（四）该离职人员自始至终都十分认同公司发展规划和文化；

（五）从本公司离职之后未做过其他全职工作。

第二条 复职申请

（一）首先要领取《复职申请表单》，然后详细填写各项内容；

（二）经用人部门主管批准且填写相关意见；

（三）行政部经理和人力资源部经理批准且填写相关意见；

（四）总经理和董事长批准且填写相关意见；

（五）行政部和人力资源部对其已经批准的复职员工办理入职手续。

第三条　复职员工薪酬

复职员工的薪酬可以按照本公司考核业绩和薪酬管理制度来执行。在此之前，要与员工进行详细充分沟通之后才能执行。

第五章　离职

第一条　离职申请

无论员工自愿还是非自愿离职都必须填写离职申请表，并且要进行全面交接工作。试用期员工要提前 7 天进行申请，转正之后的普通员工需要提前一个月申请离职，而管理层员工则需要提前 45 天申请离职。经过相关部门领导和总经理、董事长批准之后，才能得到离职资格。

第二条　离职审批

员工被批准离职之后，必须要与行政部和人力资源部办理相关的手续，其离职材料将被留存在行政部。

第三条　离职工资福利结算

离职员工在办理了离职手续之后，享受到福利待遇的截止日期是正式离职的当天。

第四条　自动离职

自动离职的条件

（1）员工连续旷工 3 天以上或者一年之内连续累计旷工 7 天以上；

（2）员工没有进行书面离职申请；

（3）员工提出申请未得到审批者；

（4）员工离职手续未办理就自行离职。

自动离职的员工在离职当天起与公司解除劳动合同，预留工资不予发放，如果因为员工的自动离职而造成公司损失的员工，公司则有权要求自动离职员工对公司做出赔偿。

第五条　开除与辞退

公司正式员工如果由于个人行为，严重违反公司纪律，公司将会按照有关程度给予开除或者除名，被开除的员工从被开除当天起停发一切工资福利。如果本人给公司造成巨大损失，那么公司有权让其做出相应的赔偿。

第六章　员工沟通渠道

第一条　公司综合管理部会定期组织员工进行座谈或者会议，听取员工建议和解决员工遇到的问题。

第二条　公司会根据实际情况，每月对员工进行工作满意度调查。

第三条　公司在餐厅等活动区域会设置一些建议箱，员工可以通过匿名的形式来向公司提出建议和问题。

第四条　公司会不定期地举办各种文化活动，丰富公司员工业余生活，加强员工之间的沟通和交流。

第七章　员工沟通程序

第一条　员工在工作过程中遇到的各种问题，可以直接向公司上级反映，并且与之进行沟通和交流。

第二条　员工还可以通过电话、文字等形式与部门经理进行沟通。

第三条　如果员工在与上级进行沟通的时候，问题依然得不到解决，那么员工可以向更高层甚至公司总部递交意见书。

第四条　员工对上级部门的处理有意见，可以通过申诉方式向上级提出申诉。

第五条　公司各级管理工作者在接到员工递交的问题时，要在一周之内给予答复。

第六条　公司各级管理工作者都有责任维护和协调员工之间的关系。

第七条　严禁各个管理者通过任何手段来对提出意见或者投诉的员工进行打击或者报复。

附则： 本管理制度由公司总经理批准，即日起生效并且实施。

三、员工关系管理制度表格范本

◆范本：某公司员工试用期内沟通记录

姓名		部门		职务	
时间	沟通内容		结果（解决方案）		
员工签字： 负责人签字：					
时间	沟通内容		结果（解决方案）		
员工签字： 负责人签字：					

第八节　企业文化管理制度

一、企业文化管理概述

1. 企业文化管理的含义以及内容

　　企业文化管理主要是指对企业文化的深化和提升。在现代化企业中，在企业文化的引领下，配合企业战略、人力资源和生产等各方面的管理，就是企业文化综合管理。可以说这是针对企业文化的一种个性化管理。

　　企业文化管理的主要内容包括企业文化建设，为员工营造一个良好的工作氛围，共享企业价值观。它所牵扯的管理层面不仅关系到战略、组织、人力等，还关系到企业最高决策层和普通员工的管理，所以这是一个整体性强且个性突出的企业管理方式。

2. 企业文化管理的目的

首先，企业文化管理的目的之一是企业改革的一种需要。很多企业由于外部环境和内部形式发生改变，原有的管理和文化体系遭到了破坏和转型，因此在这种情况下，企业就必须要进行相关的企业文化管理，从而调动人们的深度改革意识。

其次，为了寻找一种核心力量。企业在长时间的发展过程中积累了很多管理技能，因此企业要想层层递升，就必须要对企业文化进行梳理和提炼，所以企业文化管理必不可缺少，这样一来，通过企业文化管理，能够找到和调动企业发展的核心力量。

最后，企业文化管理最重要的目的就是要让企业文化得到提升和传承。随着企业的快速增长，企业的优良传统文化正在面临着被稀释的危险。因此，要想保持和发扬这种企业文化，必须要对企业进行文化管理。将管理深入到文化中，把文化建设和管理作为管理的重要内容，让企业文化得到传承和发扬。

3. 企业文化管理的意义

做好企业文化管理，能让企业从内到外全面发展，让物质发展和精神发展双提高，从而使企业在同行中屹立不倒。

做好企业文化管理人人有责，也是企业员工内心的共同心声和认识，更是企业发展的必要因素和追求理念。因此，做好企业文化管理，能有效地聚合员工力量，让企业产生高效的凝聚力，迎接内外的一切冲击和外力。

二、企业文化管理制度范本

◆范本：某老字号品牌店的网络销售公司的企业文化管理制度

总则

第一条　为了加强公司企业文化管理，塑造企业文化发展，本公司特规定本制度。

第二条　本制度对公司企业文化管理内容做出相关规定，同时，此规定也是企业文化工作的基准。

第三条　本制度适用于本公司以及各地的销售分公司的文化工作。

第一章　企业文化管理机构

第一条　本公司企业文化小组和办公室是企业文化的管理机构。文化小组由总经理担任组长，协助管理者为副组长，其成员主要是下属各个单位和负责人组成。文化管理办公室设在综合管理部，各个分公司也应当成立相应的文化管理办公室，并且设立负责文化管理的负责人。

第二条　公司文化管理机构小组职责是设计企业文化管理的整体方案。

第三条　公司综合管理部是企业文化管理的归口管理部门。主要负责协调、审核、指导其他各单位、部门企业文化管理。具体的内容为：

（一）制定公司文化管理的相关规范制度。

（二）制定公司文化发展的具体规划和方案。

（三）制订公司企业文化年度工作的计划。

（四）组织公司对内外的文化宣传，并且负责监督执行。

（五）组织公司对内外的文化活动或者交流。

（六）对公司内部进行文化培训、考核和管理。

第四条　本公司将企业文化管理纳入各单位和部门的绩效考核范围之内。各单位和部门的负责人即为本单位或者部门文化管理的负责人。并且设立文化宣传和兼职管理人员，其具体职责是：

（一）制定本单位和部门的文化管理制度，协助企业文化在本单位和部门得到良好的推广和宣传。

（二）协助综合管理部进行落实企业文化管理的工作，保证各个员工积极参加公司组织的各种文化活动和交流。

第二章 企业文化管理的理念

第一条 本公司的企业文化管理理念主要分为公司愿景、公司使命、价值观、企业核心等内容。

第二条 本公司综合管理部是公司文化管理理念的执行机构。该部应当充分调研国内外先进的企业文化，总结出其中的经验和成果，制定出符合本公司发展的企业文化核心理念。

第三条 本公司综合管理部还要在文化管理工作的同时，深入了解员工的思想动态，分析公司的一些特点，听取各部门和员工的意见，推动企业的文化理念推广。

第四条 各单位、部门以及各员工要对企业文化综合管理部提出的工作推广，大力支持和配合，共同促进企业文化整体的发展和提升。

第三章 企业文化制度的管理

第一条 公司企业文化制度是本公司文化发展的规范，必须要与企业文化理念保持一致。

第二条 企业文化制度系统包含以下三个方面：

（一）企业文化核心理念规范。该制度是企业文化不断塑造和提升的基础。

（二）企业员工行为规范。这将能够更好地提升企业员工素养，为企业文化整体发展做出保证。

（三）企业风俗文化制度。该制度主要分为对内和对外两个方面。在企业内部，对其进行一种文化培训。包括在企业礼仪文化、服饰文化等方面做出规范。此外，在外部，对企业营销和公共关系处理也有很大帮助，是企业文化向前不断扩展的基础。

第三条 公司综合管理部是企业文化制度的编制和监督机构，凡是企业文化管理中的建议和行为被批准之后，综合管理部都要负责进行执行和落实。

第四章 企业文化事务的管理

第一条 企业文化事务主要是企业文化的一种外在表现形式。通过对这些事物的设计，可以直接且生动地表达出公司文化的核心内容和主旨。

第二条 企业文化事务具体包括：

（一）公司形象识别系统。

（二）公司对内外宣传标语。

（三）公司的标志。

（四）公司主题歌曲。

（五）公司容貌外观。

第三条 公司文化事务应用的范围：

（一）办公用品；（二）企业证件、文件；（三）公司宣传交通工具类；（四）公司指示和标志；（五）公司陈列；（六）公司商品包装和外观；（七）公司服饰；（八）公司出版的书籍报刊和宣传册；（九）公司礼包；（十）公司网页等。

第四条 公司综合管理部是企业文化事务设计的管理机构，该部门在充分听取相关意见之后，方可根据意见和看法而做出公司事务的设计。

第五章 企业文化管理的实施

第一条 公司综合管理部门直接负责和推动企业文化的实施，并且组织开展公司对内企业文化的宣传工作。

第二条 公司各单位和部门都要开展相对应的文化宣传，还要充分考虑到公司企业文化的要求。不能违背公司的理念和愿景。综合管理部门将会对此进行监督和引导，确保文化管理和宣传圆满和顺利。

第三条 各单位和部门在对内外开展文化宣传时，务必将要宣传内容上报综合管理部进行审查。部门或者单位通过审核之后，方可展开详细工作。

第四条 综合管理部应当及时开展公司内部丰富多彩的企业文化活动。

附则：本制度由公司董事长审议并且通过后颁布实施，望广大员工严格遵守，共同推进企业文化管理发展。

三、企业文化管理制度表格范本

◆范本：某公司部门文化管理审评表

项目	内容	基本分数	考评标准	得分
营造氛围	弘扬企业精神，积极主动承担企业内部任务，创建学习组织，加强文化培养，促进各项工作顺利进行。	10	参加公司有关部门组织的文化培训活动，符合相关部门要求。	
践行理念	运用文化理念，引导员工积极参加文化管理工作。树立大局意识，坚持以人为本，促进企业全面改革。	10	遵守公司内部制定的《员工行为规范》手册的内容。	
树立形象	工作中严格按照公司各部门的流程办事。树立良好的员工形象和环境形象，为企业赢得信誉。	10	爱岗敬业、诚信大度、彼此尊重、团结合作。	
组织领导（文化管理部门的相关人员）	重视企业文化建设，加强企业文化管理，制定企业文化制度管理规范和计划，执行并且落实文化发展制度，同时做好相关监督工作。	10	严格执行《公司文化管理办法》和《文化建设规划》方案。	

第八章
财务管理制度范本工具箱

企业的财务管理关系到企业经济状况，因此财务是企业内在支柱，做好财务方面的管理是企业管理者的必修课。有位经济学家说过："一个企业家，可以不懂财务知识，但却不能不懂财务管理。"这充分说明了财务管理对企业发展的重要意义。

财务管理包括预算、税务管理、成本、往来账务管理、资金、资产管理、会计、财务审计等。这些与数据时刻打交道的部门，更需要一个严谨、科学的制度来约束和规范。本章详细列举了各种企业在财务管理方面的制度范本和表格，更加直观地表现了财务管理的重要性。

第一节　财务预算管理制度

一、财务预算管理概述

1. 财务预算管理的含义以及内容

企业通过财务预算可以对企业的各部门进行资金合理分配，与此同时，还能够对各个部门在财务上进行考核和控制，以便能够更加有组织地完成企业目标。

企业财务预算管理是企业全面预算的一个分支，应当按照"上下结合、分级编制、逐步汇总"的方式来进行。具体的内容主要是制定财务预算管理目标、审批上报的财务预算草案并形成财务预算决议、执行财务预算，充分地让企业的资金投放在合适的区域，形成一种战略发展规划，为企业向前发展做好铺垫。

2.财务预算管理的目的

企业所以会做出财务预算，就是为了能够更好地分配资金，让企业发展更加合理，让管理者的决策更加英明。

（1）财务预算的目的是为了优化企业的资源配置。只有做出详细的财务预算，才能让企业各种资金和资源得到有效施展和放置。比如企业投资的项目、人力分配需要的资金需求等。

（2）协调企业管理，支持企业战略。财务预算虽然是企业经济上的一个预算内容，但却直接关系到企业决策和管理。因为企业发展和经营都离不开资金，而财务预算则能恰如其分地处理好这些管理和战略实施需要的资金分配。有了财务预算的基础和铺垫，才能更好地协调企业发展和战略。

（3）加强财务控制。加强企业财务控制是财务预算的一大重要目的，也是最直接的目的。

3.财务预算管理的意义

企业为了能够求得生存和发展，必须要将企业看作一个整体，无论是从目标还是战略计划上，都要注重内部的协调计划和组织。而财务预算则是一个十分重要的管理，因为它决定了企业战略实施的成功与否。

另外，企业财务预算是企业促进经济效益的一个必要途径。首先，现代企业，尤其是销售企业大都是以销售为主的渠道，因此产品定销的财务预算管理就是连接市场与企业战略的一个桥梁，可以说财务预算在企业经济发展中起到承上启下的作用，做好财务预算能够降低成本，最大限度满足市场需求，促进企业发展，让企业长期在竞争中获得最大收益。同时，财务预算管理还为提高企业经济效益提供了广阔的空间和时间。

财务预算管理是一个公司必不可缺的管理环节，彼得·德鲁克曾经说过："只有做好财务预算，才能让你的每一分钱都带来更大的利润。"

二、财务预算管理制度范本

◆范本：某公司的年度财务预算管理制度

财务预算管理制度

总则

财务预算是本企业最高管理机构对企业未来发展在一定时期的经营思想和目标，是由本企业经营活动等单项预算促成的财务责任体系。本制度为了规范财务预算的合理性而做出解释。

第一，财务预算编制程序

第一条　公司董事会根据企业发展长期规划，提出企业在本年度的经营总目标，并要求各部门编制本年度的财务预算。

第二条　各部门根据公司总经营方略制定出符合本部门的实际预算。

第三条　各部门将编制的预算，制作成书面形式，上报财务部进行审查和平衡，并且汇总做出公司财务总预算。

第四条　财务部将总预算上报董事会，董事会召集各位董事进行商讨，做出修改和建议。

第五条　预算在经过董事会同意之后，再上报公司各位股东进行驳回或者修改。获得股东批准之后，该预算计划将成为规范各项活动的文件，各部门都应该在这个预算范围之内执行计划。

第二，财务预算编制方法

预算按照上年发生的实际财务数据为依准和基础，对预算年度生产经营的情况进行详细的分析和预测，根据预测做出预算的总额。另外，随着企业长久的发展和编制的成熟，预算编制方式可以逐渐向零基础的预算范围过渡，从而形成全新的企业发展财务预算。

第三，财务预算程序

第一条　收入预算

有关预算负责人根据当年可能取得的各项收入做出一种收入预算。

第二条　支出预算

（一）税金预算：企业的营业税、城建税等。

（二）人工费用预算：人工费用预算包括：工资、工资附加费（福利、教育经费等）、社会保障费用（按照相关文件规定上缴的保险金、住房公积金等）。

（三）材料费用预算：每个部门都有主要备用的材料和消耗。这些预算要按照定额的依据和指标，合理安排和预计出所需要的材料费用。

（四）商业购置预算：在企业的经营过程中，购买一些设备是必须的环节，所以一定要对此做出详细的预算。

（五）招待费用预算：企业技术服务人员会经常接待企业的客户或者外出参加一些活动。因此，要对这其中的费用做出预算。

（六）其他费用：财务托管费用、办公材料费用、差旅费用、通讯费、水电费、折旧费等。

第三条　利润预算

利润预算是一个企业在一定时间内实现赢利的总额度，这个环节也集中反映了企业经营活动的最大效益和绩效。

第四条　预算编制特别说明：对收入和支出的编制依据以及在预算执行中有可能出现的情况等要进行说明，以此来更明确地作出明细详情。

第四，预算调整

第一条　预算编制要以企业战略、目标为前提，在实际中，预算与实际情况一定会出现差异，因此要对预算管理采取一定的预算准备、分析等方式，确保这个预算目标合理。

第二条　在预算执行过程中，如果有超出预算既定范围的情况，应当做出及时调整和规划。

第三条　预算调整的时间在年度中期进行。

三、财务预算管理制度表格范本

◆范本：某公司主要项目业务收入预算表

编制部门：＿＿＿＿＿＿＿＿＿＿＿　　　　　　　　　　　　　　　金额单位：万元

序号	产品规格	计量单位	第一季度		第二季度		第三季度		第四季度		合计	
			数量	收入	数量	收入	数量	收入	数量	收入	数量	收入

第二节　税务管理制度

一、税务管理概述

1. 税务管理的含义以及内容

税务管理是企业经营管理的一个重要内容，是企业在遵守国家税法的前提下，充分利用税收法规下提供的一切优惠政策，达到减少缴税，降低税收成本，实现企业高经济效益的一种管理活动。

它的主要内容包括企业在履行税收义务的同时，充分利用税法来对纳税期限规定的预缴和结算时间做出合理的处理，从而减少企业流动资金的支出。同时，它最重要的内容就是能够做出合理的税收筹划，保证依法纳税、诚信纳税，让企业最终得到高效发展。

2. 税务管理的目的

（1）为了能够合法减轻企业的税负。这是企业税务管理的最重要目的。每个企业管理者都希望能在合法的前提下减轻税负。为了达到这个目的，管理者认为很有必要进行税务的严格管理。企业各项决策和管理都与企业税负有着直接关系，因此企业税务管理就必须要深入企业管理中，只有这样，才能保证企业在税务方面更加合理和规划，让企业在合法的税法内减轻税负，让企业轻松发展。

（2）为了让企业从维护自身利益出发做到依法纳税、诚信纳税。依法纳税、诚信纳税是企业发展的必要因素。所以，企业纳税方面的管理不可缺少。加强税务管理不但能够让企业管理者以及员工的纳税意识得到增强，更能够推动企业税务管理条例管理的完善，引导和调节企业的各项功能，让企业得到全面发展。

3. 税务管理的意义

加强企业税务管理首先有助于降低企业税收成本。社会在进步和发展，税收也在定期增加，因此企业必须要将税收当作是企业管理和经营的必要成本。加强税务管理，可以有效节税，让企业更加合理有序地做出税务决策，降低企业实体成本，避免税收处罚，减少不必要的损失。

此外，企业加强税务管理还能够帮助企业在财务方面做出合理配置和调整。企业按照税务管理条例做出一定预算或计划，这样一来，企业就能够进行合理投资和改革。

二、税务管理制度范本

◆ 范本：某公司的税务管理规范

总则

为了规范公司税务管理，降低税负风险，本公司财务管理部门特此制定该制度。本制度适用于公司总部及其各分公司和办事处。

第一章　税务管理机构与职责

第一条　本公司财务中心税务部负责公司各项税务工作，并且直接进行监督与管理。

第二条　各分公司财务部应当设定专门的税务管理机构以及专业税务人员，如果有重大涉及税务风险检查，税务管理人员应当及时向总公司税务部汇报情况。

第三条　各分公司税务人员主要的职责是：

（一）办理税务登记证、纳税人资格认证以及各种重要的税务证件并且负责年审。

（二）购买、开具以及保管重要的税务发票以及其他各种发票。

（三）负责增值税发票的扫描认证以及各种税款的缴纳。

（四）编制各种内部税务管理报表。

（五）协调与总税务部的关系，保持良好沟通和交流。

（六）提出规避税务风险的各种建议。

（七）做好税务档案管理。

第二章 发票管理

第一条 购买或者印制发票

（一）各个部门需要开具的发票都由财务部税务人员进行负责，并且统一购买或者申请印制。

（二）各个分公司税务人员应当及时填写购买发票等相关申请表，并且由财务部负责人批准之后方可执行购买，税务人员必须保证公司内部不能出现发票短缺的情况。

（三）如果需要印制发票，则需要向当地税务机构申请且得到批准之后方可印刷。而且公司税务人员不能在发票上进行任何手工加工和涂改。

（四）购买的任何发票都需要直接入库保存，并且做好相关登记。

第二条 领用以及开具发票

（一）各分公司都由财务部税务人员开具经营所需要的任何发票，其他部门不能擅自领取和开具任何发票。

（二）税务人员在开发票之前要先进行申请，经过本公司财务部负责人员批准之后方可执行。且领用发票之前要进行登记。

（三）要按照发票类别来进行分别登记和入库，税务人员还要定期检查盘点发票数量。

（四）严禁将本公司发票借给其他公司使用，禁止向任何公司开具与本公司有关业务内容的发票。

（五）开具发票时不能任意涂改，因为填错信息的发票必须要进行作废处置，并且在各联都要加盖"作废"印章。

（六）开具任何发票都应该按照法律程序填写客户名称，不能留空或者简化。

（七）普通销售发票、服务业发票要在实际业务发生一个月以内开具，超过期限则应由本公司财务人员批准之后方可开具。

（八）增值税发票的开具要在实际业务发生后三个月之内开具，如果超过期限，则由本公司财务负责人进行批准之后方可执行。

（九）各税务人员应当在收到有效开票资料之后的五个工作日内进行开票，如果收到的开票资料不符，则不应开票，但要及时说明情况，并且补充完整的开票资料。

（十）税务人员将开具的各种发票交给客户时，应当由客户当面进行书面签收，并且保存发票签收表。

第三条　采购或者报销有效发票

（一）各分公司采购各种商品以及报销各种费用时都要依法取得相应的有效发票。

（二）本公司由于长年做广告，因此向广告公司支付的广告费用应取得广告业发票；向运输企业支付的运输费用也要取得公路运输发票。

（三）采购库存商品应取得 17% 的增值税专用发票。

（四）取得的所有增值税发票必须要在有效期内进行扫描认证。

（五）移交或者接收增值税发票时应当按照实际情况来填写相关明细表，且要交由双方签字确认。

（六）税务人员当月收到的税务发票必须要在当月内进行扫描确认，不能有任何遗失。

（七）财务人员进行账务处理时，选用的科目记录凭证要与取得的发票内容保持一致。

第三章　纳税

第一条　各分公司应该按照主管税务机关要求进行申报所有纳税报表，并且按时缴纳税款。

第二条　年末税务人员都要按照企业所得税汇算清缴口径填写所有的报表，并且根据此表进行计提企业所得税，经过企业财务中心批准之后，方可执行年度所得税的税务处理。

第三条　年度内如果公司发生重大财产损失，那么应该按照判断来做出是否需要申请中介机构来提供鉴定报告，并且依法做出损失鉴定报告，及时汇报税务机关，获得税款扣除的批文来执行相关税务处理。

第四条　无论企业发生亏损还是盈利，都应该进行年度所得税汇算清缴审核报告。

第五条　各分公司应该按照公司财务中心的要求，定期向总部税务部进行汇报税务管理报表。

第四章　办理税务证件

第一条　各分公司获得营业执照之后，要及时办理税务登记，按照当地税务机关的要求开设纳税账户。

第二条　各分支机构如果符合汇总缴增值税的要求，那么至少应该在开业的前一个月向主管税务机关进行递交所有的资料，并且获得缴纳增值税的批文。

第三条　各分公司至少要在一个月内完成税务管理的各种基本工作。

第四条　各分公司应该及时按照法律来办理各种税务证件的年审。

第五章　税务档案管理

第一条　各分公司应该将各主管的税务机关进行登记。

第二条　各分公司要将所有法定纳税申报表以及内部各种税务申报进行妥善保管。

第三条　各公司要将税务机关出具的各种批复和检查决定形成文件装订成册，并且妥善保管。

第四条　各分公司要建立税务管理保管清册，对所有的税务证件进行清册保管。

第五条　若分公司税务人员离职，则应办理税务档案移交手续，填写相关税务移交清单。

第六条　如果需要销毁相关税务档案，由总部财务负责人批准之后方可执行。

第六章　附则

第一条　本制度自 ＿＿＿ 年 ＿ 月 ＿ 日起执行。

第二条　本制度由总部财务中心做出解释。

三、税务管理制度表格范本

◆ 范本一：某公司税款缴纳记录表

年度：_____年

税款名称	缴税处	标准	上月		下月		合计	备注
			日期	金额	日期	金额		
合计	—	—	—		—			

◆ 范本二：某公司变更税务登记申请表

申请者名称		部门	
地址		联系电话	
企业性质		所属行业	
税务登记证号		发证日期	
申请变更登记项目		变更前	变更后
变更原因	签字（盖章）_____年___月___日		
征管人意见	签字（盖章）_____年___月___日		
税务机构意见	签字（盖章）_____年___月___日		
征管科意见	签字（盖章）_____年___月___日		

第三节　成本管理制度

一、成本管理概述

1.成本管理的含义以及内容

企业成本管理主要是指企业在生产经营过程中的各种成本核算、分析、决策、控制等一系列的科学管理。

成本管理的内容包括成本规划、成本计算、成本控制和业绩评价四项主要的内容。其中，成本规划主要是根据企业战略和所处市场环境而对企业成本做出的一种合理规划；企业成本计算是成本管理中的基础，也是企业各项生产发展的必要条件；成本控制则是指利用成本计算信息采取一定的控制手段降低成本，或者改善成本的一系列行为；业绩评价就是对成本控制的一种评估，目的就是能够更好地控制企业活动，控制企业成本。

2.成本管理的目的

（1）以最少生产消耗来取得最大生产成果。在现代企业发展中，如果不对企业成本进行合理管理，那么企业将很难在资金等方面有所约束。企业管理者必须要对成本分配有一定了解，从中得知企业成本的分布情况，再对此做出一定的科学管理，这样一来就会在很大程度上约束企业各个环节的科学运作，以求用最少的消耗来取得最大的生产成果。

（2）保证生产质量的前提下，对企业经营过程进行合理管理。企业成本管理对企业发展来说是一个十分重要的环节，它关系到产品的质量。如果一家企业对成本没有合理管理，那么企业在运营过程中就很难将企业生产和管理结合在一起，从而容易出现企业生产畸形。而对企业成本管理和控制，则很全面地完善企业整体的运营，从而让企业在保证生产质量的前提下，对企业做出合理管理。

（3）为企业整体运营目标做出合理规划。企业发展需要内外相互映衬才能协调发展，而这就必须要对企业成本做出管理，在不同市场环境下，企业成本运用和需求也不同，因此在如今竞争激烈的情况下，就更需要企业做出科学的成本管理和规划。

3. 成本管理的意义

做好企业成本管理是企业科学、系统发展的一个重要前提，它不但能够让企业节约开支、加强经济核算，还能在一定程度上改进企业管理模式，提高企业整体管理水平。因此做好成本管理具有重大意义。

再者，从成本本身来说，成本是体现一个企业生产和管理的综合体现，因此，成本管理不能局限，必须要扩展到企业生产的各个程序环节中，包括生产成本、原材料采购、人工领域等。只有发动全体员工参与，才能实现全面成本管理。所以，做好成本管理能够最大限度地挖掘企业发展潜力，降低企业成本，提高企业整体管理水平。

二、成本管理范本

◆范本：某大型产业公司的成本管理制度

总则

第一条　为加强总公司所属企业成本、费用管理，提高企业经济效益，现在按照国家法律规定的企业相关成本管理条例实施明细，本公司结合现行的财务会计制度和实际情况做出本规定。

第二条　本制度适用于各所属企业。

第三条　本公司成本管理的基本任务是对成本费用的一种预测、计划和控制等，通过分析正确反映出公司生产经营成果，最大限度地降低企业成本。

第四条　在成本管理中，各单位要严格遵守国家法律政策，实行成本管理的责任制度，以此来使计划管理、定额管理和分级管理做到相辅相成，最终正确核算出各单位成本和费用。

第五条　各分公司总经理对本单位成本管理进行负责，总会计师或者财务总监协助总经理来组织本单位的成本费用核算，准确做出成本计算，并且对公司经营所产生的效果进行负责。

第六条　各单位财会部门具体来负责成本费用的核算工作。总公司财务部会依据法定程序对各所属单位的成本进行管理和监督。

第七条　各所属单位应当根据本制度，结合单位实际情况制定各自成本费用实施明细，并且交至财务本部进行备案。

第一章　成本开支范围

第一条　企业应该严格地按照国家财务关于成本费用开支的范围规定来加强对产品生产成本及各项费用核算与管理。具体开支范围严格按照工业企业财务制度的规定来进行执行。

第二条　总公司所属的其他行业单位应该根据各种单位实际情况来认真地遵守国家行业财务会计管理制度的开支范围。

第二章　成本费用核算

第一条　各所属企业制造成本必须要根据计算期内完工产品的统计产量和价格进行核算，对于企业在经营期间内的费用，则应按照其归属期限，来按照实际情况分类核算。

第二条　企业不能以计划成本和定额来代替实际成本。在成本计算过程中，对成品进行核算的，要严格按照规定成本计算期及时调整为实际成本。

第三条　对于分期摊销的费用，应当及时按照费用项目的受益期限来确定其数额。受益期限未超过一年的费用，则应当将其列入待摊费用；受益期限超过一年的费用，则要列入递延资产。企业递延资产应当在年末会计决算中加以详细说明，并由公司财务本部进行核查。

第四条　如果需要从成本费用中提取一定的费用，应该汇报总公司财务，并进行备案。

第五条　低价格的日耗品单价在300元以内，可列出产品名，在领用时可以一次列入成本费用。单价在300元以上且使用期限超过一年的，必须要采用五五摊销法进行核算。

第六条　产品成品在产品成本以及其他费用的核算，一律以月为成本计算期。

第三章　成本管理责任制以及监督管理

第一条　各单位必须要明确分工，以及明细岗位职责，在此基础上建立成本管理目标责任制。并且编制成本、共用计划和详细方案，对企业成本实行计划控制。

第二条　各单位应根据各自特质，并结合国家相关规定，制定符合本单位的定额指标且认真执行。总公司会对不同性质的单位采用不同方式考核和监督。

第三条　各单位的财会部门要制定合理的成本管理责任，制定本单位成本费用管理制度，组织核算计划，落实和监督具体的执行情况。

第四章　附则

本制度由总公司财务部负责做出修订和解释。

三、成本管理制度表格范本

◆ 范本：某公司生产成本核算表

生产工单：　　完工日期：
产品的名称：　规格：　数量：　缴库单编号：

	原料名称	规格	领料单号码	单位	数量	单价	金额（元）		物料名称	规格	领料单号码	单位	数量	单价	金额（元）
耗用直接原料								耗用直接物料							
	合计								合计						

直接人工					分配费用			成本合计		单位成本	
生产单位	如期	工时数	工资率	金额	工时数	分摊率	金额	项目	金额	金额	说明
合计								合计			

缴库记录			出货记录				备注
日期	单号	数量	日期	名称	发票号码	数量	

财务部经理签字：

会计签字：

制表：

第四节　往来账款管理制度

一、往来账款管理概述

1. 往来账款管理的含义以及内容

往来账款是企业在经济发展活动中发生的应收、应付、暂收、暂付等行为，这是企业资产和负债的一个重要组成部分。随着现代经济不断发展，企业之间竞争也日益激烈，企业为了提高市场竞争力，越来越多的管理者运用商业信用来促销和赢利。然而，市场信用危机又让企业之间产生相互拖欠的现象越来越严重，这严重造成企业的外来账款的复杂和增加。此外，企业在财务方面的经营管理往往出现很多经济难题，造成往来账款十分复杂，这种结果也增加了往来账款，这就很容易让企业在资金周转方面产生问题和困难。为了抑制这种现象，让企业资金周转灵活，企业就格外重视现代企业往来账款的管理。

企业往来账款的主要内容包括：应收账款、预付账款、应付账款等。而从整体上按照基本性质主要分为两大类：应收款类和应付款类。

2. 往来账款管理的目的

（1）为了让企业制定合理的信用政策，减少信用风险。企业要想发展和扩展，不仅需要内部的实力，还要依靠外在的信用，而要想制定出合理的信用政策，就必须要对账款的来往进行恰当的管理。

（2）为了改善企业内部资金的灵动流动。很多企业为什么因为流动资金周转不开而宣布破产，其实根本原因在于他们没有及时做好来往账款管理。只有明细来往账款，才能清楚企业内部资金的流动趋势和分配情况，这样一来，有利于管理者及时做出决断，不至于让企业陷入危机。

（3）为企业发展保驾护航。企业的每一笔来往账款都关系到企业每个细节，做好往来账款管理的目的就是为了能够为企业在每个细节方面的发展做到合理明细。

3. 往来账款管理的意义

做好企业往来付款管理，有助于让企业在竞争激烈的社会中有条不紊地发展，还能够让企业不因为信用危机而处于危难之中。

此外，做好往来付款管理还能保证企业及时回收资金，加快企业资金的良性循环和利用，这能在很大程度上提高企业资金周转的高效，让企业在关键时刻能够得到喘息机会，防止产生坏账，减少企业不必要的财务损失。

二、往来账款管理制度范本

◆范本：某销售公司子公司的往来账款管理制度

第一，往来账管理——应收账款管理

第一条　为进一步规范产品的销售工作，减少经营风险，保证公司财务安全，最大限度减少坏账，特此对销售公司应收账款的管理作出规定。

第二条　公司产品销售规定的原则是："现款现货、款到发货"。因此，从原则上来讲，销售分公司不允许产生有应收贷款余额的现象。

第三条　分公司在原则上不能出现赊销现象。如果确实需要赊销，那么应该先向总公司财务部提出书面申请，申请中必须要说明出现应收账款单位的经营能力、经营资格以及经营资信等情况，且还需要分公司的财务经理和总经理做出意见。申请经过总公司财务部和销售总监的审批之后，方可下发分公司财务部，进行处理。如果分公司应收账款的期限超过一个月，那么分公司必须及时地以书面形式汇报总公司，并且采取相应措施，进行妥善解决。

第四条　分公司财务经理每月都要向总部汇报应收账款的明细表，并且对此做出详细的分析。不能只报余额而不作账龄分析，每个月尾，公司财务经理必须要与经销商对账，并且获得经销商签字和盖章的确认书，同时，财务部要对此做好详细记录。

第五条　分公司不能以"应收账款"来协调销售额，任何虚增或者虚减的做法，均属假账的违规行为，一经查出，将按照违反纪律由总部财务经理和公司总经理进行处罚。分公司必须加强对应收账款的管理，严禁出现假账、坏账的行为，尤其是分公司财务负责人，更不能带头做假账，一经查出，总公司将对当事人进行法律追究，直至免职。

第二，往来账——内部往来管理

内部往来账目的核算是分公司与总公司之间的贷款、费用等业务往来的结算，而分公司与分公司之间不能有任何的往来挂账，一经查出，将对各负责人进行严惩。

第一条　本科目按照单位设置明细科目：

（一）当收到其他分公司开具税票时，应该按照税票上的价款进行借记"库存商品"，还要按照税票上的税额来进行借记"应交税金—进项税额"，此外还要进行贷记"内部往来"。当分公司将贷款打回总公司总部时，要借记内部往来，贷记"银行存款—贷款户"。

（二）总公司拨给分公司费用时，分公司要进行借记"银行存款—费用户"，贷记本科目。

第二条　为保证总公司与分公司往来项目更加明确，方便审查，公司规定所有往来账目均需要注明编号，而且一式三联的转账通知单由经济业务发生的单位部门填写，并且汇交双方，同时入账。内部往来业务必须要在每个月尾进行核对，双方各存有一份存档备案。当需要调节项目时，只允许在时间上进行调节，且要查明详细原因。

附则：本制度由总公司财务总部做出解释与修订。

三、往来账款管理制度表格范本

◆范本一：某公司往来账明细表

日期	凭证号	备注	源头	票据号	人民币	人民币	借／贷

◆范本二：某公司收款单

收款单

单据编号：　　　　　　　　　　　　　日　期：

客　户：　　　　　　　　　　　　　结算方式：

结算科目：　　　　　　　　　　　　币　种：

汇　率：　　　　　　　　　　　　　金　额：

本币金额：　　　　　　　　　　　　客户银行：

客户账号：　　　　　　　　　　　　票务号：

项目名称：

备注：

序号	款项类型	客户	部门	负责人	金额
1					
2					
3					
4					
合计					

第五节　资金管理制度

一、资金管理概述

1. 资金管理的含义以及内容

资金管理是企业对资金来源和使用进行的一种规划和控制，资金管理是企业财务管理的重要组成部分。资金管理主要包括固定资金、流动资金和专项资金的管理，是企业生产和运营的重要基础。

资金管理的主要内容包括：投资决策计划、建立资金使用和管理的制度、核查和监督资金的使用状况、考核资金的使用效果。而资金管理的主要任务表现包括筹资管理、投资管理、债务管理、强化债券、利润管理等。

因此，企业资金管理的覆盖面十分广，是企业财务管理的核心内容，是企业经营的基本前提，同时也是坚定企业成果的重要标准，所以，管理者对资金管理要格外用心，只有这样才能让企业得到优良发展。

2. 资金管理的目的

资金管理的目的主要就是企业能够正确合理地规划资金的使用和分配，让企业得到高效发展。具体来说，资金管理对企业的目的主要有以下两点：

（1）组织企业资金供应。企业想要发展，最首先需要的就是资金，只有保证企业生产经营和活动所需要的资金，才能够将企业的发展维持稳定。所以，企业开启资金管理就是为了能够组织和保证企业资金得到一个平衡供应。

（2）提高企业资金的利用效率，达到节约资金，有效分配资金的目的。企业的资金如果不能合理科学地分配和利用，那么企业管理者很可能会主观地分配资金，造成厚此薄彼，企业不能平衡综合地发展，那么企业资金的利用效率也不会提高，反而会浪费资金。所以，资金管理就能很好地解决这个问题，让企业资金得到有效利用，达到节约资金，促进企业高效生产的目的。

3. 资金管理的意义

资金是企业经营的血液，是企业发展的最基本前提。企业在经营发展中必须要依靠足够的资金来解决，假如一个企业没有资金或者资金严重不足，那么即便是有再好的项目和蓝图也是徒劳。因此从这一点上来说，充足的资金是企业顺利经营和发展的重要保障，对企业发展起到决定性的作用。

而对于企业财务管理来说，如何让企业筹集资金、如何使用和规划资金，使资金得到有效利用和管理是企业财务管理的重要任务和责任。总之，资金是企业生产的前提，资金管理则贯穿于整个生产经营的始末，它具有举足轻重的作用，只有抓住资金管理这个核心，才能正确地疏通资金流转的环节，提高企业的整体经济效益，所以，强化企业资金管理对企业整体运作具有十分重大的意义。

二、资金管理制度范本

◆范本：某文化公司现金管理制度

总则

公司资金的使用范围要严格按照国家有关规定，严格控制资金结算，超出结算起点的付款应一律通过银行进行结算，个别情况下，如需现金结算，必须要取得对方的收款收据，公司不能为任何企业、单位或个人套取现金。

公司支付现金的范围：

（1）支付给员工的薪酬和福利等开支；

（2）报销员工的差旅费、业务费等；

（3）结算起点以下的小额支出；

（4）公司董事长批准的特别支出费用。

现金管理制度内容：

第一条　各单位应该核定库存现金的限额，库存现金的限额要以企业、单位一周以内的日常用量为基准，凡是超出库存现金的部分要及时地送存银行。企业现金的存入及取出时，应当派专车接送，避免出现不必要的麻烦。

第二条　现金管理必须要严格执行钱、账目分管的原则。公司出纳和会计人员必须要分清各自的职责，为加强现金管理，要形成相互制约的作用。

第三条　一切现金收入都要开具收款收据，出纳人员要办理相关收款手续，还要对其收款收据加盖"现金收款"的印章。

第四条　财务人员从银行提取现金时要严格按照银行制度来办事，在企业内部还要填写相应的现金领用单据，并由财务部的总负责人审批。

第五条　一切现金支出要有原始的凭证收据，并且由经办人进行签名，经过主管和有关人员审核之后，出纳人员才能付款，在付款之后，还要加盖"现金付款"印章，并妥善保管。出纳人员不能受理任何没有按照程序办事的付款业务，不得受理不完整和不真实的原始凭证。

第六条　出纳人员要建立一个健全的现金账目，逐个记录每笔现金支付的项目，并且结算库存余额。所有账目应当日清月结，每日结算，保证账款相符。如果出现长短款，应当向财务负责人汇报且查明原因之后及时处理。

第七条　禁止财会人员用白条来抵冲现金，不能私自借支现金，不能保存账外现金且严禁公款私吞。

第八条　银行账户开立各项管理程序：财务部门根据实际情况向上级提出申请，且经过财务部总负责人审批之后交由董事长审核，通过之后再交由出纳人员具体办理。

第九条　公司银行账户只供本公司收支结算运用，不能出借银行户头给其他的公司或者个人使用。

第十条　因销售产品和提供劳务而获得的资金收入在原则上只能通过基本账户办理。而如果需要为某种特殊的业务而进行办理相关业务，则需要开设专用账户。

第十一条　公司严禁用个人名义开立银行账户。

第十二条　分公司负责人和财务部负责人也要加强对银行账目的强化和管理，要定期检查银行账户使用情况。另外，分公司还要每周向总公司报送分公司账户余额以及使用情况。一经发现问题，应当立即向总公司财务部进行汇报，且妥善处理。

第十三条　总公司财务部会不定期对分公司银行账户进行监督和抽查，如果发生特殊情况，总公司财务部会将其结果通报全公司。

第十四条　银行票据由出纳员来专门负责和保管。

第十五条　公司除了现金开支范围之外所有业务的付款支出，应当采取支票和汇票的银行结算方式来进行。

第十六条　公司业务或者日常费用付款，如需预先领取支票，必须填写相关的表单，得到总部的审批之后，方可办理。

第十七条　空白支票必须由出纳来统一保管。因故作废的支票，出纳要加盖作废印章，并且登记保管，列入年末销毁清单。

第十八条　如果结算方式为汇票结算方式，经办人将付款申请经过上级确认之后交由出纳来办理。经办人员采用汇票付款之后，应当及时地将发票传递到财务部进行报销。

第十九条　公司出纳人员要每天进行登记银行日记账，且要结出每日余额。出纳应当每月根据银行的对账单进行仔细核对和清理，查明未达账项原因，并且做好记录。

第二十条　公司建立备用资金审批制度，备用资金主要用于各部门的一些小金额日常开支和其他零星开支。财务部根据各部门和单位的业务需求，确定备用资金的合理限度，并严格控制员工无节制地借取备用资金的行为。

第二十一条　借支备用资金需要经手人填写相关借款单，注明金额和还款时间，各部门的负责人审批之后，由财务总监和总裁进行审批。

第二十二条　各部门备用资金支出之后，其有关票据要按照报销程序交由财务部来按照相关程序进行报销，并及时补足备用资金。

第二十三条　备用资金试用期满之后，各部门应尽快将备用资金交至财务部，并且由财务部负责人进行重新核定备用资金的额度。

第二十四条　员工出差以及其他小额支出费用，可以申请借款，交至财务部审核。

第二十五条　员工借款的申请程序为：

（一）经办人要填写《借款申请单》，然后注明借款人，借款部门、借款用途、借款金额和还款日期。

（二）财务部负责人要对借款申请进行详细审核，无误之后，交由公司董事长办公室进行审批。

（三）出纳可根据审批之后的《借款申请单》进行付款。

第二十六条　借支款项应当在业务完成一周以内进行报销或者还清，没有按照规定及时完成交易者，财务部要通知人力资源部从借款人工资薪酬中扣除，并且不能批准下次的借款。超过三个月仍然没有还清超过 3000 元的借款者，财务部应当将其提交相关部门进行处理。

第二十七条　员工被调离时，原所在部门应当督促其将各种借款还清，未得到妥善解决的，人事部门不得对其办理相关调离手续。

第二十八条　财务部门要逐月对资金管理的各种业务进行清理。

附则：本现金管理制度由总公司总经理批准，且由财务部修订并做出解释。

三、资金管理制度表格范本

◆范本一：某公司现金盘点报告表格

单位：元

现金及其周转领用资金	面值	数量	金额	盘点异常事项
小计：				盘点结果报告：
其他项目				
员工借支				
总计				
账面数				
盈亏				

续 表

项目	张数	金额	盘点数	盈亏	
					备注:
核准				复核	
盘点人					

◆范本二：某公司零用金额管理表

单位：元

日期		支出项目内容										结存
月	日	借支	燃料费	差旅费	餐费	修理费	文具费	消耗费	购买费	医疗费	其他	

◆范本三：某公司现金银行存款结存表

单位：元

银行类别	昨日结存	收入	支出	本日结存	备注内容

银行类别	昨日结存	收入	支出	本日结存	备注内容

负责人：

填表：

第六节　资产管理制度

一、资产管理概述

1. 企业资产管理的含义以及内容

　　企业资产是企业管理者和投资人通过一系列投资活动在产业筹集和经营方面所必备的资源和物质资料。企业资产主要有公司债券、货币资金、存货、固定资产、无形资产等。而对企业资产的管理则是企业财务的一项重要内容，也是企业生存和稳定的前提。所以，企业资产管理也被称为企业信息化解决方案的总称，主要是提高资产可利用率、降低企业成本的一项管理。企业通过对固定资产的管理，能够起到优化企业，维修企业资源的作用。

　　企业资产管理主要是一切资产及其维修管理为核心内容，具体主要包括：企业固定资产的基础管理、工单管理、资产库存管理、采购管理、维修管理、数据采集等。

2. 企业资产管理的目的

首先，做好企业资产管理的目的之一是为了做到保值与增值。通过企业资产运作，实现资产良性利用循环，最终来实现资产效益最大化，让公司得到全面发展。

其次，做好企业资产管理的目的还在于预防和降低企业投资风险和损失。

最后，企业资产管理的目的是为了保障员工参与企业管理的一个体现。在企业发展过程中，员工是企业发展的主要动力，因此做好企业资产管理，就等于是为员工提供了工作的有利条件和氛围，进一步提高企业员工的积极性。

3. 企业资产管理的意义

企业资产管理是企业生存和发展的前提，也是企业财务管理的重要体现。做好企业资产管理能够实现企业资产管理信息化，可以让企业有效地分配生产设备和人员资源，还能通过检修和维修企业固定资产设备，以在一定程度上保障工人的安全，保证企业各项程序顺利进行。

此外，做好企业资产管理还能够让企业资产系统化，轻松解决在资产管理中因为缺乏一些设备功能管理造成的难题，也能让企业顺利地渡过发展中的各种瓶颈时期。

二、资产管理制度范本

◆范本：某公司固定资产管理制度

总则

为强化公司固定资产管理，明确各部门以及职工的职责，公司财务部根据公司实际情况，制定符合我公司固定资产的管理条案。

第一，固定资产的管理部门

根据公司内部资产的制度，固定资产由设备部对生产设备以及相关设备进行管理，计算机部对计算机设备进行管理，人事行政部门要对办公室的工具以及运输工具进行管理。

各管理部门应该做到以下几点：

（1）设置固定资产的实物台账，建立固定资产条卡；

（2）对固定资产进行统一分类，进行编排序号；

（3）对固定资产的使用要落实到位。

第二，固定资产核算部门

（1）财务部门是公司所有固定资产的核算总部门。

（2）财务部要设定固定资产的总账以及明细分类。

（3）财务部对固定资产的增减变动要进行及时的更改和处理。

（4）财务部与固定资产有关的各个细节管理部门在每一个季度都要进行一次固定资产的盘点，做到与账目相符合，如果有遗漏或者不足之处，应当及时处理和解决。

第三，固定资产的购买

（1）各个部门如果需要购买固定资产，则首先填写相关申请表，由部门经理和生产部门总经理以及财务部批准之后，交由总经理办公室进行审批，审核通过之后，方可执行。

（2）采购部接到审核批准通知之后，要填写相关采购资产的申请，然后经财务部和总经理批准之后方可购买。

（3）固定资产在购买货物收到之后，由固定资产的管理部门进行验收，并且填写验收单，做好相关记录。

第四，固定资产的转移

（1）固定资产如在公司内部员工之间进行调拨，需要填写相关申请，然后交至财务部进行审核。

（2）在转移固定资产过程中，固定资产的编号不能改变，以便正常监督和管理。

第五，固定资产出售

固定资产使用部门对闲置和没有使用的固定资产进行书面的报告交至管理部门，管理部门填写相关固定资产的明细表。管理部门在做出固定资产处理意见时，应按照以下内容执行：

（1）固定资产如果需要以出售来处理，则需要固定资产管理部门首先提出申请，并填写相关申请表。

（2）固定资产管理部门还要列出准备出售的资产明细表，并做出出售原因和金额明细表，将此内容上报部门经理和财务部负责人等待审批。

（3）固定资产出售申请得到批准之后，固定资产管理部门要对资产进行相关处置，按照资产编号的信息进行登记，做出明细记录。

（4）财务部根据已经批准的出售申请，开具发票和收款，并对此做好明细记录。

第六，固定资产报废

（1）当固定资产受到严重破坏，并失去维修价值时，固定资产使用部门应及时向有关管理部门提出报废申请。

（2）经过批准之后，固定资产管理部门要对固定资产实物进行处理，处理之后对固定资产条卡进行更新，并且将最终处理状况交至财务部做备案。

（3）财务部根据上级批准的固定资产报废申请和结果，进行账务处理。

第七，固定资产的清查

（1）公司建立固定资产的清查制度，清查时间分为年中清查和年末清查。

（2）固定资产的清查工作由固定资产管理部和财务部共同进行。

（3）固定资产清查时要填写盘点资产明细表，详细地记录固定资产的各种状况。

（4）在清查固定资产时，财务部还要做好与固定资产账面的核对。

附则： 本固定资产管理制度由公司财务部做出解释和修订，希望各位职工和相关管理部门严格遵守。

三、资产管理制度表格范本

◆范本：某公司固定资产登记表

本卡编号：

财产编号：

名称			抵押设定、解除以及保险记录	抵押行库				
型号				设定日期				
厂牌号码				解除日期				
购买日期				保险类别				
购买金额				承保公司				
存放地点				保单号码				
使用年限				保险费				
附属设备				备注				

日期	单号	备注	单位	数量	资产价值			每月折旧额（元）
					借方	贷方	余额（元）	

第七节　会计核算管理制度

一、会计核算管理概述

1. 会计核算管理的含义以及内容

一个企业的会计核算也称为是会计反映，主要是以货币为主要计量尺度，对会计主体的资金运作进行的一种真实反映。具体来说，主要是指对会计主体已经发生的经济活动进行的核算。

会计核算的主要内容包括：记账、算账和报账，具体来说就是：设置账户、复式记账、审核凭证、登记账簿、成本计算、编制会计报表等几大方面。合理且有组织地进行核算是会计核算工作的重要条件。

2. 会计核算管理的目的

（1）为了能让会计在账务管理上找到一种最具实用性的核算方式。在企业的正常管理中，如果不能加强会计核算的管理，那么会计人员很可能会遇到一些无章可循的问题，面对这些复杂的问题，企业的财务管理会越来越乱，难以形成可操作的核算方式。而通过对会计账务上的具体核算方式的管理，能够从中根据各种账务特点来寻找更多具有实用性的核算方式，这将有利于提高会计核算的效率。

（2）为了让企业得到一个良好的经济发展环境，让财务管理更加条理。企业发展程度决定了企业经济利润的趋势，而要想让企业得到一个好的经济发展环境，会计核算则是财务管理中不可缺少的一种管理制度。有了这种管理制度，财务工作将会更加有条理，企业在经济上的各种难题也才能迎刃而解。

3. 会计核算管理的意义

会计核算是一个企业财务管理的重要体现，也是企业在经济方面支出和收获的一个重要依据，只有做好了会计核算，才能正确保证企业在各方面都能合理配置，企业的财务也才能有条不紊地处理各种经济上的往来项目。

做好会计核算，还能让企业每笔款项都有始有终，而且也有利于财务部人员便利地核查和监督。这样一来，对企业内部的经济情况来说，会计核算就起到一个很好的保护作用。因此，做好企业会计核算的管理工作对企业综合发展来说十分重要。

二、会计核算管理制度范本

◆范本：某公司会计核算管理大纲

第一条　会计年度核算一律采用公历年制，例如：2011 年 1 月 1 日至 2011 年 12 月 31 日为一个会计年度。

第二条　会计核算一律按照人民币为记账本币位。

第三条　按照国家相关规定设立会计账簿，会计不得私自设立账簿。

第四条　会计核算人员对发生的每笔业务，必须要取得或者填制原始凭证，原始凭证内容必须清晰合法。

第五条　每个会计在年度前三个月进行月内季度报告。

第六条　会计人员工作变动必须要办理相关交接手续，编制详细的清单和列明需要移交的一些会计档案，且要按照规定来进行移交。所有移交的材料必须要一式三份，由移交人、接管人和监督者共同签字。

第七条　对于单项金额过大且有客观证据表明发生减值的应收款项，要根据其将来现金流量现值低于其账面价值的差额计提坏账准备。

第八条　公司财务部根据登记，要对完整且核实无误的账簿进行记录和编制详细的会计核算报表，做到数字真实和计算准确。

第九条　会计核算人员在报表中要书写工整认真。

第十条　公司将会计核算报表作为企业财务管理的重要内容，要进行监督和核查。

三、会计核算管理制度表格范本

◆范本一：某公司收支管理日报表

单位：元

摘要		本日收支额			本月合计	本月预计	备注
		现金	存款	合计			
前日余额							
收入	销售记账						
	分公司汇款						
	票据回收						
	抵押借款						
	私人借款						
	预收款项						
	进账合计						
支出	偿还借款						
	购买材料						
	其他						

◆ 范本二：某公司会计账册登记表

_____年____月____日

账册名称	使用时间	年度	起用日期	序号	保管人	备注

编制：   审核：

第八节　财务审计管理制度

一、财务审计管理概述

1.财务审计管理的含义以及内容

企业财务审计是现代企业发展的必然产物，也是现代企业财务管理的一个重要内容。企业财务审计的主体主要是企业内部审计机构，以及主要的审计组织的专职审计人员。企业财务审计的对象不只是企业的会计信息，还包括企业财务收支的业务、企业经济活动和责任等。

企业财务审计的职能包括对传统财务审计的监督和见证，更主要是一种评价和监督职能，对企业的各项经济活动和收入支出做一个详细客观的评价。这也是现代经济发展对企业发展的一种客观需要。

2.财务审计管理的目的

企业财务审计主要是为了能够对企业内部各项经济活动，尤其是财务会计方面的内容做一个客观评价和审核。让企业的传统财务审计更加合理，同时也让企业在投资和融资等方面有一个科学正确的决策。

具体来说其目的主要包括两点：

（1）揭露和反应企业资产、负债以及盈亏的真实状况。一家企业在高度发展中，需要各种投资和经济规划，如果只是一味地来进行经济活动，那么客观上容易忽视企业真实的赢利状况。这时，企业财务审计就起到了很好地评价和监督作用，通过客观地审计对企业做出真实的反应。

（2）查处企业的违规行为，及时让企业改正错误的投资和规划，最终使企业的发展更加稳健正确。通过财务审计，其最主要的目的就是查处企业在收支中的各种违规行为，最终及时让企业改正错误投资规划，防止企业资产的流失，加强正确地调控。

3.财务审计管理的意义

无论是从真实性还是客观性的角度来讲，企业财务审计都体现出了它的科学性，这对企业的各项经济投资和活动来说都是一个重要基础。可以说，有了财务审计管理，企业管理者和投资者就可以放心地投资和规划项目，而不至于遇上法律的红灯。

因此，企业财务审计管理工作为企业长远发展起到保驾护航的作用，能够让企业在流动资金和经济活动中灵活往来，让企业在市场竞争中游刃有余。

二、财务审计管理制度范本

◆范本：某公司财务收支审批制度规定

第一，目的

为规范财务收支审批程序，严格控制成本费用的开支，提高企业经济效益，根据公司财务部有关注意事项，特此制定本制度。凡是本公司的一些财务收支，必须经过财务审批，严格按照本制度来办事。

第二，审批人员与其职责

第一条　财务收支审批人员为本公司的中层管理者以上的人员，其他人员一律无权来干涉财务收支的审批工作。

第二条　审批人员职责

（一）严格遵守国家颁布的相关财务法律法规。

（二）严格遵守本公司内部的各项管理制度，严禁不合理的财务收支。

（三）审批人员要严格按照增收节支、杜绝浪费的原则来办事。

（四）审批数额要控制在各部门成本费用定额的范围之内，不能超出标准列支。

（五）审批人员应当熟悉审批款项的用途，不能任意审批，更不能以公谋私。

（六）审批人员要对各项批款进行全部负责，并且根据公司有关规定来进行执行，违背公司规定将对其做出严惩。

第三，审批原则

财务收支业务必须属于本部门范围之内，审批人员应为其分管人员，不能跨越部门审批。且审批人员要严格按照审批权限来进行执行。

第四，审批程序

第一条　审批程序要先从下级开始，再到上级进行审批；先从业务部门开始，再到财务部门。

第二条　收支业务的审批要由审批人员亲自审批，如果审批人员恰巧外出办公，那么可由授权人员进行审批。审批完成之后授权人员要与审批人员进行核对。

第三条　物资购销范畴之内的审批，要按照公司物资购销比价管理的有关规定来进行执行审批工作。

第四条　员工差旅费的开支要按照公司有关的出差公务规定来执行审批。

第五条　其他业务的收支审批程序要根据具体的情况来实施。

第五，审批权限

第一条　公司收入款项的审批权限

（一）产品销售货款收入由公司董事长授权财务部的负责人进行审批，遇到变价等特殊情况则由分管总经理来审批。

（二）废旧物资的销售收入则由保管部门提出相应的报告，需要总经理进行审批。属于固定资产或者大宗材料的，需要董事会批准之后交由销售公司进行销售，而收入的货款要一律上缴财务部，由财务部进行统一核算和审批。

（三）其他收入的款项由财务部按照财务制度执行审批。

第二条　支付款项的审批权限

涉及长短期投资和固定资产以及其他非日常支出款项的支出要由董事长以及财务部总负责人联合批准之后方可进行审批。

第三条　特殊情况下要由分管总经理以上的管理者以及财务部的负责人进行联合审批。其特殊情况包括：

（一）业务招待费的列支。

（二）出租车费用的报销。

（三）差旅费标准的大额开支。

（四）公司业务广告费用的开支。

（五）业务咨询费用的开支。

第四条　物资收发审批按照公司物资购销比价管理来进行执行。

附则：本制度由公司财务部做出修订和解释。

三、财务审计管理制度表格范本

◆ 范本一：某公司财务部审计通知单

_____年____月____日

审计对象	
审计时间	
审计内容	
备注	

董事长		总经理		
财务部负责人		审计部负责人		

附则： 本单一式两联，第一联由审计部留存，第二联由审计对象留存。

◆ 范本二：某公司月度审计工作报表

_____年____月____日

审计分类			审计对象	审计项目	数量	随机抽样数量	审计时间		审计者	配合	备注
日常	定期	不定期					起	止			

续 表

审计分类			审计对象	审计项目	数量	随机抽样数量	审计时间		审计者	配合	备注
日常	定期	不定期					起	止			

附则： 本表一式三联，第一份由审计部留存，其他两份由总经理和财务部留存。

第九章
生产管理制度范本工具箱

生产管理制度是保证企业正常生产和运作的基础。因此，做不好生产管理方面的工作，就难以让企业产品在消费者眼中成为品牌和信誉。

生产管理制度包括对产品研发、生产计划、车间管理、采购、生产质量等方面的管理制度。每一道程序都对产品的优质与否和消费者的观念有直接影响。本章详细阐述了这些环节的概念和意义，然后列出了众多最新生产管理制度范本，让企业管理者清晰地了解生产管理制度的各个要点，从而制定出更适合自己企业发展的制度。

第一节　产品研发管理制度

一、产品研发管理概述

1. 产品研发管理的含义以及内容

企业产品研发一般就是指新产品的研发，而从广义的角度来讲，新产品研发的定义可以从三个方面来解释：

第一，产品研发是企业的一个新视角体现。即企业推出现在没有的产品形式，这是一种新的技术效益。第二，产品研发是一个企业新市场视角的体现。企业推出市场中没有的产品，比如可以通过改进产品或者生产全新产品的形式。第三，产品研发是企业新技术视角的体现，企业运用了新技术或者新工艺来改进原先的产品，研发出新的产品。

2. 产品研发管理的目的

随着现代企业竞争愈演愈烈，企业要想生存和发展需要在各方面有新突破，而产品研发则是企业赢得这场竞争的最根本所在，所以产品研发的根本目的就是为了让企业获得较强竞争力，赢得经济效益。

（1）让企业获利，开辟新的赢利渠道。无论是从技术上还是从市场角度来讲，企业产品研发的目的就是为了能够赢利。因此新产品的研发，毫无疑问是为企业开辟了一个新的赢利渠道，让企业得到了全新发展。

（2）把新产品当成是投资项目，来进一步赢得市场机会。新产品的研发和投放必定是企业的一个新投资项目，如果新产品研发合理科学，那么将能够正确地为企业赢得市场机会，为企业打开一个全新市场阀门。

3. 产品研发管理的意义

为了能够规范企业产品研发的各种事项，让研发团队更好地研发产品，企业会特此制定一系列的产品研发管理制度，而做好这个管理则是整个企业生产管理的重要体现。

做好产品研发管理不仅能够让企业研发团队更加正确合理地做出新产品的研发，更能够让企业在市场中开辟一条新的道路，从而成为新产品的引领者。

另外，做好产品研发管理还能够让研发团队正确研发产品，让企业减少不必要的损失。产品研发管理为研发团队规定好了合理的研发流程，从而不至于让新产品的研发一团糟，这样能够让企业的整体生产规划更加合理和健康。

二、产品研发管理制度范本

◆范本：某重工业公司新产品研发管理制度

总则

第一条　产品研发管理制度的目的：为了规范新产品研发程序，满足生产需求，实现企业生产目标，企业生产管理部门特此制定本管理制度。

第二条　本管理制度的内容包括新产品研发的流程、策划、试制和服务等方面。

第三条　本制度适用范围：本制度适用于本公司以及各分公司、工厂的生产研发部门。

第一章　新产品研发流程

第一条　新产品类别

（一）A类：新钢铁品种以及新执行标准产品；

（二）B类：特殊用途的产品（比如外贸产品）或者长期供货的产品；

（三）C类：新规格产品。

第二条　新产品的审核

（一）市场部在接收到新产品或者顾客特殊需求的新产品意向之后，为明确顾客需求，首先要与客户进行沟通，并起草有关技术协议或者生产合同。

（二）对于A类产品的生产，产品研发部要与各部门相关人员进行沟通，最终明确产品的具体型号和详细资料内容。对于B类和C类产品，则应由生产单位评审之后，再经过生产主管部门经理审批。

（三）产品研发部门接到新产品评审之后，要首先按照产品的分类进行组织评审。要组织专门会议来进行确定，会议内容包括：能否顺利生产该产品、生产工艺的所有成本预算。确认好这些情况之后，再报上级领导进行审批，最终审批之后，再将新产品研发的评审表转交公司市场部。

（四）对于B类长期供货的产品，市场部要与客户签订新技术协议，经过主管经理批准之后，转交市场部和产品研发部进行备案存档。

（五）市场部要按照相关程序与销售经理进行沟通，最终决定是否签订销售合同和协议，在这期间，产品研发部可以全程参与技术协议签订和销售合同的技术审核工作。

第三条　新产品策划

（一）产品研发部要按照合同或者技术协议进行制定技术标准，并且将其下发到相关工厂和部门。

（二）生产工厂或者部门要按照技术标准来进行合理的操作，首先要进行检验工艺以及试制操作，经过审核之后，方可进行批量生产。此外，新产品试制所需要的原材料由各工厂负责联系厂家。

（三）市场部在生产计划通知单中还要详细注明产品执行的技术标准号，生产工厂和部门要结合这个标准号进行生产和检验，同时，产品研发部还要对其进行全程监督。

（四）各生产工厂在产品试制之前要通知产品研发部进行现场跟踪和监督。

（五）未在生产计划通知单中注明技术标准号的产品，生产工厂不能擅自组织生产。

第二章　新产品试制

第一条　在新产品试制过程中，不能缺少数据收集。

（一）各生产工厂和部门都要严格地执行技术标准要求和工艺程序，不得擅自改变工艺，同时在生产时还要做好数据收集工作，及时向产品研发部汇报数据情况。

（二）试制新产品的过程中，产品研发部要对此进行全方位的跟踪和监督。

（三）各工厂和部门在试制过程中如果对一些存在的问题难以解决，那么应当及时汇报产品研发部，产品研发部会及时反馈信息，并做出解释。

第二条　新产品试制总结

（一）各工厂在试制结束5天之内将生产数据以及总结报告汇报产品研发部。

（二）产品研发部对生产工厂和部门送递的试制报告进行开会总结，做出下一步的方向和计划。

（三）产品研发部整理出下一步的规划报告，汇报主管经理进行审批。

第三条　正常生产标准执行

（一）市场部接到顾客需求之后，应查明其产品的具体的标准号。

（二）市场部在生产计划通知单中要详细注明产品执行的技术标准号，然后下发到生产工厂和相关部门，生产工厂和部门要结合具体的技术标准号进行正常生产。

（三）生产计划通知单中未标明产品技术标准号的，生产工厂不能擅自正常生产。

第三章　新产品的跟踪服务

第一条　新产品出厂之后，产品研发部要组织专业人员到使用厂家进行跟踪调查，对产品使用情况做好详细记录，然后根据跟踪资料汇编成报告。

第二条　市场部专员需要在与客户沟通之后，与其进行签订所有产品的合同和协议书。

附则：

（1）本制度自 ___ 年 __ 月 __ 日起执行，所有与本制度流程相矛盾的条款，均以本制度为主。

（2）本制度是由生产管理部制定，产品研发部做出解释。

三、产品研发管理制度表格范本

◆范本：某公司产品研发项目任务单

项目名称			
承办部门			
项目总负责人			
合作单位			
项目起止时间	_____年___月___日至_____年___月___日		
总经费（元）	万元		
项目具体内容			
总经办编制		编制时间	
生产管理部审核（盖章有效）		审核时间	

第二节　生产计划管理制度

一、生产计划管理概述

1.生产计划管理的含义以及内容

企业生产计划是企业生产管理的重要依据，也是企业生存和发展的重要保障。它能够对企业生产任务做出一定统筹安排和计划，在一定程度上规定着企业在计划期内产品生产品种、质量以及数量等指标。可以说，企业生产计划是企业在计划期内完成生产目标的行动引领和纲要。有了它，企业才能合理安排生产细节，在一定期限内达到最高的生产效益。

企业生产计划的内容包括产品在生产过程中的规划、材料计划、人力计划等。它能让企业在市场需求中开发自己的生产潜力，加强企业的生产效益。

2.生产计划管理的目的

生产计划管理是针对企业生产计划而做出的管理，随着经济的全球化，产品技术上的标准也早已经成为了企业竞争的重要所在，因此，企业生产面临着极大的考验。为了让企业生产能够更加稳定和有秩序，企业会对此进行生产计划管理。

做好生产计划管理的目的之一就是为了能够将企业生产的各项内容进行安排和协调，让企业生产更加合理和有序。

此外，生产计划管理的目的还是为了能够让企业在市场发展中占据领先地位，占得市场先机。企业生产计划关系到企业在市场中的地位，如果企业能够很好地考察好市场的发展趋势，进而做出生产计划，那么企业就能够占领先机，成为同行中的佼佼者。

3.生产计划管理的意义

做好生产计划管理可以让企业在各生产环节，包括全体员工的工作上都能够统一起来，这就可以充分地利用人力和设备来有组织和系统地进行企业的生产，让企业可以平衡有节奏地生产，不至于在生产过程中出现过度疲劳现象。同时，企业生产计划管理还能够综合反映出企业整体的生产技术和管理水平。

从另一方面来说，企业生产计划是联系企业生产所有环节的桥梁，因此对生产计划的管理也是对企业生产各项活动的平衡手段，它在很大程度上保证了企业生产的顺利进行。

二、生产计划管理制度范本

◆范本：某公司生产经营综合计划管理制度规范

总则

为保证生产计划的规范性，让生产部门有效地开展工作，特此制定本管理制度。本制度明确了各部门的计划职能，对综合计划的内容、执行、考核等都做出了具体规定。

第一章　制度内容

各部门要根据公司总体目标要求进行拟定年度、季度、月度计划，并且将其报至综合管理部，综合管理部根据各部门的计划做出公司的综合计划，并且以计划表的形式来下达。同时，综合管理部门对公司的年度、月度生产经营也会做出综合性的安排和协调。

另外，月度计划实行全方位动态管理模式，如果有重大工作安排，那么根据相关会议精神和指示会对此进行计划调整。

第二章　职责

第一条　综合管理部

（一）汇总和编制公司年度和月度生产综合计划表。

（二）根据其生产计划的执行情况，对各部门做出一定的考核。

（三）编制各部门的生产计划。

（四）对本部门上一期月底计划的执行内容和情况进行合理检查和考核。

第二条　生产管理部

（一）编制各部门的计划，计划内容不包括新工艺开发计划、设备计划、安全技术措施等。

（二）对本部门上一期月度计划的执行内容和情况进行检查，并将检查结果汇报至综合管理部门。

第三条　技术经营部

（一）技术经营部编制本部门具体的计划内容。

（二）对本部门上一期月度计划的执行内容和情况进行检查和考核，并且将其结果汇报至综合管理部。

第四条　质量保证部

（一）编制本部门的各项生产计划。

（二）对本部门上一期月度计划的内容和执行情况进行检查，并且将其结果汇报至综合管理部。

第五条　总工程设计师办公室

（一）编制本部门生产计划。

（二）对本部门上一期月度计划的内容和执行情况进行详细检查，将其结果汇报至综合管理部。

第三章　计划编制规定

生产计划的编制必须要以公司长远的发展计划为基准和指导，与公司生产研发水平以及市场发展状况相互适用和协调。另外，各部门在编制生产计划时要秉承实事求是原则。

第一条　年度计划的制订

各部门要完成各项年度计划的编制，经过审批之后应当于每年的1月1日前汇报至综合管理部，综合管理部负责汇总各个部门的计划，最终汇报公司综合计划会议，进行审定。首先要提交总经理，经过总经理批准之后，于每年1月15日前发布最终年度计划。

第二条　季度计划的制订

各部门要依照程序来完成部门季度的生产计划编制。经过审批之后，应于上季度末汇报至综合管理部门。

第三条　月度计划的制订

综合管理部门按照各部门季度计划的各种内容来进行拟定月度计划，并于当月5日之前发布各部门。另外，各部门上一月度的计划执行情况和检查结果要于当月10日之前汇报至综合管理部。

第四条　计划项目的重要分类

第一类：非常重要的公司层面安排的项目；第二类：比较重要的各部门为完成公司计划而布置的项目；第三类：一般重要的各类日常事务工作。

第五条　公司每季度会召开一定的计划分析协调会，对各部门的计划进行综合分析，从而解决计划中出现的一些疑难问题

附则： 本制度由综合管理部修订且做出解释。

三、生产计划管理制度表格范本

◆范本：某钢铁公司月度生产计划表

项目	2010年生产数量计划（万吨）	本月计划生产数量（万吨）	占年度计划（%）	平均日产量（吨）	工作天数（天）

续表

项目	2010年生产数量计划（万吨）	本月计划生产数量（万吨）	占年度计划（%）	平均日产量（吨）	工作天数（天）

第三节　生产设备管理制度

一、生产设备管理概述

1. 生产设备管理的含义以及内容

生产设备是生产力的重要组成部分，对企业来说更是企业从事生产的重要工具和基础，同时也是企业生存和发展的重要物质基础。因此，做好生产设备管理工作显得十分重要。

生产设备管理内容主要包括为企业提供优良的设备和经济运行的成本，让企业生产经营建立在最佳物质基础上，从而保证企业生产顺利进行，确保企业产品质量优质，降低成本让企业获得最大效益。

2. 生产设备管理的目的

首先，为提高企业生产过程、开发和设计的品质。众所周知，一个有质量品誉的企业才能在市场竞争中取得优势。因此，在新产品开发和设计过程中，同样离不开生产设备的管理，因为生产设备直接关系到产品研发和产品设计、生产质量。

其次，为企业安全生产提供保障。让企业安全有效地生产是企业生产设备管理的最重要目的，也是企业发展的前提。没有安全生产，企业的一切工作就等于是零，因此，无论是企业生产的哪个环节都离不开生产设备的管理，所以，保证安全也是生产设备管理的最根本目的。

当然，企业生产设备管理目的还包括提高企业生产质量。古语有云："工欲善其事，必先利其器"，企业要想稳定发展，取得高质产品，必须要先对企业生产设备进行良好的管理。

3. 生产设备管理的意义

生产设备管理是企业提高效益的重要前提，也是增加企业生产产量的重要保障。因此，做好生产设备管理意义重大。

首先，做好生产设备管理能够提高产品的质量，增加企业产品数量，让企业保持稳定发展。其次，做好生产设备管理还能够保证劳动生产率，降低生产成本，减少消耗。企业在主体生产领域能够更好更完善地完成生产。深化生产设备管理，在一定程度上还能够提高设备运转的效率，降低设备消耗，同时，也能为企业在现代化发展中有效地做好节能减排。

另外，对生产设备的管理，还能够正常有效地维护设备正常运转，让企业生产周期延长，为降低生产成本打下坚实基础。

二、生产设备管理制度范本

◆范本：某水泥机械厂生产设备管理制度

总则

本制度规定了水泥生产设备管理的内容和有关制度，适用于水泥机械设备生产的管理工作。

第一条　设备安全检修制度

（一）设备检修有关人员要负责编制检修计划书，且要求项目齐全，内容要详细明确，措施要具体可行。凡是二人以上的检修项目，必须要有一人来负责安全。

（二）检修负责人在检修工作之前要对检修人员进行良好的组织，做好充分的检修准备，保证检修工作顺利进行。

（三）检修部门的负责人要对检修工作进行负责，并且还要对检修人员交代好具体措施和安全意识。

第二条　检修易燃易爆等设备

（一）清洗置换设备时要根据具体情况而定，对易燃易爆的设备必须采取正确的清洗置换工序。

（二）清洗置换设备时必须要进行分析检验，取样时要具有代表性，最大限度上来确保清洗工作安全有效地进行。

（三）清洗置换动火，要按照防火防爆等有关规定来进行安全操作。

第三条　检修人员在检修过程中，必须要严格按照检修规定来安全操作。

第四条　对于高空作业和土石方工程等要按照建筑安装的标准进行操作。

第五条　机电传动设备的检修，要按照电业安全操作规程执行，首先要切断电源，并且需要检修负责人在检修通知书上进行签字确认之后，方可进行检修工作。

第六条　凡坛灌设备或者管道的检修，要在已经切断物料管道的阀门上悬挂"禁止启动"等警示牌，以保证检修作业安全实施。

第七条　检修时一切电器设备必须做好绝缘，使用电动工具要有可靠的接地保护措施。

第八条　从事有毒害系统检修和事故检修，要准备好防护器具，做好安全保护措施。

第九条　检修人员对检修项目进行全面检查，符合检查规定之后，检修负责人在检修通知书上签字后方可进行施工。

第十条　使用设备的人员要严格按照相关规定来使用设备。

（一）做好"三好措施"——管好、用好、保养好的措施。

（二）严格遵守五项纪律——遵守安全操作规定、保持设备整洁、遵守交接班制度、管好工具和附件、发生故障立即停止工作通知设备维修人员。

（三）在设备运行中，要做到时刻检查，对设备的响声、温度以及压力等要及时注意。

（四）操作人员离岗时一定要关掉机器，严禁设备在无人操作下进行运转。

（五）设备要保持操作控制系统的安全。

附则：本设备管理制度由生产管理部门做出修订和解释。

三、生产设备管理制度表格范本

◆范本：某工厂生产设备年度定期检查表

年度定期检查表				
设备名称		编号		使用部门	
检查说明				检查日期	
项次	检查项目	检查方式	标准	检查结果
检修记录			检查负责人	
			主管	

第四节　采购供应管理制度

一、采购供应管理概述

1. 采购供应管理的含义以及内容

企业采购主要是以各种不同的途径和购买、租赁、借贷等方式来取得物品以及劳务的使用权或者所有权，以此来满足企业的各种需求。而供应则是指供应商或者卖方向企业提供产品和服务的一个过程。换言之，企业的供应就是企业的采购部门采购企业需要的产品来满足自己企业内部需求的过程，所以采购与供应相辅相成。

2. 采购供应管理的目的

采购和供应的目的就是让企业能够在恰当的时间获得正确需求，具体来说分为以下几点：

（1）为企业提供不间断的原材料和服务。企业想要持续工作和稳定发展，最离不开的就是原材料和发展所需要的一切服务和供应，而采购和供应则正是符合了这个要求，为企业保证有源源不断的原材料供应和相关的服务措施。

（2）发现或者发展有一定竞争力的供应商。采购和供应在某种程度上的目的是为了为企业发展一些比较有竞争力的供应商，从而为企业的供应提供一个有力保障。

（3）让企业能够以最低成本来获得最需要的物资和服务。企业采购和供应部门应当在采购的时候运用多种方式来为企业最大限度地获得良好物资和服务，从而减少企业的总成本，为企业实现物资供应合理化。

3. 采购供应管理的意义

采购供应管理是一个企业增加收益的重要途径，对企业的竞争优势有决定性的作用。做好采购供应管理是对产品以及销售质量的一个前提保障。同时，采购还关系到企业经济效益的实现程度，做好采购供应管理工作能够让企业有效合理地利用物质资源，沟通企业的经济关系，让企业发展和前途更加开阔。

此外，做好采购管理还能有效地洞察市场的变化趋势，企业变化趋势直接影响到企业的发展模式，让企业能够更加合理地决定出采购和供应决策，让企业在稳中求胜，做到合理优化资源配置，最终提高企业利润。

二、采购供应管理制度范本

◆范本：某公司采购部管理制度

总则

为规范公司采购工作，特此制定本制度，广大采购人员要严格遵守。

（一）物品采购必须要有三家以上的供应商报价，在价格、质量、交货时间、售后服务等方面要尽力权衡之后方可做出综合评估，并与供应商进行下一步的最终议价（临时应急采购的物品除外）。

（二）采购部不能参与货物和服务的验收。采购的数量、质量等由采购部门根据合同要求以及标准与供应商进行协商，并且由使用部门和技术部门等入库。

（三）所有的采购人员必须要为维护企业的利益而做到以下几点：努力提高采购质量，降低采购成本，不得向供应商收取回扣，采购工作要认真用心，不能出差错，不能因为自我的原因耽误公司的整体采购。

（四）采购人员要努力学习采购业务，掌握采购业务最新的市场信息。

第一条　采购部分

（一）供应商必须要确保证件齐全，且具有优秀水准。

（二）对于企业常用的服务或者商务，采购部要全方位地来掌握供应商的管理情况，包括质量的控制、运输的服务、售后服务等。

（三）采购部还要建立对应的供商档案，做好记录。

（四）为确保供应商渠道的顺畅，防止意外情况发生，采购部还要有两家以上的供应商作为备用供应进行交互采购。

第二条　采购付款程序

（一）采购部要依据付款计划以及合同来提出申请，申请中还要注明付款明细单，由主管负责人签字确认，最终由总经理确认之后方可由财务部进行办理付款手续。

（二）付款手续办完之后要进行存档。

（三）付款时必须开具增值税发票，采购部要进行核对发票内容与合同是否一致，并且填写发票明细单进行存档备案。

（四）物品出现延期后，采购部要及时通知销售部、制造部、技术部等有关部门。

（五）当货物出现质量问题时，由使用部门或者技术部门提出相关建议，并且整理成书面形式，报告采购部负责人。采购部负责人接到意见之后，需要以书面形式发给供应商，并且与之达成协商。

（六）采购部与供应商因不能达成协商，而导致企业造成损失时，由财务部进行审核损失，采购部则负责对此事进行详细的追索赔偿。

第三条　审核监督

（一）采购部在采购过程中，由生产管理部门进行监督，财务部门进行审核。

（二）在采购合同签订、执行、结算的过程中，财务部门要全程参与，财务部的负责人还要负责采购物品价格的审核和审计工作。同时，采购部门要自觉接受财务部的审核和监督。

三、采购供应管理制度表格范本

◆范本一：某公司采购申请表

申请部门：　　　　　日期：

序号	名称	规格	部门	数量	采购量	库存量	核准量	申购原因	交期	预计单价	备注
经手人		审核		采购处意见			物料处意见				

◆范本二：某公司采购部与供应商交货达成表

订购日期	供应商	货品名称	规格	数量	应交货日期	追踪管制				实际交货日期	备注
						1	2	3	4		

续 表

订购日期	供应商	货品名称	规格	数量	应交货日期	追踪管制				实际交货日期	备注
						1	2	3	4		
制表人					日期						

第五节　生产车间管理制度

一、生产车间管理概述

1. 生产车间管理的含义以及内容

生产车间是一个企业内部生产管理组织，在企业管理中起到承上启下的作用，也是组织和完成现场任务的一个承载体。在如今市场竞争激烈的前提下，对生产车间的管理工作则牵动着企业的不断发展，也是企业发展的当务之急。

生产车间的职责主要是根据企业生产计划来充分利用公司提供的各种资源来合理组织生产，保证生产正常运行，并确保生产安全，无事故发生。而车间管理则就能更好地来规范车间员工行为，更能提升企业生产水平，实现更加安全和文明的生产。

2. 生产车间管理的目的

从整体上来说，做好车间管理工作，主要是为了能够让车间工人有组织和纪律地来保质保量地完成车间任务，促进企业发展。具体来说，做好生产车间管理的目的包括：

（1）强化车间管理，提高车间工作人员的素质。企业的工作车间如果没有一个合理有序的管理和组织，那么企业生产工作将无法有序进行。因此，做好车间管理的首要目的就是让车间人员保持一个高质量的素质，只有员工有了车间素养，才能使生产工作有序进行。

（2）保证安全和质量，降低生产成本。生产车间管理离不开制度，而只有制度的保证，才能让车间人员在工作时，保证安全和质量。

（3）提高车间员工操作技能和工作效率。工作效率和技能水平是衡量车间的整体水平之一，也是生产车间最重要的体现，做好生产车间管理的目的就是能够让车间员工的操作技能和质量保持高水平。

3. 生产车间管理的意义

生产车间管理是企业发展的重要区域，也是企业求胜的当务之急，在如今发展迅速的市场环境中，企业生产车间管理直接关系到企业产品的质量问题，而这恰恰是企业之间竞争的根本所在。因此，做好车间管理就显得十分有必要。

同时，对车间进行管理，还能够合理组织生产，保证车间生产正常运行，以最低成本按时完成生产计划。此外，在此过程中，还能够确保安全生产无事故，因此做好车间管理不但能够保证企业生产安全，还能够有组织地规范企业员工在车间的各种行为，实现安全生产和文明生产的双重目的，让企业达到安全、文明、优质的发展状态。

二、生产车间管理制度范本

◆范本：某公司生产车间管理制度

总则

为规范公司生产车间员工的工作，让企业生产更有组织和纪律性，保证生产安全和质量，特此制定本制度。

第一，工作职责以及处罚办法

（1）上班时间员工一律要穿工作装，戴好工作帽，胸牌要佩戴整齐。违反者每次处以10元罚款，工作服装不能在车间以外穿着。

（2）车间严格按照生产计划进行作业，根据车间设备状况和人员，认真组织生产，违反者，每次处以20元罚款。

（3）生产车间如果遇到原材料、包装等不符合规定，那么车间有权拒绝生产，并且要及时报告质保部和生产计划部。

（4）员工在工作过程中要严格按照质量标准和工艺程序规格进行操作，不能擅自提高或者降低标准。在操作的同时，并且要做好记录，违反者每次处以20元罚款。另外，对车间造成重大经济损失的人，要对其按照《企业质量管理条例》处罚。

（5）加强生产车间现场管理，随时保证车间内地面整洁、设备完好。操作人员下班之前的十分钟要进行打扫车间卫生，保持设备卫生，违反者每人罚款10元。

（6）车间生产所剩余的材料要交由专职人员运出车间，且交予有关部门统一处理，未按照规定及时运出车间的，罚款10元。

（7）车间员工进入特殊岗位时要严格遵守特殊规定，确保生产安全，违反者每次罚款 10 元。

（8）设备维修人员以及电工，必须要持续对车间进行作业，保证设备能够正常运行，确保生产安全和质量。

（9）禁止在车间内随意聊天、嬉戏喧哗，违者每次处以 10 元罚款。

（10）车间员工必须服从车间主任安排，对不服从者，每次处以 50 元罚款，如果对车间主任进行人身攻击者，每次处以 100 元罚款，且将闹事者提交人事部，做出公正处置。

（11）对盗窃生产车间财产的人，无论其盗窃价值多少，一律开除。

第二，本车间管理考核的主要内容

（1）考核车间员工的敬业精神、事业心以及责任感方面的规范。

（2）考核车间员工工作状态如何，是否主动工作或者处于被动工作状态。

（3）考核车间员工的工作能力，完成任务的效率是否较高，出错的频率如何。

（4）考核车间员工的工作成果如何，在规定时间内，完成的任务量是多少，能否展开创造性工作。

第三，考核目的

对本公司车间员工从以上四方面进行做出适当评价，以此来作为合理奖惩和培训的依据，同时也能促进员工增强企业的责任心，各司其职，激发公司员工的上进心，调动员工的积极性和创造性，提高公司整体效益。

第四，本制度从 ____ 年 __ 月 __ 日起执行

三、生产车间管理制度表格范本

◆范本：某公司生产车间管理检查表

序号	检查项目	检查内容	检查结果	不合格项
1	通道	通道是否脏乱		
		通道是否有阻碍物		
		摆放物品是否过多		
		通道是否畅通		
2	工作车间内的物品设备	工作角落摆放不必要的物品		
		设备是否整洁		
		半月以上物品杂乱程度		
		三天以内要用物品摆放		
3	办公台	随意乱放不用的物品		
		当日使用物品杂乱摆放		
		物品存放是否整体美观		
4	资料柜	杂乱摆放不必要的物品		
		资料是否整齐		
		一周以内不使用的物品摆放是否整齐		
		当日需要的资料是否摆放明显		
5	货台	是否堆满杂物		
		杂乱不整齐		
		摆放已经没有使用价值的物品		
		物品是否分类放置		

第六节　安全生产管理制度

一、安全生产管理概述

1. 安全生产管理的含义以及内容

安全生产主要是指在生产劳动过程中，要努力完善劳动生产条件，积极排除不安全因素，预防伤亡、事故的发生，确保劳动生产在劳动者安全、国家财产和人民财产安全的前提下进行。

安全生产包括两个方面内容：一是通过对员工进行安全教育，技能培训，严格操作规程来保证员工的人身安全；二是要通过生产设备保证、事故预警系统来确保生产的安全。

2. 安全生产管理的目的

安全生产的目的就是保护全体劳动者在生产的过程中安全、健康，促进公司稳定发展，具体说来，包括以下几个方面：

（1）各个单位要积极开展控制工伤活动，消灭或减少工伤事故，保障劳动者在安全的前提下进行生产劳动。

（2）积极控制劳动者在生产过程中患职业病的可能，保障劳动者的身体健康。

（3）单位安排的工作时间应该符合《劳动法》的基本规定，保障劳动者有适当的休息时间，劳逸结合，才能更好地发挥自身作用。

（4）针对妇女和未成年员工的特点，要对他们进行特殊保护，保障他们的安全。

3. 安全生产管理的意义

从社会角度来说，搞好安全生产工作，对于巩固社会安定，保护劳动生产力，均衡发展各部门、各行业的经济劳动力资源具有重要作用；对于减少经济损失、增加社会财富具有实在的经济意义；对于保护全社会员工在劳动过程中的生命安全和健康，保障员工的家庭幸福和生活质量也有直接影响。

从企业角度来说，安全生产可以减少经济损失，增加公司效益。因为如果发生了事故不但有直接经济损失，而且劳动者心里也会感到不安，企业声誉也会受到影响，企业的正常运作以及对外合作都会受到影响。我们来算一笔经济账：从安全经济学的角度看，一般情况下，在安全生产的前提下，1元的合理投入会带来6元的经济效益，而1元的直接损失通常会伴随着4元的间接损失。所以，对于企业来说，安全生产就是企业经济效益的保障。

总之，安全生产是所有企业生产发展必须重视的一项重要方针，也是一项需要长期严肃、落实的艰巨任务。因此，为了在员工中树立"安全第一"的思想，使全体员工懂得安全生产的基本知识，掌握安全生产的技能，落实各项安全管理措施，以促进公司事业的发展，根据国家有关法律、法规，每个公司都应根据自己公司实际情况，制定安全生产管理制度。

二、安全生产管理制度范本

◆**范本：某服装厂车间员工安全生产制度**

第一章　总则

第一条　为确保生产车间安全生产，保证各项生产安全、正常运行，营造良好的工作环境，促进公司快速、稳定地发展，结合公司的实际情况特制定本制度。

第二条　本规定适用于公司生产车间全体员工。

第二章　员工安全生产管理

第三条　全体车间生产员工务必按时上下班，作业期间谢绝探访，不做任何与工作无关或影响他人工作之事。

第四条　禁止在车间吃饭、吸烟、喝酒，打闹吵架，杜绝私自离岗、串岗等行为。

第五条　车间员工禁止带小孩或其他与工作无关的厂外人员在车间玩耍或乱动机床，否则由此造成的事故自行承担。

第六条　任何人进入车间不得携带易燃易爆、易腐烂、气味浓重等违禁物品、危险品；不得将与生产无关的私人用品如手机、手表等放在操作台上。

第七条　车间生产员工必须要掌握本岗位所需的安全生产知识，提高安全生产技能，增强预防事故以及处理事故的能力。

第八条　车间员工在生产过程中应该严格按照操作规范、质量标准、工艺规程进行操作，不得擅自更改操作方法，以免引起不当事故。

第九条　车间员工在作业过程中如果发现异常现象时，应该及时向车间负责人报告，经车间负责人确认以后，方可以继续按照要求操作。

第十条　在操作过程中，如果发现直接危及人身安全的紧急情况，应该及时停止操作，或者及时采取应急措施，迅速撤离操作现场。

第十一条　在车间生产期间，员工必须服从管理人员的安排，正确使用机器设备，在生产的过程中不得随意乱扔物料、工具，以免引起危及安全的事件。

第十二条　车间负责人必须如实做好生产记录；如果管理人员违章指挥，员工应该予以拒绝。

第十三条　生产车间所用的器具、物料等，用完后应该及时放回指定地点；在生产过程中好、坏物料必须分清楚，并做好明显标志，不能出现混料现象。

第十四条　车间生产员工领取物料时必须要通过车间负责人开具领物单，不能私自拿取物料。

第十五条　车间员工有责任维护环境整洁，下班时应该清理好自己的工作台面，做好设备保养工作；打扫工作场地和设备，并将所有的门窗、电源关闭。

第十六条　除了特殊情况经过领导批准外，车间任何员工不得私自携带车间内任何物品出厂。

第十七条　对于恶意破坏车间财产或盗窃行为，不论是公共财物还是私人财产，一律交予公司总经办处理。根据情节轻重，无薪开除并根据盗窃之物的价格处以两倍赔偿，严重的将移送公安机关处理。

第十八条 车间管理人员应该坚持每天对运转设备、工作现场和所辖区域进行一次安全检查，做好防患工作。

第三章 附则

第十九条 本制度由办公室协同生产部协同制定、解释并检查、考核。生产车间的主要负责人是本车间安全生产的第一责任人，应全面负责监督本制度的执行。

三、安全生产管理表格范本

◆范本：某公司安全生产检查记录表格

安全生产检查记录

检查时间		星期		检查部门		检查人员	
年 月 日 时							
检查内容：							

续 表

提出整改意见：	
	检查部门负责人：＿＿＿＿＿＿＿＿＿＿
被检查单位负责人：　　　　签（章）　　　　年　　月　　日	

第七节　生产质量管理制度

一、生产质量管理概述

1. 生产质量管理的含义以及内容

企业生产质量是企业整体素质的体现，也是企业综合实力的最大表现。从产品的角度来讲，企业生产质量关系到企业向客户提供的产品或者服务是否完美，是否具有应有的功能和属性，这是关系到客户对企业有没有信心的重要凭证。从生产角度来讲，企业生产质量恰恰是保证这一目标的前提，也是企业生产管理的重要成果。

由此可见，企业要想在竞争中获得最大优势，就必须要加强质量管理。所谓企业生产质量管理就是指确定好企业生产质量的方针和目标，通过质量体系中的质量策划和控制来保证产品达到高品质。

2. 生产质量管理的目的

生产质量管理是一个企业产品或服务得以让顾客满意的前提，只有做好了质量管理，才能让企业在市场竞争中获得最大优势。具体的目的包括：

（1）降低成本。企业在生产过程中，从原材料到商品，一系列的环节组合起来形成了一个生产流程。企业做好质量管理，就能够让整个流程降低总成本。原因是做好质量管理可以减少产品返工的次数，减少维修系数，减少退换货，降低物流费用等，甚至包括降低顾客投诉系数，这样就能让企业从各方面来减少经济损失，降低成本。

（2）提升企业竞争力。做好企业生产质量管理，对企业来说无疑是一个很好地提升自身水平的机会。企业想要进入国际市场，在市场中占据引领地位，企业产品就必须要通过一些认证，只有符合了企业生产质量的标准，进入了客户的心里，才能让企业产品或服务深入人心，赢得支持和信赖，从而就能很好地提升企业竞争力。

3. 生产质量管理的意义

企业如果没有好的质量来支撑，那么企业的品牌效应就不能深入人心，没有顾客支持的产品或服务，企业也将面临被淘汰的局面。所以说，做好企业生产质量管理是企业发展的必要，其意义十分重大。做好企业生产质量管理，同时也是企业生存的内部支撑，是企业软件的重要力量表现，一个企业不能华而不实，只有表里如一，才能赢得良好口碑，所以只有做好了质量管理，才能让企业从内而外全面发展。

总之，企业产品或者服务的质量决定企业品牌的分量，只有良好的生产质量管理才能让企业赢得顾客的心，也才能让企业在同行中获得竞争优势，取得市场引领地位。

二、生产质量管理制度范本

◆范本：某公司生产质量管理制度规定

总则

第一条　生产质量是保证企业跟随时代脚步向前发展的重要指标，也是考核一个企业实力和潜力的重要标准。所以为了能够改善本公司各加工部门的生产水平，能够让公司有效地利用现有条件来提高生产效率和质量，本公司生产管理部门特此制定本制度。

第二条　公司的所有加工部门必须要遵守本制度，结合自己的实际生产，建立健全的质量管理环节，从根本上促进本公司的向前发展。

生产质量管理制度

第一条　公司生产加工部门必须要高度重视质量管理工作，每个部门都要建立完善的质量管理条例，各加工部门还需要结合实际生产来推行质量管理体系，且要认真执行。

第二条　各加工部门建立质量条例时要注意以下几点：

（1）识别并且建立质量管理体系所需要的全过程应用；

（2）确定并有效控制过程的准则和方式；

（3）确保必要的资金、人力、物力等有关的信息；

（4）对生产过程要进行监视和分析，必要时要采取一定的改进措施，确保过程策划的结果能够得到实质的改进。

第三条　质量标准要按照国家标准、国际水准和客户需求等执行。

第四条　质量检验规范要分为原材料、在生产制品、成品制定等，具体包含检查项目、品种、质量标准、检验频率、检验方法以及设备仪器等。

第五条　质量标准以及检验规范若因为设备更新或者改进而产生变化时，各部门应当进行年底前至少检验一次，并且按照以往的高质量来进行检验，且随时制定各项标准规范。

第六条　质量检验应当授权给相关单位认可的检验人员进行执行，其他人员不能干预检验人员的工作。

第七条　质量异常反应的控制以及处理规定。

（1）原材料质量异常反应。原材料在进厂时应当进行检验，在各项检验时，如果有一项没有符合标准，那么检验者应对此做出说明，且按照相关权限进行处理。

（2）对在制品和成品的质量检验，一切都要按照成品质量的标准进行检验。

（3）出货检验，每批产品出货前，检验单位都要按照出货检验的标准来进行检验。

第八条　检验过程中出现异常反应或者不合格的产品的处理规定。

（1）原材料质量异常反应。原材料进厂检验，在各项检验项目中，只要有一项以上出现异常，那么检验部门的负责人都要进行详细说明，且做出相关处理。

（2）在制品与成品在检验过程中出现异常时，应当提早向上级汇报，且迅速采取措施来解决，以保证产品质量。

（3）生产部门在生产过程中如果遇到不合格产品，要依据正常程序来进行追踪原因，且剔除不合格的产品，杜绝不合格产品流入下一道工序中。

附则：本制度由公司生产管理部门制定并做出解释，于颁布之日起实施。

三、生产质量管理制度表格范本

◆范本：某公司生产质量品质改善计划表

部门		单位		主要负责人		参与成员	
目前质量状况							
原因分析							
质量推进方案							
其他部门意见							
批准		主管		填表人			

第八节　仓储管理制度

一、仓储管理概述

1. 仓储管理的含义以及内容

企业的"仓"是为存放物品而设立的建筑场地，可以是房屋也可以是特定的场地。而"储"则是表示存放以备使用的意思，也就是储存。因此，企业仓储就是为利用仓库存放使用物品的一种行为。

仓储管理对企业而言是一个重要的"幕后"工作，主要就是对仓库以及物资进行的一种科学管理。仓储管理不仅是一门经济管理学，更是一种组织学。它的内容包括，仓库选址、仓库规模规划和布局、仓库控制、仓储设备的完善、对仓储人员的管理等。

2. 仓储管理的目的

做好仓储管理的目的主要是为了能够反映仓库进销存的商品情况。具体包括以下几个目的：

（1）销量过大时，减少库存。仓储管理能够直接反应企业产品的销售情况，当销售量过大时，可以迅速了解到情况，从而及时补货。

（2）为掌握和了解库存的实时情况。仓储管理的重要目的在于能够及时地掌握库存存量等信息情况，从而为企业生产管理部门做好基础。

3. 仓储管理的意义

仓储管理是企业生产管理部门的重要环节，虽然它不属于企业的首要生产任务，但是却关系到企业的首要生产。因此，做好仓储管理是企业顺利实现再生产的必要条件。仓储管理能够让企业生产管理部门清楚地意识到产品的销量情况，从而生产部门也就更有把握地进行再生产。

其次，做好仓储管理还能创造一定的时间效率，让企业生产管理部门节约大量的时间，创造更多的利润。另外，做好仓储管理还能优化物品流通，提高库存的信息反馈，让市场营销和生产部门都有一个内在灵活的把握。

二、仓储管理制度范本

◆范本：某化工企业仓储管理制度规定

第一条 库房管理的目的

（一）保证材料及产品在存储期间的安全和质量。

（二）及时为企业生产提供优质材料和配件。

（三）及时为销售部门提供合格的成品。

（四）明确记录出入库的情况和数据信息。

第二条 原材料的出库与发放

（一）凡是用于生产过程中需要的补料，需要由生产部门出具生产补料单后方可发放。

（二）非生产所用材料的发放，需要由公司上级审批后，方可发放。

（三）物资以及成品的发放需要按照仓库物资先进先出的规范进行操作。管理人员要当面点清物资数量，核对型号名称，并做好详细登记。

（四）废品库内的物资需要由生产管理部负责审理。

第三条 物资存放

（一）物资要定期清查盘点，及时了解库存的余缺情况，并联合财务部进行抽查。

（二）物资要合理布局和存放，严禁乱堆乱放，杜绝挤压和浪费。

（三）仓库要做到及时通风，保持仓库环境整洁、干燥。

（四）远离火源。

（五）做好物资的标志管理，严防误用。

（六）按时抽查库存情况，验证物资是否合格。

（七）对残余的原材料进行有效的封箱处理。

第四条　应急情况处理

（一）遇到紧急火灾时要及时联络值班人员，并采取相应的补救措施。

（二）灭火时要使用泡沫或者干粉灭火器。

第五条　库房规定

（一）公司各类库房要分类派人负责。

（二）采购人员购入的材料必须要具备合格证，方能入库。验收人员还要当面检查包装是否完好、是否破损等问题。

（三）库房物品要按照类别和规格进行建立账卡。

（四）严格管理仓库物品的账册和账单。

（五）仓库人员不能随意更改仓库物品的信息资料。

（六）严格执行公司物品入库规定，物品出库时要填写出库单据。

（七）库房物品未经上级允许，不能外借，特殊情况下必须要经过公司总经理批准方可外借。

（八）非仓库工作人员严禁进入库房。

（九）因为管理不善而造成仓库物品丢失或者损坏的情况，仓库管理人员要承担不低于物品价值 15% 的损失。

第六条　仓库管理制度自颁布之日起执行。

三、仓储管理制度表格范本

◆范本一：某公司仓库物品入库单

入库单

编号：　　　　　　　　　　　　　　　　　　　　　　　　　_____年___月___日

产品名称	型号	单位	数量	单价	金额							备注
					万	千	百	十	元	角	分	

产品名称	型号	单位	数量	单价	金额							备注
					万	千	百	十	元	角	分	
合计（大写）：												
库管			交货人									
制单												

注：本表一式三份，仓库一份，材料成本会计一份，交货人一份。

◆范本二：某公司仓储物品盘点表

品名	规格	单位	账面数量	实盘数量	盈亏	备注

续 表

品名	规格	单位	账面数量	实盘数量	盈亏	备注
库别				盘点时间		
负责人				制表		

注：本表一式三份，仓库一份，材料成本会计一份，财务一份。

第十章
营销管理制度范本工具箱

营销管理对于企业来说，是一个对外的重要桥梁，企业产品和服务正是通过营销渠道来向外销售和推广，因此，做好营销管理意义重大。

想要做好营销管理，需要从市场调查做起，然后进行营销策划、产品定价、销售、广告宣传等环节。而这其中的每一道程序都需要一个科学合理的制度来规范，因为只有制度才能让营销更加规范科学，让企业的信誉和知名度进一步提高。本章从这些细节出发，进一步阐述了营销管理制度的详细措施，组合成一个属于营销管理者的范本工具箱。

第一节　市场调查管理制度

一、市场调查管理概述

1. 市场调查管理的含义以及内容

所谓市场调查就是企业运用科学方式和技法来进行有目的和系统的搜集和整理市场营销的信息和资料，并根据信息来分析市场情况和发展趋势。这是一个企业想要了解市场的现状和未来趋势的一个重要凭证。

市场调查的内容有很多，主要分为市场环境调查、社会环境调查。甚至还包括本企业竞争对手在市场中的占有率和实力情况。

2. 市场调查管理的目的

市场调查的目的主要就是为了让企业能够得到更多有利于企业发展的市场信息，具体目的主要分为：

（1）收集真实有效的市场信息为企业各项活动和策略提供服务。企业每走一步，都要注重市场的外围信息状况，因此企业想要展开策略或者活动，就需要市场调研来做好准备。

（2）为企业制定长远战略规划提供依据。企业想要长久发展就要制定长远战略规划，而市场调查的目的正是为企业设立未来蓝图做好依据。

3. 市场调查管理的意义

做好市场调查管理是企业实现生产目的一个重要保障，企业生产目的是为了满足企业的物质和文化需求。为此人们为了更好地实现生产，应广大顾客的需求，就极大需要市场调研，因为它可以为企业生产提供依据和保障。

其次，企业的市场调研还是企业提高生产技术和管理水平的重要来源。当今企业发展，以科技信息最为迅速，各类新鲜创意事物层出不穷，想要提高企业生产技术和管理水平，自然离不开市场调研，通过调研，企业可以得到最新的外部信息管理模式，从而提高和改善自己的管理模式，达到与世界接轨，走向市场前沿的位置。

此外，做好市场调查管理，还能为企业提高竞争力和应变力打下基础。随着市场竞争愈演愈烈，只有应付市场上的竞争，才能了解和控制各种突发情况，而此时市场调查就起到了重要的作用和意义。

二、市场调查管理制度范本

◆范本：某公司生产调查管理制度

总则

为掌握市场动态和发展趋势，特此拟定本办法。

第一条　主管

本公司市场调查由广告宣传部市场调查部主管来进行负责，其他部门则要全力配合和合作。

第二条　决策

所有的市场调查决策都由市场调查部实施，且要上报广告宣传部进行决定意向。

第三条　调查方法

市场调查方法根据具体的情况和计划来进行确定，原则上要按照常规方式进行调查。

第四条　报告书

市场调查报告书不能擅自向其他公司公开，尤其是同行竞争对手。且报告书要按照以下程序进行起草：

（一）调查目的；（二）调查方法；（三）调查内容；（四）随机调查；（五）调查表。

第五条　流通渠道的调查

对销售机构，包括零售、批发等部门进行详细调查，研究众多流通渠道以及本公司在流通渠道上的各种问题和阻碍，以此来确定本公司流通渠道的覆盖面。

第六条　在市场调查的基础上，负责人还要计算出各项调查费用和开销，确定市场调查的合理性

第七条　对消费者的调查

（一）调查主要消费者的地域分布；

（二）消费者的受教育情况及其整体的素质情况；

（三）消费者的经济水平；

（四）消费者倾向、意向等。

第八条　对大宗消费者的调查

市场调查部门对大宗消费者的调查主要包括两方面：对公司、厂家的调查；对政府部门、社会团体单位的调查。

第九条　舆论调查

为了让公司能够以更好的形象对外宣传，调查部门还要对下列几个项目进行舆论调查：

（一）对公司评价状况；

（二）公司公关工作的影响力；

（三）公司销售地域的舆论情况；

（四）公司与交易伙伴的关系等。

第十条　市场动态调查

（一）调查部门要通过市场调查，做出一年以上的长期市场分析和预测；

（二）做出一年以下的短期市场分析和预测；

（三）要做出其他财政、金融方面的趋势分析和预测。

第十一条　市场调查要按照以下程序做出分析和整理

（一）对调查资料和结果进行初步分析和预测，然后汇总成册。

（二）对所收集的调查资料进行分类研究，结合最初记录做出数据分析。

第十二条　在必要情况下，市场调查部还要召开调查报告大会

公司主要领导者都要参加，并且针对市场调查结果和资料给出各自的分析和意见。最终，再由市场调查部做出最后整理。

三、市场调查管理制度表格范本

◆范本：某公司市场调查计划表

_____年___月___日

调研项目名称			
调研区域		时间	
调研人员		目标	
市场因素			
调研方法			
调研内容	时间		进度

调研人员具体分工	
调研预算	
备注	
市场部经理	
营销负责人	

第二节　营销策划管理制度

一、营销策划管理概述

1. 营销策划管理的含义以及内容

营销策划是企业运用一种充满智慧和策略的方式来进行的一种营销活动与行为，营销策划也是企业改变现状，实现蓝图的重要方式和内在原因。通常意义上，企业的营销策划是企业根据自身营销目标来制定的一些策略和计划，来满足消费者和市场需求的方式，从而实现个人与组织的交换过程。

营销策划的内容包括市场细分、产品创新、营销战略和设计以及营销组合等方面。这是任何一个企业都不可或缺的营销管理内容。

2. 营销策划管理的目的

企业想要在竞争激烈的市场中立足，首先离不开的就是营销策划。而营销策划的目的包括：

（1）让企业能够"正确地做事"。企业想要在营销方面做得正确、科学，就必须要加强营销方面的策划，而企业一旦"做错事"，则说明企业营销策划没有做好。

（2）为了让企业最大限度地实现社会价值和产品市场价值。这也是企业做好营销策划的最重要目的。

3. 营销策划管理的意义

实行品牌营销策划是企业适应现代市场经济发展的一个必然要求。市场大环境的不断发展和变化，也让企业逐步改变以往的旧制度，因此企业在大环境影响下，必须要做好营销策划的管理工作。俗话说"运筹帷幄，决胜千里"，只有做好营销策划，才能让企业走上一条适合自己的正确发展道路。

二、营销策划管理制度范本

◆范本：某房地产公司营销策划管理制度

总则

（一）目的：为适应公司日益扩大的业务规模，规范对项目营销策划的操作，提高企业的整体工作效率，让营销人员有一个正确合理的行为，特此制定本制度。

（二）范围：本公司房地产项目的营销策划工作管理。

（三）职责：本公司营销管理部来负责本制度的拟定、修改和解释，并做好监督工作。

操作原则

（一）贯彻"只有一个管理者"的原则。营销部工作人员的任何大小事务都要贯彻"只有一个管理者"的原则，任何员工都必须有与之对应的垂直的领导。

（二）规范统一原则。对项目营销策划期间所涉及的制度、表格等，要严格按照程序规范来执行。

（三）营销部所有的项目以及策划方面的方案都要由其相关负责人进行草拟，且最终交由营销部总负责人进行审定实施。

（四）所有营销策划项目都要在明确时间内完成，如果没有按照规定的时间完成，则要受到相关处罚。

操作内容

（一）市场调研部门要进行初步地调研，了解企业的各个项目所处的地块情况，收集相关信息，且提交初步调研报告。

（二）营销策划部要确定项目初步的策划思路，报告总经理和董事会，最后得到董事会批准。

（三）市场策划部还要对各个项目进行全面的调查和分析。

（四）营销策划部要进行项目的总体策划。具体流程包括：市场定位、项目锁定、功能定位，最终汇报董事会，得到批准后方可执行。

（五）营销策划部还要负责对公司可行的投资行为进行分析。

（六）营销策划部要做前期总体布局思路策划。

（七）营销策划部进行项目中期策划，其主要内容包括：制定价格、确定销售策略、确定广告宣传策略、确定公共关系活动等。

（八）策划部要进行后期策划，主要就是针对业主的一些服务方案。

（九）营销策划部最终对营销策略以及实施情况做出总结。

附则：

（一）在公司发展过程中，出现与该制度不适应的情况，可以根据具体情况进行商议执行。

（二）本制度自颁发之日起执行。

三、营销策划管理制度表格范本

◆范本一：某企业营销目标计划书

××××营销策划书	
项目	
策划对象	
策划负责人	
策划要求	
策划方法	
营销方案	
营销目标	
资源需求	
备注	
营销策划部负责人签字	日期

范本二：某企业营销预算计划表

_____年___月___日

单位：元

月份	人事费用	广告费用	交通费用	通信费用	差旅费用	公关交际费用			合计	营业额预计	比率（％）

续　表

月份	人事费用	广告费用	交通费用	通信费用	差旅费用	公关交际费用				合计	营业额预计	比率（％）
合计												

第三节　营销渠道管理制度

一、营销渠道管理概述

1. 营销渠道管理的含义以及内容

美国著名市场营销学家菲利普·科特勒曾说："营销渠道是指某种货物或者劳务从生产者向消费者移动或者过渡时，取得这种劳务所有权的企业或者个人。"简而言之，企业的营销渠道就是商品和服务，从生产者向消费者转移的路径。

营销渠道的环节包括：批发商、零售商和代理商等渠道。

2. 营销渠道管理的目的

营销渠道是企业生存和发展的必要条件，其目的包括：

（1）让企业获得持续竞争优势。在现代营销活动中，营销渠道担负着重要使命——产品和服务所有权的交换，而这却恰恰是企业维持发展的重要条件。

（2）为企业减少在市场中的交易次数。在交易中，通过营销渠道的中间商，如批发商等来实现集中采购和配送，从而减少企业与外界的交易次数，从而也就提高企业交易的效率。

（3）为企业减少营销费用。有了营销渠道，企业会在生产和交易中大大减少营销费用，为企业节约成本，降低风险，创造利润。

3. 营销渠道管理的意义

营销渠道在企业发展中不仅可以对企业有利，更对与企业有关联的厂家和批发商等有利。可以说，营销渠道中的中间商会分别按照不同的行业进行组织，并且向各自市场提供重要信息，从而为买卖双方都提供了一定的便利，且大大降低了企业的各种营销成本。

此外，营销渠道的意义还在于让企业产品或者服务在转移到消费者身上的这个过程中，各项程序都十分顺畅和高效，不但为顾客创造了便利，更为企业创造了丰厚利润。

二、营销渠道管理制度范本

◆范本：某公司营销渠道管理规定

总则

本制度适用于国际销售渠道的中间环节。

第一条　企业代理商

（一）企业代理商是受本公司委托，根据协议在一定区域内负责代销本公司生产产品的中间商。产品销售之后，本公司会根据一定销售额来给出相应的报酬。

（二）企业代理商与本公司是委托销售的关系，主要负责推销产品，履行销售业务手续。

（三）本公司可以同时委托多个企业代理商，分别在不同地区推销商品。

第二条　销售代理商

（一）销售代理商是一种独立的中间商，主要负责本公司的全部产品，他不受地域限制，而且有一定的售价决定权。

（二）本公司在同一时期内只能委托一家销售代理商，且公司本身也不能再进行其他直销活动。

第三条　直销商店

直销商店需要规划分出四个等级。

（一）直销商店业务拜访的规定为：第一、第二等级的店面，每月不能少于 5 次，第三、第四等级的店面每月不能少于 3 次。

（二）所有的直销商店必须要执行统一市场零售价。

（三）本公司根据直销商店营业额的多少，来采取一定的给扣制。

（四）商品在销售和运输过程中出现破损，企业要承担当日调换的责任。

（五）客户提出的任何建议，相关工作人员都要当面做好记录，且在 3 日内给予客户答复。

第四条　经销商

企业经销商的业务必须要由公司经理进行经营，或者企业指派代表来经营。

（一）经销业务一律实行合同制，合同文本各分公司都要统一要求。

（二）经销商在经销过程中产生的一些破损或者变质等产品，本公司一律不予承担，但如果是产品质量出现了问题，本公司则会承担产品质量的责任。

（三）本公司每年会对各经销商进行销售指标，按照销售指标对其进行发放奖励。

（四）公司会协助经销商开拓市场和规划市场，为经销商提供先进良好的经营策略，以此来达到本公司与经销商共同发展的目的。

（五）经销商不能跨区域进行销售，不能干扰其他市场，或者进行其他的活动来导致市场紊乱。

（六）严禁经销商销售假货，一经发现，则立刻与之停止合作，且追究其法律责任。

三、营销渠道管理制度表格范本

◆范本：某鞋业公司的专卖店资料登记表格

店名			地址			
经营性质		营业额			法人代表	
员工	管理人员		结算日期		往来银行	
	业务人员					
	临时人员					
	合计					
产品种类比例		产品	百分率（%）	产品	百分率（%）	产品	百分率（%）

	影协策略		销售方式	
销售	月均销售额		月均费用	
备注				
1				
2				
3				
4				

第四节　产品价格管理制度

一、产品价格管理概述

1.产品价格管理的含义以及内容

产品价格也就是企业对生产产品进行定价的程序，是企业按照相关规定来制定产品价格和收费标准的一个过程。企业在对产品定价的时候切记要注意以下几点：国家方针规定；产品的价值；市场的供求变化和货币价值变化，这是影响产品价格的重要因素。

2.产品价格管理的目的

企业之所以会进行产品定价，主要目的就是为了维持企业生存。首先，在竞争激烈的市场中，为了满足消费者的需求，企业必须对产品进行不断地变更和改进，这就需要大量的成本。因此，对产品定价，就能更好地保本价，维持企业的生存。

其次，为了让企业产品赢得绝对市场竞争优势，从而达到最低成本和最高利润的双重目的。因此，企业根据市场变化对产品来制定最合理和合适的价格，以追求高市场占有率的领先位置。

此外，企业对产品进行定价，还能够在一定程度上让自己应付和防止竞争，以求得安稳的发展，这也是企业对产品价格的重要目的。

3. 产品价格管理的意义

企业做好产品价格管理是企业营销管理制度的重要手段，也是企业维持生存和求得发展的重要前提。因此，从这两方面来说，企业做好产品价格管理的意义十分重大。

另外，企业做好产品价格管理还能推动和改善企业经营管理的动力。企业的生产活动和管理水平对产品成本有着直接影响，而实行合理的定价，就能更好、更科学地建立相应的标准，这对加强企业各项管理，保证成本控制有很大作用。所以，企业对产品价格的管理在某种程度上影响了企业的内在管理。

总之，企业做好产品价格管理，不但能够为企业赢得发展之道，还能减少各种竞争阻碍，让企业产品能够在利润上实现最大化，在市场中占据优势，为企业赢得长久繁盛。

二、产品价格管理制度范本

◆范本：某汽车工业企业的产品定价管理制度

总则

第一条 为使本公司产品的价格制定更加科学，让企业流程更加规范，特此拟定本制度。

第二条 本公司产品定价和调价，是由销售公司市场管理部进行牵头，供应部和生产部等参加协助，且最后经过董事会共同商讨，而制定产品价格。

第三条　本制度包含新产品定价、产品调价和附则三部分。

第一章　新产品定价

第一条　新产品价格制定分为研发定位价格与市场销售价格制定。

第二条　研发定位价格主要针对新产品在生产前，本公司研发部门与市场营销部门根据市场的变化和分析，而为新产品做出的价格区间。

第三条　新产品研发定位价格制定的具体流程分为以下几个方面：

（一）市场管理部进行市场、产品、公司等现有产品的综合分析，确定细分市场，提出产品特性和目标产品价格区间。

（二）研发部门对目标产品进行技术分析，确定产品车型。

（三）财务部与研发部对新车型进行成本预测，确定价格区间。

（四）市场管理部对新车型生产成本区间与目标产品的成本的价格区间进行对比，确保产成后能有足够的利润空间。最后，提交董事会进行讨论。

（五）经过公司董事会讨论，确定新产品研发定位价格区间。

第四条　市场销售价格主要是指新产品在产成之后在市场销售中的建议价格。

第五条　市场销售价格制定的具体流程：

（一）财务部同技术部收集成本费用的相关数据，并计算出产品生产的各项费用。

（二）市场管理部对市场上的同类产品进行详细地调查分析，给出相关意见。

（三）市场管理部对新产品销量进行预测。

（四）由市场管理部牵头，其他相关部门配合得出具体价格建议，然后上报董事会，经过讨论，最终确定产品价格。

第二章　产品调价

第一条　产品价格调整是本公司为适应市场需求而做出的价格变动。

第二条　产品价格调整采用提案制方式，即本公司财务部、销售管理部等联合提出对新产品价格的调整建议，且提交总经理办公会进行讨论，最后决定是否进行价格调整。

第三条　产品价格调整的具体操作流程：

（一）相关部门提出联合建议，交由总经理办公会进行商讨。

（二）如果总经理办公会决定进行价格调整，则由市场管理部负责价格调整的所有事务。

（三）市场管理部对该产品市场的现状和同类产品的价格进行综合的分析，提出价格调整的区间。

（四）财务部与研发部等进行成本分析。

（五）市场管理部根据自己的预测和分析提出集中调价方法，且分送公司总经理、营销总监、财务部负责人，进行整体讨论。

（六）由市场管理部进行牵头，其他部门参加协商，最终确定产品调整价格。

第三章　附则

第一条　本制度自颁布之日起施行。

第二条　本制度由本公司销售公司市场营销管理部做出解释。

三、产品价格管理制度表格范本

◆范本：某公司产品成本估价单

单位：元

产品名称			产品型号		
最低定量			制表日期		
项目	产品名称	产品型号	数量	单价	金额
原材料					
物料					
包装					
损耗					

续 表

工资	
管理费	
其他	
合计	

第五节　产品销售管理制度

一、产品销售管理概述

1. 产品销售管理的含义以及内容

产品销售主要是企业对产成品、代制品等作业的销售模式，这是企业维持生存和发展的重要通道，也是企业利润的来源，更是企业获得竞争力，在市场中立于不败之地的重要保障。

产品销售的内容包括：满足消费者需求、为企业赢得利润、实现产品自身价值、顺利成交、执行合同、做好售后服务等。

2. 产品销售管理的目的

美国可口可乐的首席销售执行官曾经说过这样一句话："销售的唯一目的就是让公司以更高价格将更多的产品频繁地卖给需要的人。"这句话一语道出了产品销售的最终目的。

首先，销售的目的之一就是让产品价格卖得更高。产品销售是企业发展和生存的必要保障，而一个企业的销售人员如果没有切实的销售本领，那么企业也将难以生存。除了产品优质之外，还丰富多彩的销售技巧，只有运用这些销售技巧，才能让企业产品价格卖得更高，企业获得的利润也才能更大。

产品销售目的之二在于让企业产品能够"更多"。企业通过对产品的销售手段，可以让产品更加深入人心，赢得消费者的喜爱。那么根据经济学上的供求关系而言，消费者会越来越需求某种产品。

产品销售的目的之三在于让企业获得高知名度，提高品牌形象。这是企业产品销售的一种文化目的，也是企业文化理念的需求。

3. 产品销售管理的意义

产品销售虽然能够让企业产品更加深入人心，赢得消费者喜爱，为企业创造利润，让企业文化更加知名。但是，随着市场竞争的愈演愈烈，产品销售手段也越来越激烈，在市场大环境影响下，很多销售者违背了最初的销售理念，在很大程度上影响了企业声誉。而为进一步加强和管理产品销售，企业大都制定了相关的产品销售管理制度。

这些制度能够在很大程度上保障销售人员在正确科学的销售方法下推销产品，让企业的利润和声誉同时增加，所以做好产品销售管理的意义十分重大。

二、产品销售管理制度范本

◆**范本：某企业产品销售管理制度**

总则

第一条　本公司以质量来求得生存，用品质来追求发展。因此，为进一步维护本公司的名誉，重视社会效益，满足社会需求，特此制定产品销售管理制度。

第二条　掌握市场信息，努力开拓新市场，进一步提高市场竞争力和经济效益，这是我公司产品销售的重要目标。

第一章　市场预测

第一条　市场预测是企业市场销售的前提，这包括对同类产品的各种市场考察情况。对此，要进行详细的市场分析，作出全面预测。

第二条　预测国内各地区以及外贸的销售比率，确定本公司年销售量的计划。

第三条　收集国外同行产品的技术发展情况，确定海外市场的开拓战略。

第二章　经营决策

第一条　根据本公司长远的规划和生产实力，通过市场预测，全面分析，最终由销售部提出初步销售计划，并汇报上级等待审查。

第二条　经过上级讨论，确定出年度经营的目标和生产大纲。

第三章　产销平衡与合同

第一条　销售部根据公司全年生产大纲以及公司产品订货情况，进行分配计划，并根据市场供求形式来确定产品的销售方向。

第二条　对产品进行定价，特殊情况下，还需要作出变更和调节产品价格。

第三条　销售部根据年度生产计划和合同，进行拟定年度销售计划、季度销售计划、月度销售计划。

第四条　参加各种订货会议，努力扩大销售网点，巩固与老客户的关系。

第五条　建立完善的销售档案，管理好与客户的合同资料。

第四章　编制产品销售计划

第一条　执行销售合同，严格按照合同展开销售工作。

第二条　发货要掌握好先出口后内销的政策，处理好销售主次关系。

第三条　确立为顾客服务的理念，做好销售服务工作。

第五章　建立产品销售信息和反馈信息制度

第一条　销售部每年要进行一次大型的用户访问活动，并要将收集到的意见进行汇总和整理，并向有关上级部门汇报。

第二条　将用户对产品的一些反馈信息进行记录和整理。

第三条　对产品销售方面的各种数据进行整理，建立客户档案。销售部还要收集同行企业销售信息，并做出详细分析，做好存档备案工作。

附则： 本制度由销售部做出解释。

三、产品销售管理制度表格范本

◆范本：某公司产品销售计划表

单位：元

产品编号	产品名称	产品规格	去年销售量		单价	月		月		月		月	
			淡季	旺季		销量	金额	销量	金额	销量	金额	销量	金额

第六节　促销管理制度

一、促销管理概述

1. 促销管理的含义以及内容

促销是企业经营者向消费者传递的一种关于本企业产品的信息方式，以此来说服和吸引消费者购买其产品，达到扩大销量的意图。简言之，促销是企业与消费者和市场的一种沟通形式。通常情况下，促销方式有人员推销、网络促销、广告促销等。

2. 促销管理的目的

企业实行促销主要就是为了能够让公司获得更大利润，激起消费者的购买欲，获得销售业绩。具体来说，其目的有以下几个方面：

（1）培养消费者兴趣，让消费者更好地了解公司产品。企业营销部会根据市场的调查做出市场分析，从而做出促销决定。因此促销的直接目的就是为了培养消费者对产品的兴趣，让消费者更好地了解产品，从而加大购买力度，让企业获得销售额。

（2）激励消费者初次购买和再次购买。促销可以让消费者以不同的方式认识企业产品，从而对产品倍加关注，因此达到初次购买。而企业在做好产品优质的基础上，加以促销手段来对产品进一步诠释，让消费者实现再次购买，这就是达成了企业的销售目的。

3. 促销管理的意义

企业想要赢得稳健发展，需要在销售方面做出成绩。而在销售上的成绩就是销售额业绩，想要获得销售业绩，就需要一定的销售手段，而促销恰恰就能满足这一点。

企业通过促销这种沟通方式，利用广告、网络等宣传方式，把产品信息传递给消费者，让其增进了解，并且逐步信任该产品。而这一措施可以直接让企业扩大销售，为企业无形之中获得了大量利益，从这一点上来说，做好促销的意义十分重大。

销售促销其实也是企业取得竞争的一把有利宝剑，它可以让产品更快地进入市场，同时也能让企业产品更好地扩大市场和消费群体。因此，做好促销是企业赢得竞争的有力武器。

二、促销管理制度范本

◆范本：某企业促销管理制度规定

第一章　总则

第一条　为让各区域市场更好地开展促销活动，促进市场销量的提升，保证公司整体的市场销售目标，同时让本公司促销活动和措施更加制度和规范化，特此制定本制度。

第二条　该制度适用于本公司所有促销活动。

第二章　促销的实施

第一条　本公司营销管理中心负责公司整体市场促销活动的所有事务，管理且监督促销活动的实施，对促销人员进行一定考核。

第二条　市场推广部根据公司销售战略和目标进行制订新的促销计划、促销费用等，经过公司高层批准之后方可实施。

第三条　市场推广部负责监督促销活动的各个环节安排，以及物品安置与管理。

第四条　各区域经理根据重点产品的年度推广策略，来制定各项促销的培训活动。并根据区域市场情况，提出相关促销计划的建议。

第五条　经销商负责当地促销活动的实施，按照公司规定的广告宣传方案展开促销，同时经销商还要完成当地主销产品的销售工作。

第六条　任何人不能以任何形式来阻碍公司促销的活动。市场管理部要加强市场促销活动的管理，不能弄虚作假，发现徇私舞弊者，一律严肃处理。

第三章　现场促销管理

第一条　对促销人员的管理

（一）促销现场管理人员要严格遵守促销现场规定，要保持有条不紊的顺序。

（二）现场促销人员要无条件地接受现场管理人员的安排，不能与顾客发生任何争执。

（三）现场促销人员必要身穿代表本公司的制服，正确佩戴好工作证件，对顾客要以微笑接待。

（四）在促销活动中，现场促销人员不能擅自对促销活动内容和方式进行更改。如果需要改动促销活动，则要经过现场促销负责人的批准。

第二条　促销场地的管理

促销现场的各种产品以及赠品要摆放整齐，保证所有的促销通道都畅通，保持现场整洁干净。

第三条　促销产品的管理

（一）促销过程中要分工明确，保证产品在促销过程中顺畅。

（二）促销产品要保持畅通供应，如果产品已经售完，则要及时通知有关负责人，或者用合理的方式告知消费者。

第四条　客户档案管理

在促销活动中，要设立专门的现场管理人员对顾客的档案和登记信息进行管理，在促销活动结束之后还要派专人对客户进行跟进和回访，做好售后服务工作。

第四章　促销效果的评估

促销评估的具体流程：

（一）促销活动结束之后，现场促销活动负责人要提交相关报告。

（二）促销活动的监督者还要提供调查报告，由各个部门核实数据且做好抽样调查。

（三）市场营销管理中心对此做出汇总评估，确定最后评估结果。

第五章 附则

第一条 本制度自颁布之日起开始执行

第二条 本制度由市场营销管理部做出解释

三、促销管理制度表格范本

◆范本：某公司产品促销计划表

区域：_____

促销活动编号	产品名称	促销方式	促销时间		促销负责人	协助事项	促销收益预计	促销效果预计
			起	止				
备注								

第七节　广告投放管理制度

一、广告投放管理概述

1. 广告投放管理的含义以及内容

广告投放是企业市场营销的一种策略，也是企业经营和市场营销的重要组成部分。它的内容主要包括，企业品牌要放在什么区域，哪些城市，以什么形式的广告模式来进行投放，广告针对哪些产品，广告的内容等。

显然，从这些内容中，我们可以看出，广告投放政策是企业市场营销的一种集中表现，也是企业获得竞争力的重要因素和手段。所以，当今企业，都会通过分析市场行情来做出有针对性的营销策略和广告投放方针。

2. 广告投放管理的目的

企业之所以会进行以投放广告的形式来进行市场营销，主要目的就是赢得市场竞争力，取得高额利润。

（1）为影响消费者的购买欲望。企业广告投放的首要目的，也是最直接目的就是为了影响消费者的购买欲望，从而让消费者加大购买力度。

（2）为配合新产品上市而进行广告投放。在某种形式上，企业做大型的广告投放往往是为了新产品的上市而举办。例如，美国通用汽车公司，每次在新产品上市之时都会加大广告投放力度，从而提高自己新产品的影响力。

（3）为提高竞争力和企业知名度。企业进行广告投放不仅是为了吸引消费者的注意，更多时候也是为了进一步提高自己品牌的影响力，从而提高自己的竞争力。

3. 广告投放管理的意义

作为一家企业，无论是大还是小，在一定程度上都需要形形色色的广告投放，而随着现代广告媒体的不断增多和扩大，如果不对广告投放政策进行很好的管理，那么企业不但不会让自己的品牌发扬光大，还会让品牌一败涂地。所以，这就需要企业领导者做好广告投放这方面的管理，这也是为了让企业市场营销更加规范化。所以，做好广告投放管理意义重大，也是势在必行的一项工作。

总之，做好广告投放管理不仅能够让企业品牌知名度扩大，还影响企业未来的发展和在众多消费者心目中的形象。所以，对企业来说，做好广告投放的责任重大，意义深远。

二、广告投放管理制度范本

◆范本：某企业广告宣传管理制度规定

总则

第一条 为规范本公司的广告宣传工作，树立良好的品牌形象，根据公司的实际情况，特此制定本制度。

第二条 本制度适用于公司广告宣传管理的各种事项。

第三条 本公司的广告宣传工作由市场营销部进行全部负责。

第一章 广告宣传事项与费用预算

第一条 本公司的广告宣传工作主要包括以下几个方面：

（一）制定广告宣传方案。

（二）做出广告宣传费用的预算。

（三）进行内部征集广告创意。

（四）联系恰当的广告公司，制定相关的广告宣传海报。

（五）选择合适的广告投放媒体，制定广告宣传投放时间。

（六）进行市场调查，做出广告效果评估。

第二条 根据公司产品特点，结合市场情况，做出广告宣传年度计划，经总经理批准之后实施。

第三条 市场营销部在制订广告宣传计划的同时，还要参与广告宣传费用的预算工作。

第二章　广告投放

第一条　根据年度广告宣传计划，市场营销部要与广告公司保持一个长期有效的沟通，且要协助完成公司广告投放制作，控制成本。

第二条　本公司在广告投放方面可以选择的媒体，包括电视、网络、杂志、报纸等，市场营销部可以根据不同的宣传方案选择合适的媒体进行广告投放。

第三章　广告投放资料整理与归档

第一条　市场营销部必须要在公司内部征集广告宣传创意和构思，所有的广告宣传创意都要归档备案。

第二条　广告宣传等需要的所有用品都要由市场营销部派人专门负责保管。

附则：

第一条　本制度由市场营销部进行编制，最终解释权归市场营销部所有。

第二条　本制度自颁布之日起实施。

三、广告投放管理制度表格范本

◆**范本：某服装公司广告投放计划表**

媒体名称	广告投放期数	广告投放时间	广告投放形式	广告版面	折扣	广告预算（元）	其他优惠政策	备注

续 表

媒体名称	广告投放期数	广告投放时间	广告投放形式	广告版面	折扣	广告预算（元）	其他优惠政策	备注

第八节　客户服务管理制度

一、客户服务管理概述

1. 客户服务管理的含义以及内容

客户服务是企业为了建立与客户的关系而进行的一种服务工作，主要为了提高客户对企业的满意程度，让企业在最大限度上利用和开发客户。客户服务对企业而言，其实是一个十分重要的过程，其重要性在于要看企业能够在什么样的时机，以什么样的方式来向合适的客户提供恰当的服务，这直接关系到客户对企业的好感。

客户服务的内容包括多个方面，例如，营销服务、部门服务以及产品服务等。

2. 客户服务管理的目的

企业之所以会实行客户服务，主要是为了能够加强企业与客户之间的关系，让客户与企业达成友好亲密关系，从而提高企业知名度。

首先，为了让客户满意。企业做好客户服务的直接目的就是让客户满意。企业不仅依靠优质的产品赢得消费者的信赖，更是运用企业的一些"软件设施"——服务，来打动客户的心。所以，为了让客户达到对企业的百分之百满意，企业不得不采取一些独特的客户服务措施。

其次，为了提高企业知名度。虽然企业做好客户服务直接目的是为了让客户满意，但是做好客户服务还能间接的来提高企业的知名度。

3. 客户服务管理的意义

做好客户服务管理是一个企业市场营销管理的重要组成部分，也是让企业知名度和信誉得到提高的一个重要前提。因此，做好客户服务管理的意义就显得格外重要。企业对客服人员的管理以及对客服工作过程中一些大小事宜的约束和规定，恰恰从某种程度体现了企业市场营销的综合素质。而从客户角度来讲，一个有素质、有规范的企业客服团队，在很大程度上会赢得客户的喜爱。

由此可见，做好客户服务管理的作用和意义十分重大。完善企业客户服务管理制度，同时也能让客服人员得到一种尊重和认同，让他们对企业有一种归属感，因此，也就能更好地做好本职工作。

二、客户服务管理制度范本

◆范本：某文化公司客户服务部门管理制度规定

总则

为加强本公司客户服务部门的管理，提高客户服务水平，市场营销部和客服部联合制定本制度。

第一章 部门职责

（一）受理公司所有在线解答和热线电话。

（二）对本部门新员工进行培训和辅导，并提出培训建议。

（三）参与制定本公司客服部门的管理制度。

（四）配合市场营销部及时反馈信息。

（五）维护好客户的个人隐私信息。

（六）完成上级安排的其他任务。

第二章 客服部经理职责

（一）负责客服部门日常管理和监督工作。

（二）合理有效地组织客服人员。

（三）制定有效的绩效考核制度，做到奖罚分明。

（四）合理分配部门人员职能。

第三章 客服主管职责

（一）制订客服部门的年度、季度、月度工作计划。

（二）制订部门员工的培训计划。

（三）监督和检查部门工作人员的客服流程和具体的工作。

（四）管理客服人员的日常工作和后勤问题。

（五）制定客服人员的值班表，协助客服经理完成其他工作。

第四章 客服人员的职责

（一）及时处理客户提出的各种疑难问题。

（二）具备良好的职业素质和技巧，及时反馈客户信息。

（三）每天都要收集一定的日常工作问题，并对此做出总结，解决问题。

（四）负责接受客户的咨询、建议等工作，对客户提出的问题进行筛选，并提交相关负责人。

（五）服从客服经理和主管的管理，按照客服部的规定办事。

第五章 客户投诉受理人员的职责

（一）受理客户投诉、举报等问题。

（二）本着公平、公正的原则来对待客户投诉问题，处理问题时要有理有据。

（三）在处理客户投诉问题时要听取客户的积极建议，及时反馈信息，做好后续工作。

（四）总结客户投诉和举报的问题，做出汇总分析。

第六章　订单受理人员的职责

（一）熟练掌握本公司的各个供货渠道信息，了解供货商家的各种资料和信息。

（二）遵守最基本的职业道德和素养。

（三）协助客户处理复杂订单问题。

（四）定期向上级汇报供货渠道中产生的问题。

附则：本制度自颁布之日起执行。

三、客户服务管理制度表格范本

◆范本一：某公司客户服务中心的月度报表

本月服务受理数量		客户投诉数量	
维修服务数量		其他服务投诉数量	
客服回访数量		回访满意程度	
客户不满意事项及原因			
客户需求			
未及时受理的投诉事情及原因			
客户建议			
备注			
客服部负责人		时间	

◆范本二：某公司客户回访记录表

客户回访记录表							
项目			日期				
序号	单位	回访内容	用户满意度			回访人签名	日期
			满意	一般	很差		